# はじめての渋沢栄一

探究の道しるべ

渋沢研究会［編］

ミネルヴァ書房

はじめての渋沢栄一——探究の道しるべ

目次

目次

# 凡　例

- 引用史料中の旧漢字は、原則的に新漢字に、カタカナ送り仮名はひらがな送り仮名に変えている。また、読みやすさを考慮して、適宜読点を加えた。

# 序章　本書の刊行意義

島田昌和

渋沢栄一という人は今回の新一万円札の肖像決定で突然知名度が上がったが、もともと誰もが知っているほど、知名度が高いわけではなかった。長らく大河ドラマの主人公になったこともなかったが、なんと二〇二一（令和三）年に登場することになった。幕末・明治の時代を扱うテレビの歴史ドキュメントや歴史バラエティ番組では年に数回、それも毎年のように渋沢栄一は登場してきた。経済界で何か不祥事が起きると新聞や雑誌に渋沢栄一と対比的に事件が論評されたりしてきた。

歴史のメインストリームを歩き、自らが時代を変えた中心人物ではないが、重要な脇役として政治・経済・教育・外交・福祉・思想といった、驚くほど多くの場面に頻繁に登場してきている。こんなところにも渋沢は関係しているのか、とびっくりした経験のある読者も多いことだろう。

この本は、紙幣の肖像や大河ドラマの主人公への採用が決まり、どんな人物なんだろうと興味を思たれた方々が、自分の興味関心に従って、この人物への興味を深めるための本である（主として第Ⅰ部）。それは一般の読者だけでなく、大学生がゼミ等で経済史や近代史を学ぶときに自分たちでこの人物のどこから調べるかを決めるための学習ガイドでもある。日本に留学してきた海外の方々が自国のリーダー像を考える上で、渋沢という民間リーダーをヒントにしてほしいとの思いも込めている（主として第Ⅱ部）。さらに自ら学ぶ姿勢、主体的な学び、思考力を養う教育への変革が叫ばれているので、小中高の学校現場で、日本中のいろいろな場所で何らか結びつきを見つけることが出来る渋沢を身近な題材として取り上げてもらうためのガイドとしても使うことが出来る（主として第Ⅲ部）。もちろん、本全体を通じて一般の方でも大学生でも、小中高の先生でも自分の目的にあわせて、すべての部分が渋沢を知るためのヒントになるように作られている。

## 生い立ちと世に出るまで

渋沢探求を始める前に、渋沢という人はいったいどこに生まれて、世に出た後にいろんなことに関わって成果を収めることのできる素地はいつ、どこで、どうやって備えたのか、簡単に紹介して行くことにしよう。

生まれは一八四〇（天保一一）年、現在の埼玉県の深谷で生まれた。埼玉県の北の外れ、利根川を渡ると今の群馬県という国境《くにざかい》で生まれた。江戸にある幕府のお膝元、譜代系の領主が飛び飛びの細分化された領地の一つとして支配した地であった。もともと、稲作りに適さない土地だったので、年貢の取り立てもとびきり厳しかったわけでもなく、かといって豊かであったわけでもない土地で育った。江戸と水戸と適度な距離にあり、学問や新情報を入手しやすい土地という利点をよく理解して行動できたのが栄一の父市郎左衛門（美雅）であった。藍染の原料が土地に適することを見つけ出し、近郷の農家にそれを広め、できた製品を在地の紺屋に売り込むという才覚に長けた人であった。同時に教育熱心で、ビジネスの才覚と、農村とは思えないほどの高い教養を授けてもらうことができた。

## 激動の幕末の到来

誰もがよく知るペリーの来航があり、それに端を発する政治運動の波はこの埼玉のはずれの農村にもやってきた。渋沢は水戸の儒者について勉強したり、剣術を江戸の千葉道場で学んだことがあったので、世の中の最新の動きをよくキャッチしていた。北関東でいくつも起こった暴発騒擾と同じように、意味も無く命を落としてもおかしくないような方向に突き進んでいった。しかし、寸前の所でそれを止めてくれる上方の最新情報をキャッチ出来るネットワークを持っていたところが、無駄死にしていった草莽の志士と違うところであった。身分が農民であるにもかかわらず、冷静な判断で京都に逃げ延びて一橋慶喜の家来になるというウルトラCができたあたりに、後に花開く才能の一端がすでに見えていた。一橋家にいることで情報摂取の感度はさらに上がり、足が地に着いた商売の経験から武家ではこなせない、今で言う経済官僚として一橋家の財政を担って、あれよあれよという間に出世していった。

皆さんもご存知のように慶喜は才気にあふれ過ぎ、周囲を巻き込むような求心力に欠けていたようで、激動の荒波の中を政治的に生き残ることができなかった。そんな慶喜からヨーロッパ行きのチャンスをもらい、逆に渋沢はその後の人生の眼を見開かせてもらう絶好の機会を得たのであった。半歩間違えれば命を落としかねない混乱期に日本にいなかったのも自らが引き込んだ幸運だった。戊辰戦争がほぼ収束してからの帰国となった。

## 新しい時代の担い手

才覚にあふれ、義理人情にあつく責任感があって人から信頼され、新知識をいっぱいにため込んで帰ってきた人間を世がほっておくわけがなかった。旧幕臣が移住した静岡藩で半官半民の商社のような組織を他事例が軒並み失敗する中で唯一成功させ、あっという間に新政府の目に留まって呼び出しがかかった。西欧の近代国家を生に見てきた経済官僚の第一号として日本の新しい国づくりの実務の中心を歩いて行った。

渋沢の人物像として、目にすることの多い晩年の写真と道徳や倫理の強調から「温厚なジェントルマン」のイメージが強いかもしれない。であるが、政府にいた三〇代前半の渋沢はかなり強引な行動で相手をねじ伏せていくタイプでもあった。インフレ状態の通貨を安定させるための近代的な紙幣制度を導入するための一連の行動は、政治権力を背景にして強要する、決して褒められないようなやり方であった。

金のない政府だったので、財力のある三井組と小野組を頼みとし、一緒に組むことを嫌がる両組に「政府御用」を取り上げると脅しをかけて紙幣発行を担う第一国立銀行への出資と参加を取り付けたのであった。それだけにとどまらず、建築中の擬西洋風の新生・三井のシンボルの日本橋兜町の洋館を第一国立銀行の本店とするため、取り上げてしまったのであった。それくらいのことをしないと古色蒼然たる旧来の大商家は動かないということだったのであろうが、もう少し穏健なやり方ができたのではと驚かされる。

ビジネス界に転じた後も、幾多の困難に遭遇し続ける。銀行や会社が立ちゆかなくなるような困難を乗り越えるうちに、だんだんとやり方が上手になっていった。例えばであるが、三井財閥とは深い縁を持ち続けたわけだが、中上川彦次郎がその総帥となると露骨に三井と渋沢の切り離しを図った。第一国立銀行から出資を引き上げたり、王子製紙の乗っ取りをかけたりしたのであった。それに対し渋沢の防衛手段はすっかりスマートになっていた。中上川を直接相手とするのではなく、別ルートの確立を図った。明治初期から親交のあつい三井物産の益田孝とのパイプを太くして、彼を渋沢が企画する会社の設立にどんどん誘い、お互いに重要なビジネスパートナーとしていったのであった。実際、中上川は早い段階で失脚してしまうので、彼の読みはズバリ当たったと言えよう。

## 利益を上げ社会に尽くす

よく言われる「五〇〇社六〇〇団体」、つまり五〇〇もの会社の設立・運営・相談・出資に関わり、六〇〇もの福祉・教育・学術・思想等の様々な団体の設立・運営・相談・支援に関わり続けた。数え年七〇歳で第一銀行等ごく一部を除いて産業界の役職を引退し、数えで七七歳を機に第一銀行を含め、完全に産業界から身を引いた。その後数え九二歳で亡くなるまで若い頃から取り組んできた社会公共事業に尽力し続けた。

それらは、経済道徳や経営倫理の普及、実業教育、私立学校、女子教育の地位向上と支援、貧困者の救済、労使関係の改善、災害支援など実に多岐にわたった。隠居した経営者が取り組むような芸事や芸術・文化支援といった穏やかな活動とは明らかに一線を引いたものであった。死ぬまで社会の矛盾や軋轢を直視して行動し続けた「巨人」の長き道のりであった。

## 本書の構成と各章の役立て方

以下、各章の内容を簡単に紹介しておこう。

第Ⅰ部は一般の読者の方々が渋沢の名前を聞いて興味をかき立てられ、少し調べてみようかと思ったときに役に立つことをイメージしている。学術的な関心ということよりも、もう少しソフトな理解である。小説を含めて歴史が好きであったり、実際に関係する現場を訪れることから学ぼうというアプローチや、ビジネスの実社会で役立つことを学ぶスタンスである。

第一章は、歴史小説やテレビドラマなどフィクションとして描かれた渋沢についてのガイドである。歴史小説の代表作をひとつに絞ることは難しいのだが、たくさんの歴史小説家を取り上げている。どれを読めばいいのか迷った際に、自分の好みにあった小説やドラマを見つけるためのガイドである。

第二章と第三章は、実際に渋沢が活躍した場所を訪ねて歩くためのガイドである。渋沢は多彩な活動を東京のみならず日本全国で行なっている。実際に訪ね歩くことで初めて感じられる距離感や立地条件などがある。そんな追体験をして自分自身を渋沢に重ねて考えるためのガイドである。

第四章は、ビジネスマンに人気の「渋沢論語」を取り上げる。多くのセミナーが開かれ人気を博している。コンピュータ、インターネット、ＡＩとデジタルがもてはやされる世の中であっても論語に時代を超えた普遍性があるのはどうしてなのかのヒントを描いている。

第五章は、渋沢の『自伝』について取り上げる。『自伝』は自分に都合のいいように脚色がなされていたり、事後的な自分の思い込みで後付け的な解釈が紛れ込んだりするものである。であるが、一方で本人にしかわからないその時の感情を知ることができ、貴重な記述にあふれている。渋沢の自伝を題材に賢い利用の仕方を示している。

最後は渋沢栄一の後継者にスポットを当てる。日本資本主義の最高指導者のバトンを受け継いだのは孫の敬三であった。学者肌で、戦中の日銀総裁、戦後すぐの大蔵大臣と損な役を引き受けた。どうしたら栄一の偉業を後世に残し伝えることができるのかに腐心し続けた。敬三という異色の学者の眼を通して、栄一が何をしたかったのかを紹介している。

第Ⅱ部は主として大学生や大学院で学ぶ外国人学生を対象としている。渋沢を取り上げることが多いのは経済史や経営史のゼミや講義かと思うが、政治史や国際関係史、教育史、思想史などでも接点を見いだすことができる。昨今はグループ学習や課題学習、レポート作成などの主体的な学びが大学でも盛んになってきているので、はじめて渋沢の名前を聞いてどこから調べたらいいのか皆目見当のつかない学生さんたちの道しるべになるようなイメージで作られている。

第七章と第八章は経済史や経営史の領域での渋沢の取り扱い方を紹介している。二つの分野の違いは分かりにくいかもしれないが、まず第七章は経済制度や経済動向といった個別企業を取り巻くさまざまな環境の中での渋沢の取り扱い方を紹介している。一方、第八章は企業経営者として企業の創設から運営のプロセスの中での経営行動やベースとなる企業理念をどう扱えばいいかの糸口を提供している。

同様の趣旨で第九章は政治史や外交史・国際関係史の分野で、第一〇章は福祉や医療分野での足跡をたどるためのヒントである。

第一一章と第一二章は大学院レベルで学ぶ日本人学生や留学生が渋沢を題材に論文を書きたいと考えたときに、これまでの研究でいまだ及んでいない、残された未知の研究テーマ例を紹介している。研究を志すということは先行研究を丹念に調べ、自分自身でアプローチの手法を考え出す事を意味する。しかしながら、渋沢を研究しようとすると、彼の活動領域があまりに広くて多岐にわたるので、その研究成果もあちこちに散在してリサーチに取りかかるまでに時間がかかってしまう。本当は苦労して自分で見いだすべきテーマ探しこそ、研究者を志す最初のステップの大事なトレーニングという思いもあるが、一つのとっかかりのヒントとして我々渋沢研究会メンバーの三〇年に及ぶ蓄積から抽出された良質のヒントを提示したつもりである。

第Ⅲ部は教育現場で渋沢栄一という多方面で活躍し、知名度も急速に上がった人物を児童や生徒の主体的な学びに生かしてもらうための部としている。それを組み立てる先生のためのヒント集のようなイメージであるが、同時に子供たちが抱くだろう素朴な疑問や、広く自由な領域で考えることを期待したいので、それは一般の人にとっても大学生・院生にとってもかえって役に立つパートになっている。

第一三章は新しい学習指導要領で重要視されている小学校の道徳での活用のために書かれている。渋沢の生誕地・深谷ではすでに積極的に論語を道徳教育に取り入れる試みがなされているのでそれを足がかりにしている。現代社会に必要な道徳教育を『論語』だけでまかなえるわけではないだろう。しかし、考えるための豊富な実例を提示しており、一つのヒントになると考える。

第一四章は中高現場で国際的な視点を取り入れて日本と世界のつながりを考えるような社会科教育の場面での渋沢の生かし方を取り上げている。アメリカやヨーロッパに旅するのに何ヶ月もかかる船の旅しかなかった時代にビジネスマンである渋沢が自分の商売のためで無く、一体何のためにこれだけ大洋を渡って世界を行き来したのかは、内向きといわれている現代の日本人に大きなインパクトがあり、なおかつ具体的な中高教育での取り組み事例が紹介され、活用しやすい章になっている。

第一五章は、埼玉県深谷市が「郷土の偉人」をどのように、学校教育の中で位置づけ、活用しているかを取り上げている。いろいろな「偉人」を様々な角度から捉え、どこの場所でも地元に愛着を持つ実践教育のヒントになるだろう。

巻末の付録は、先の第Ⅰ部とも共通する、実際に足で歩いて感じ、文献やネット情報を駆使して渋沢に迫るためのガイドである。ネット時代だからこそ、自身が求めている渋沢情報に行き着くかがかえって難しい場合がある。アナログとデジタル、両方の様々な文献等の利点・欠点を理解して、読者の皆さんにそれぞれご自身独自の渋沢理解を深めていただきたい。

# 第Ⅰ部　一般読者のための渋沢栄一ガイド

東京都千代田区大手町にある常盤橋公園に立つ渋沢栄一像。大手町のビジネス街を見守るように配置されている（出所：鮫島圭代氏撮影）。

新紙幣の肖像発表で初めて名を知った、NHKの大河ドラマで取り上げられることで興味を持った、何かの歴史小説を読んでいて主人公とさほど関係なさそうな場面で渋沢が登場した——。

第I部は、意外なところに登場した渋沢栄一に興味を持ち、「渋沢栄一とはいったいどんな人だったのか」と好奇心にかられて、もう少し深く知りたいという方へのガイドである。

新聞や雑誌の特集、コラム欄をはじめとして、訪ねた場所で偶然に渋沢の名に遭遇して興味を持った方も多いと思う。また、日本の近代史で、この人が全く関わらない文脈を探す方が大変なほど、あちらこちらに登場する。そんな渋沢の実像、背景、人となりを理解する一助になって貰えれば幸いである。

渋沢栄一という人は、いくつかの定番の伝記やその派生本もあって、青春期を中心とした描かれ方の典型的なパターンが出来上がっている。同時に、『渋沢栄一伝記資料』（本編全五八巻、別巻全一〇巻）に代表されるように、個人の資料としてはこれ以上ないというほど、多くの資料が活字化されて残されている。

すさまじく多くの企業や社会事業等に関わっていて、その全容を把握することは、そう簡単なことではない。極端な言い方をすれば、日本という国が近代国家に脱皮していく相当多くの局面に関与し、何らかの味付けをしている。

それぞれの方が自分の興味関心に従って、すでに刊行された文献を読み、関連施設を訪ね、自由に感じ、想像を膨らませて、その時、渋沢が国づくりのために何を感じて思考し、行動したかを後付けで解釈する余地がたくさん残されている。

常盤橋公園に立つ渋沢栄一像も、是非ご覧頂きたい。この銅像は、一九三三（昭和八）年に彫刻家・朝倉文夫によって制作された。第二次世界大戦中の金属供出で一度撤去されたが、一九五五（昭和三〇）年に再建された。

第I部を通じて、百人百様の渋沢像を編み出し、これからたくさん描かれるだろう渋沢像と比べて楽しんでほしい。

（島田昌和）

# 第一章　歴史小説・ノンフィクション作品での描かれ方

中村宗悦

本章では渋沢栄一が歴史小説やノンフィクション作品のなかでどのように描かれてきたのかを時代背景と関連付けながら紹介していく。当然、渋沢の描かれ方は時代によって一様ではない。

まず第1節では、日本がまだ発展途上の後進国であった時期から世界第二位の経済大国になっていった時期を取り上げる。この時期に書かれた多くの作品は、幕末の混乱期に青年期を過ごし、やがて実業界で活躍をしていった若かりし渋沢の姿と同時代の日本が重ね合わせて描かれている。

次に第2節では、一九八〇年代以降の作品を取り上げる。一九八〇年代には渋沢を主人公とした小説はほぼ皆無であった（表1を参照）。しかし、一九九〇年代初頭にバブルが崩壊した後にはいくつかの作品が登場している。この時期には企業の不祥事が頻出し、日本経済は大きな失敗と挫折を味わった。こうした時代背景のもとで渋沢の描かれ方も企業倫理の重要性を説いた側面がとくに強調されている。

最後に第3節では、渋沢を主人公としたノンフィクション作品を取り上げてみたい。ノンフィク

表1　渋沢栄一関連の主要小説，ノンフィクション（NF），戯曲一覧

| 種別 | 著者 | 書名 | 出版社 | シリーズ名 | 出版年 |
|---|---|---|---|---|---|
| 戯曲 | 井東憲 | 長篇戯曲　渋沢栄一 | 共盟閣 | | 1936 |
| 小説 | 大佛次郎 | 激流 | 文藝春秋新社 | | 1953 |
| 小説 | 南條範夫 | 幕府パリで戦う | 光文社 | カッパノベルズ | 1967 |
| NF | 城山三郎 | 野性的人間の経済史 | 番町書房 | | 1969 |
| 小説 | 城山三郎 | 雄気堂々 | 新潮社 | | 1972 |
| 小説 | 山田克郎 | 渋沢栄一 | 春陽堂書店 | サン・ポケット・ブックス | 1972 |
| NF | 城山三郎 | 野性のひとびと | 文藝春秋社 | 文春文庫 | 1981 |
| 小説 | 荒俣宏 | 帝都物語 | 角川書店 | | 1985-87 |
| NF | 山本七平 | 近代の創造——渋沢栄一の思想と行動 | PHP 研究所 | | 1987 |
| 小説 | 古川智映子 | 小説土佐堀川 | 潮出版社 | | 1988 |
| 小説 | 船戸鏡聖 | たおやかな農婦——渋沢栄一の妻 | 東京経済 | | 1991 |
| 小説 | 童門冬二 | 渋沢栄一　人間の礎 | 経済界 | | 1991 |
| NF | 佐野眞一 | 渋沢家三代 | 文藝春秋社 | 文春新書 | 1998 |
| 小説 | 童門冬二 | 小説 渋沢栄一 | 経済界 | | 1999 |
| 小説 | 童門冬二 | 長編小説　論語とソロバン——渋沢栄一に学ぶ日本資本主義の明日 | 祥伝社 | | 2000 |
| 小説 | 童門冬二 | 渋沢栄一　人生意気に感ず——“士魂商才”を貫いた明治経済界の巨人 | PHP 研究所 | PHP 文庫 | 2004 |
| 小説 | 津本陽 | 小説　渋沢栄一　上・下巻 | 日本放送出版協会 | | 2004 |
| 小説 | 茶屋二郎 | 青淵の竜　小説渋沢栄一 | 廣済堂あかつき | | 2010 |
| NF | 鹿島茂 | 渋沢栄一　Ⅰ・Ⅱ巻 | 文藝春秋新社 | | 2013 |
| 小説 | 香取俊介・田中渉 | 渋沢栄一の経営教室 | 日本経済新聞社 | | 2014 |

出所：筆者作成。

ションとは史実や記録に基づいているが、作者の独自の解釈によって構成された作品であると定義づけられる。テレビのドキュメンタリーやルポルタージュなど映像などで表現される場合も多い。

## 1　歴史小説のなかの渋沢栄一（一九七〇年代以前）

### 『激流』と『雄気堂々』

歴史小説とは、おもに歴史上実在した人物を主人公にし、背景もおおむね史実に即しながら物語が展開していく小説のことである。日本では江戸時代以来講談などで歴史上の英雄、英傑たちを主人公とした物語が大衆に受け入れられてきた伝統をもつ。明治以降も歴史上の人物は伝記や史伝といったスタイルで好んで取り上げられた。

昭和に入ると大衆作家であった吉川英治の『宮本武蔵』が人気を博した。『宮本武蔵』は剣術の達人である武蔵を取り上げているが、いわゆるチャンバラ活劇ではなく、武蔵の人生を深く掘り下げており、その意味で歴史小説の先駆けと言って良い。

戦後は司馬遼太郎の『坂の上の雲』や山岡荘八の『徳川家康』などの歴史小説が次々と世に出て一世を風靡した。学校での退屈な歴史の授業よりもこうした歴史小説をきっかけに歴史に興味をもったという人も多いであろう。

とくに高度経済成長期後半に入ってからのテレビの普及とテレビ番組のコンテンツとしての「歴史

もの」が人々に与えた影響は少なくなかったと考えられる。一九六三（昭和三八）年から放映が開始され、二〇一九（令和元）年までに五八作品が製作されてきたNHKの「大河ドラマ」は時代劇ではなく、まさにテレビ版歴史小説でもあった（NHK（a））。

「大河ドラマ」の原作となった歴史小説の作家としては、司馬遼太郎がもっとも人気を博しており、一九六八（昭和四三）年の『竜馬がゆく』から二〇〇六（平成一八）年の『功名が辻』まで全部で六回も原作となっている。それに次ぐのは吉川英治作品で、四回を数える。

渋沢栄一もそうした歴史小説の主人公として描かれるに足る存在感を有し、実際にこれまでに多くの歴史小説で描かれてきた。そして、二〇二一（令和三）年にはいよいよ渋沢を主人公にした大河ドラマ『青天を衝け』の制作が決定した（大河ドラマ六〇作品目）。原作に相当する作品はないが、後述する『あさが来た』の脚本を担当した大森美香が本作品の脚本を担当する。主演は若手の吉沢亮である。

さて、渋沢がはじめて歴史小説の主人公として描かれたのは意外に遅く、一九五一（昭和二六）年一〇月一日から翌年の二月八日まで『日本経済新聞』に通算一三〇回にわたって連載された大佛次郎の『激流』（文藝春秋新社、一九五三年。のち『大佛次郎時代小説全集　一四巻』に収録）においてであった。渋沢に関する小説も最初は新聞小説としての連載で発表されたという点で『宮本武蔵』、『坂の上の雲』、『徳川家康』などと系譜を同じくするものであった。

この新聞連載小説という形式のはじまりは一九世紀初頭のフランスの新聞に遡ることができるが、

日本でも明治時代以来多くの小説が新聞小説として発表されてきた。大佛次郎自身もデビュー間もない頃に『大阪朝日新聞』に「照る日くもる日」（幕末を舞台にした娯楽小説。何度も映画化されている）を連載（一九二六（大正一五）年八月～二七（昭和二）年六月）して以降、いくつもの作品を新聞連載小説として発表している。

ところで、大佛次郎といえばすぐに思い起こされるのが、鞍馬天狗シリーズである。こちらも幕末を舞台とした活劇であり、嵐寛寿郎の出演する映画作品は一九二七年の『鞍馬天狗異聞・角兵衛獅子』から一九五六（昭和三一）年の『疾風！鞍馬天狗』まで四〇作品以上にのぼると言われている。それだけ人気を博した大佛の小説であったが、要するに大佛次郎は幕末ものが得意であった。

『激流』もまた大佛の筆が躍動している作品であり、幕末維新期の渋沢の活躍が描かれている。ただし、鞍馬天狗シリーズはまったくのフィクションであるがゆえに「時代小説」というジャンルに類別され、『激流』は渋沢栄一という実在の人物を主人公にしているため、「歴史小説」に区分される。一八九七（明治三〇）年生まれの大佛次郎が『激流』を書いたのは、当時としてはすでに老境に差し掛かっていた五四歳のときであった。筆致は練達で読むものを飽きさせない。

吉川英治や大佛次郎といった大御所に代わって一九六〇年代から文壇に登場してきたのが、司馬遼太郎や城山三郎といった青春時代を戦争のなかで過ごした戦中派世代の作家たちであった。司馬遼太郎の『坂の上の雲』は、よく知られているように明治維新を成功させて近代国家として歩み出し、日露戦争勝利に至るまでの勃興期の明治日本を描いた作品である。本作も『産経新聞』夕刊紙に一九六八年四月から一九七二（昭和四七）年八月にかけ四年余にわたって連載された。この『坂の上の雲』長期連載中の一九七一（昭和四六）年一月一日から一二月二三日の一年間にわたって『毎日新聞』に連載されたのが、渋沢栄一を主人公とした『雄気堂々』（連載時タイトルは『寒灯』）である。司馬の代表作となる『坂の上の雲』と城山の『雄気堂々』が一九六〇年代末から七〇年代初頭にかけての時期に発表されていることは興味深い。両者に共通するのは、敗戦から立ち直り自信を取り戻しつつあった高度経済成長期の日本を前提に、その日本が歩んできた近代化の歴史に対する肯定的な評価である。

城山三郎は一九五六年に作家デビューし、同年『輸出』で第四回文學界新人賞を受賞、一九五九（昭和三四）年には『総会屋錦城』で第四〇回直木賞を受賞していた。城山は経済小説という新しいジャンルを切り拓いた作家としてよく知られているが、彼が手掛けた歴史小説も経済問題を扱った作品が多い。たとえば鈴木商店の番頭であった金子直吉を主人公とした『鼠――鈴木商店焼打ち事件』（文藝春秋社、一九六六年）や金解禁をおこなった浜口雄幸と井上準之助を主人公とした『男子の本懐』（新潮社、一九八〇年）などがそれである。ただし、明治期を扱ったものは少なく、『雄気堂々』以外には足尾鉱毒事件と田中正造を描いた『辛酸（足尾鉱毒事件）』（中央公論社、一九六二年）があるに過ぎない。

## 城山三郎の渋沢観

またノンフィクションとしては『野性的人間の経済史』（一九六九年、番町書房。のちに『野性のひとびと』一九八一年、文春文庫）がある。実はこの『野性のひとびと』に渋沢栄一が多少登場している。渋沢のエピソード自体は多くはなく、『雄気堂々』にも描かれている浅野総一郎との邂逅の場面（深夜に浅野が渋沢邸を訪れる場面）やその浅野が渋沢に深川セメントの払い下げ仲介を依頼する話（「赤猫」という隠語を渋沢が知る場面）などに限られている。福沢桃介が渋沢に帝国劇場の初代取締役会長を辞退させるエピソードは読者にとっては非常に面白い話であるが、『雄気堂々』では取り上げられていない。しかし、城山自らがこの作品の「文庫版のためのあとがき」で興味深いことを述べているので、引用しておこう。

大物といえば、わたしはかつて『雄気堂々』（新潮社刊）という作品で、日本経済の大御所ともいうべき渋沢栄一を描いたが、武州の片田舎から出た無名の若者が、なぜそれだけの大物になれたのか、その秘密を三つの「魔」ということで分析できると思った。ひとつは吸収魔といってよいほど、吸収・勉強してやまない人間であったこと。それも、書物からだけでなく、人間から、事業から、その置かれた場所から吸いとれる限りのものを吸いつくすという魔であった。
第二に、「建白魔」といってよいほど、建白し、立案し、企画してやまない人間だった。第三に、おかしな言い方だが、「結合魔」といってよいほど、人材発掘にかけて、あるいは友情において、人を結びつけてやまなかった男であった。（城山　一九八一　二一七頁）

実際、『雄気堂々』はこのような城山の渋沢栄一観をベースに書かれたと思われる。本作品で描かれる多くのエピソードはおおむね城山自身が語る三つの視点に関係する。しかし、ここではもう少し別の角度から『雄気堂々』と時代背景との関連についてみてみたい。

『雄気堂々』の物語は冒頭、渋沢が満九一歳で亡くなった一九三一（昭和六）年の新聞報道などの紹介から始まる。そして、明治維新前夜の武州血洗島での千代との婚儀のシーンへと続き、最後はその千代が亡くなる一八八二（明治一五）年で終わる。千代という一人の女性の存在は若き日の渋沢の活躍を中心に綴られる物語の後景にあって終始、読者を渋沢の「家庭人」としての側面へ誘っている。

一般に堅物に思われがちな渋沢であるが、実は多くの女性たちとのつき合いがあった。このことは、渋沢を少しでもかじったことがあれば誰でも知っていることである。しかし、城山はそうした明治時代人にありがちな人物として渋沢を描かない。どんなに仕事にかまけ、あるいは女遊びをしようが、最後に戻ってくるのは生涯の伴侶のもとであるという人物像は、高度経済成長期にモーレツ社員と揶揄されたサラリーマンたちと重なる。本来ならば、渋沢の「家庭」ではなく「家《イエ》」に対する意識が掘り下げられるべきなのであろうが、高度経済成長期の歴史小説で描かれる渋沢は現代の我々にとって受け入れやすい価値観の持ち主として造形されているのである。

また本作品が発表された一九七〇年代初頭という時期に注目すると、ちょうど学生運動がその過激な活動によって自壊していく時期と重なっていることに気がつく。渋沢もかつては幕末期に幕府転覆を企図した過激派であった。尊皇攘夷思想にかぶれ、横浜の外国人居留地を襲う計画を立てていた渋沢がすんでのところで思いとどまり、その後は一橋家へ仕官し、一橋慶喜が将軍になったことによって幕臣となり、その将軍の弟に随行してパリに赴き、西洋文明の先進性に目を開く。あたかも学生時代にマルクス主義思想にかぶれつつも、社会に出てはじめて現実を目の当たりにした多くの若者たちの生き様に重なってくる。

城山は渋沢の前半生を小説で描くことによって、そうした人々の生き方にプラスの価値を見出そうとしているようにも見える。城山自身は戦前、愛知県立工業高校（現・名古屋工業大学）で学び、途中、海軍に志願して中退。海軍の特攻隊に配属になるも訓練中に終戦を迎えた。戦後は東京産業大学（現・一橋大学）に入学し、近代経済学の大家であった山田雄三のゼミで学び、やがて経済小説家として名をなした。『雄気堂々』はそうした作家の経験も背景に見え隠れする作品となっている。

なお『雄気堂々』は、NHKの時代劇ドラマスペシャル『雄気堂々・若き日の渋沢栄一』として一九八二（昭和五七）年一月三日に放送された。主人公を滝田栄が演じ、実際の渋沢とは異なる長身の渋沢像を描いたとして話題にもなった（千代は檀ふみが演じた）。また一九七八（昭和五三）年にはTBS系列でも渋沢を主人公とした『雲を翔びこせ』が放映されている。こちらは『雄気堂々』が原作とは明記されていないが、大佛次郎の小説なども加味しながら創作されたドラマであったと思われる。こちらは同年『西遊記』（堺正章が孫悟空、夏目雅子が三蔵法師を演じた大ヒット作品）の猪八戒役でブレイクする西田敏行が渋沢を演じている。

さて、高度経済成長期に書かれた歴史小説で渋沢が主人公となっているものとしては、異色作品であるが、南條範夫の『幕府パリで戦う』がある。この作品は一九六七（昭和四二）年四月から九月まで『潮流ジャーナル』に連載されたが、途中で同誌が廃刊となったため、続稿を加えて同年一二月に光文社のカッパノベルズから刊行されたものである。

本作品は冒頭部分が大佛次郎『激流』のパロディとなっている。つまり、冒頭部分で老境の渋沢が若き日の自身を振り返るという形を取っており、大佛作品ではそこから千代との婚礼のシーンに展開するのだが、南條作品では昔話を渋沢が語りながら、いや実はパリでは幕府側と薩摩側で諜報合戦が繰り広げられていたのだよ、と物語に入っていく形になっている。当時、大佛次郎作品がよく読まれていたことの証左であろう。なお、パリでの薩摩と幕府の話自体は史実に基づく。

もう一つ本作品で重要なのは、南條（作中での「私」と思われる。ある出版社の企画「財界の左傾化について」で渋沢老翁を「私」が訪問する設定）が渋沢に明確にこう語らせている点である。

> 当時の若い連中が、尊皇攘夷という旗印に飛びついたのは、何よりも現状に不満だったからだ。こんな状態じゃいけない。生きている甲斐がない。もっとよい人生があるはずだと考えていたから、現状を打破することが可能と思われる旗印に、命をかけて飛びついていった。マルクスボーイ諸君も同じことじゃないのですかな。（南條　一九九四　一二三頁）

南條範夫は、東京帝国大学経済学部助手から満鉄調査部に入り、宮崎正義らとともに軍による統制経済計画策定などに関わった経緯をもち、戦後は日本経済再建協会常務理事、一九四九（昭和二四）年から國學院大學教授を務めるなどした経済学者でもあった。南條に経済小説と呼べる作品は数多くはないが、本作品が幕末の薩摩＝イギリスと幕府＝フランスの経済戦を背景に描かれているのにはそうした経済学者的な視点が現れている。娯楽作品ではあるが、幕末維新の動乱期にかくやのこともありなんと思わせる腕は見事である。

## 2　歴史小説のなかの渋沢栄一（一九八〇年代以降）

### 『帝都物語』と「天譴論」

筆者が調べた限り一九八〇年代には渋沢を主人公とした歴史小説はない。主人公にしたものはないが、荒俣宏の出世作『帝都物語』（角川書店、一九八五〜八七年）に主要な登場人物として描かれている。言うまでもなく『帝都物語』は歴史小説ではなく、ＳＦ作品であるが、史実や実在の人物も絡んだ重厚な大作である（その後、サブカルチャーを牽引するオタク文化の走りであるとも言える）。

社会学者の吉見俊哉は『平成時代』の中で、宮崎駿の『風の谷のナウシカ』（徳間書店、漫画連載は一九八二〜一九九四年、映画は一九八四年公開）や大友克洋の『ＡＫＩＲＡ』（講談社、一九八二年）を、一九七〇年代にベストセラーとなった小松左京の『日本沈没』（光文社、一九七三年）や五島勉の『ノストラダムスの大予言』（祥伝社、一九七三年）に端緒を見出すことができる「終末」の予感を深化させた作品として位置付けつつ、『ＡＫＩＲＡ』の五年後に刊行された荒俣の『帝都物語』についてこう考察している。

帝都東京は日本の近代化過程で、江戸を守ってきた「怨霊（＝平将門）」の力を破壊してしまったがゆえに、「近代国家日本の帝都と怨霊たちの力との関係をどう調停するかは国家のテクノクラートたちの課題」となった。そして、「古代から権力の中枢として国土を支配してきた都の、その権力秩序を底辺から脅かし続けた民衆の力、その化身としての怨霊」（吉見　二〇一九　一七八～九頁）という視点が重要である、と。一九八八（昭和六三）年に映画化された『帝都物語』では、渋沢を勝新太郎が演じ、まさに吉見が言う「国家のテクノクラート」を操るべく「秘密会議」を主宰する黒幕として描かれている。

もちろん、『帝都物語』における渋沢はまったくのフィクションでしかないのだが、日本がバブル時代に突入する前夜に渋沢が近代国家の帝都を守護すべく、オカルティックな力を借りて魔神・加藤保憲（映画では嶋田久作が怪演）と対決するという物語の構図は見逃すことはできないであろう。少なくとも作者の荒俣宏が渋沢に対して単に「日本資本主義の父」以上の精神主義的なカリスマを見出していたであろうことは想像に難くない。

実際、関東大震災（『帝都物語』では魔神・加藤が引き起こした災厄）発生後に、渋沢は〝震災は天が人間を懲らしめるためにもたらした災いである〟とする「天譴論」を発表し、震災からの復興に自らも乗り出していったことはよく知られている（守屋　公益財団法人渋沢栄一記念財団ウェブサイト）。当然、博学の荒俣も渋沢が「帝都復興審議会」（一九二三（大正一二）年九月一九日設置。二七日に帝都復興院が設置され、後藤新平が総裁）の委員であった事実（国立公文書館）はよく知っていたであろうし、そこから着想を得ていることは明らかだと思われる。

## 童門、津本から『青天を衝け』へ

さてバブル崩壊後、まさに『帝都物語』が予言したかのごとく、日本経済は地価崩落によって生じた不良債権を抱えて呻吟する。渋沢がかつて憂えたように精神を失った経済至上主義が大きな挫折を被ったのである。

そのバブル崩壊直後から相次いで刊行されたのが、童門冬二の一連の作品である。童門も世代的には司馬や城山と同じであるが、最初は都庁の職員として美濃部都政（一九六七（昭和四二）～七九（昭和五四）年）をサポートした経歴をもつ。作家デビューは公務員在職中であったが、美濃部都政が終わると同時に作家に専念、サラリーマンとしての経験を活かした作品を次々と発表していった。

童門はまず『渋沢栄一　人間の礎』（経済界）を一九九一（平成三）年一二月に刊行した。本作品も渋沢の前半生を中心に描かれた小説であったが、「今こそ『経済と人の道』『ソロバンと論語』の一致を説いた明治の大実業家渋沢栄一に学べ！」という体の小説であった。本作品はのちにやはり経済界より一九九九（平成一一）年一二月に『小説　渋沢栄一』と改題・改訂して刊行された。さらに二〇〇〇（平成一二）年には祥伝社より『長編小説　論語とソロバン――渋沢栄一に学ぶ日本資本主義の明日』が刊行された。本作品は祥伝社の月刊誌『小説 non』において一九九八（平成一〇）年六月号から翌年六月号まで連載したものを、単行本刊行にあたって改訂したものである。本作品も「商才だけでは日本の未来はない」という観点から書かれた小説であり、二〇〇四（平成一六）年には、『渋沢栄一　人生意気に感ず――〝士魂商才〟を貫いた明治経済界の巨人』と改題の上、ＰＨＰ文庫に収録された。

ところで、童門冬二の「小説」を歴史小説に分類することは、いささか戸惑いを覚える。むしろ後述するように山本七平などのノンフィクションや評論のスタイルに近いものを感じる。小説の形を取っているが、物語の創造という面が劣っているように思われるのである。

この点は二一世紀に入って刊行された津本陽の『小説　渋沢栄一　上・下巻』（日本放送協会、二〇〇四年。のち幻冬舎文庫に収録）も同様であろう。津本作品は渋沢の生誕から死没までを九部構成で描いたもので、小説としてはおそらくはじめて渋沢の「全生涯」が描かれている。また「作者が二〇〇四年時点であえて、渋沢栄一を描き上げ、その生きざまに光を当てたのは、目をおおうばかりの企業倫理の衰弱に対する批評精神のあらわれである」（菊池　二〇〇七）と評されている一方で、いかにも詰め込みすぎで、全体に平板で面白みに欠けるように思われる。ちなみにバブル崩壊後の企業倫理衰退を如実にあらわしている事件は数多いが、本作品刊行直近では二〇〇二（平成一四）年の一連の牛肉偽装事件発覚が想起されよう。

最近のユニークな作品を二つ付け加えておこう。一つは、作品がユニークと言うよりも作者がユニークな『青淵の竜　小説渋沢栄一』（廣済堂出版、二〇一〇年）である。本作品の作者である茶屋二郎（本名・山科誠）は元バンダイの社長であり、そのワンマンぶりが有名な経営者であった（『青淵の竜』執筆時はバンダイ社長を退任した後）。ワンマンとは正反対の渋沢をワンマン社長がどのように描いているかはお読みいただくしかないが、本作品は東京商工会議所の広報誌『ツインアーチ』に二〇〇六（平成一八）年一月号から二〇〇八（平成二〇）年七月号まで連載されたものであった。

今ひとつは現代的なＳＦ仕立ての作品で、日本経済新聞社から二〇一四（平成二六）年に刊行された香取俊介・田中渉『渋沢栄一の経営教室』である。一六歳の高校生が八咫烏《やたがらす》となって現代からタイムスリップするという奇想天外な設定で、渋沢栄一の思想をもとに悪戦苦闘しながら起業家をめざし、ついに二〇社を傘下に持つ経営者になる話である。

二〇一五（平成二七）年下半期のＮＨＫの朝の連続テレビ小説『あさが来た』（原案は古川智映子の『小説土佐堀川』（一九八八年、潮出版社）。脚本は先述の大森美香）にも渋沢が登場する。女性企業家・教育者として有名な広岡浅子をモデルとしたこのドラマで主人公の白岡あさ（波瑠が演じた）にアドバイスを与えるのが三宅裕司演じる渋沢であった。

本作品で渋沢は二度ほど登場する。一度目は白岡あさ（広岡浅子）が経営する加野屋（加島屋）が銀行業をはじめるにあたって渋沢に相談する場面。もう一度は、成澤泉（日本女子大学創設者として知られる成瀬仁蔵がモデル。瀬戸康史が演じた）が女子大学創設の話で渋沢の協力を得る場面である。白岡も成澤の活動を支援、奔走する。渋沢は最晩年に日本女子大学第三代学長にも就任した。女子教育を支援する渋沢がドラマで描かれたのは恐らくこれが最初である。渋沢の多面的な活動が描かれたという意味で本作品のもつ意味は小さくないであろう。しかし、本作品で俄然目立っていたのは渋沢よりもディーン・フジオカ演じる関西実業界の雄・五代友厚であった。

二〇二一（令和三）年の大河ドラマ『青天を衝け』では『あさが来た』と同じ脚本家の大森が脚本を担当する。今度はどのような角度から渋沢が描かれるのか。NHKのサイトでは企画意図として「『少子高齢化が進み、人口減少に拍車がかかる日本。右肩上がりの成長が期待できない時代に、私たちはどう歩むべきなのか……。』逆境の中でこそ力を発揮した渋沢栄一の人生を見つめることで、私たちの生きるヒントがきっと見つかるはずです」（NHK（b））と述べられている。

## 3　ノンフィクション作品のなかの渋沢栄一

### 渋沢の思想と啓蒙書

以上、第2節までにおいて渋沢が歴史小説という虚構のなかでどのように描かれてきたのかを、その時代背景と関連付けながら紹介してきた。高度経済成長期までの描かれ方とバブル崩壊後の描かれ方は明確に異なっていることがおわかりいただけたかと思う。

さて、最後にこうした歴史小説とは異なった形で渋沢を取り上げた作品も数多くあることを紹介しておきたい。一つは渋沢の思想を現代的な解釈から紹介するという形の「啓蒙書」と言って良い作品群である。とくに二〇〇〇年代に入ってからこうした「啓蒙書」は多く出版されてきているように思われる。試みにアマゾンで「渋沢栄一」と入力して検索すると、そこにヒットする本のほとんどは、人生訓や処世訓、企業経営の理想などを渋沢の思想などから読み取っていこうとする類の書籍であることがわかる。渋沢自身が口述した『論語と算盤』や『雨夜譚』などの「現代語訳」もそのなかに含まれる。もちろんこうした「啓蒙書」が無意味であるということではない。しかし、渋沢に関する「啓蒙書」が多く出版されている理由は、第2節で取り上げた一九九〇年代以降の歴史小説登場の理由とそれほど変わらないように思われる。

## 渋沢を知る新たな作品

一方、作者の取材などによって見出された事実から渋沢の新たな側面を描き出そうとするノンフィクション作品が存在する。その嚆矢をなすのが山本七平の『近代の創造——渋沢栄一の思想と行動』であろう。『日本人とユダヤ人』などの代表作をもつ山本七平は、日本人の精神について生涯にわたって評論を発表してきたが、本作品は渋沢の評伝というノンフィクションのスタイルを取りつつ、その思想と行動を「不易流行」というキーワードで架橋している。城山作品をはじめとする多くの歴史小説が、渋沢の思想の特徴を若き日の過激思想からの転換と見ているのに対して山本は「外面的には時代に対応しているが、内面的には変わらぬ継続性を保持し続けている」（山本　二〇〇九　六五八頁）ことを強調している。

最近の大作としては、渋沢の渡仏体験によるサン・シモン主義の影響を強調すると同時に後半生の社会活動、渋沢の奔放な生活の側面までを描いた鹿島茂による『渋沢栄一　Ⅰ・Ⅱ巻』がある。学術書という体裁を取っていないので、ノンフィクション作品として扱うしかないが、学術的な批判も含めてもっと本格的に議論して良い作品であるように思われる。その他にも佐野眞一『渋沢家三代』なども渋沢家を知る上で重要なノンフィクション作品である。

**引用・参考文献**


荒俣宏『帝都物語』（全一〇巻）角川書店、一九八五～八七年。
大佛次郎「激流」、『大佛次郎時代小説全集　一四巻』朝日新聞社、一九七五年。
鹿島茂『渋沢栄一　Ⅰ　算盤篇』文藝春秋、二〇一一年。
――『渋沢栄一　Ⅱ　論語篇』文藝春秋、二〇一一年。
香取俊介・田中渉『渋沢栄一の経営教室』日本経済新聞社、二〇一四年。
菊池仁「文庫版解説」、津本陽『小説　渋沢栄一　下巻』幻冬舎文庫、二〇〇七年。
佐野眞一『渋沢家三代』文春新書、一九九八年。
城山三郎『雄気堂々　上・下巻』新潮社、一九七二年。
――『野性のひとびと』文春文庫、一九八一年。
茶屋二郎『青淵の竜　小説渋沢栄一』廣済堂出版、二〇一〇年。
津本陽『小説　渋沢栄一　上・下巻』幻冬舎文庫、二〇〇七年。
童門冬二『渋沢栄一　人間の礎』学陽書房人物文庫、一九九九年。

――――『渋沢栄一　人生意気に感ず――〝士魂商才〟を貫いた明治経済界の巨人』ＰＨＰ文庫、二〇〇四年。

南條範夫『幕府パリで戦う』光文社文庫、一九九四年。

山本七平『近代の創造――渋沢栄一の思想と行動』ＰＨＰ研究所、一九八七年。

吉見俊哉『平成時代』岩波新書、二〇一九年。

ＮＨＫ（ａ）「大河ドラマ一覧」、ＮＨＫウェブサイト（https://www.nhk.or.jp/kirin/taiga/）、二〇二〇年三月三日最終閲覧。

――――（ｂ）「作・大森美香、主演・吉沢亮　日本資本主義の父・渋沢栄一を描く！」、ＮＨＫウェブサイト（https://www6.nhk.or.jp/nhkpr/post/original.html?i=20240）、二〇二〇年三月三日最終閲覧。

国立公文書館「デジタル展示　変貌――江戸から帝都そして首都へ」、国立公文書館ウェブサイト（http://www.archives.go.jp/exhibition/digital/henbou/index.html）、二〇二〇年三月三日最終閲覧（デジタル展示「変貌」は、二〇〇三（平成一五）年秋の特別展「変貌」を再編成したもの）。

守屋淳「関東大震災後における渋沢栄一の復興支援」、公益財団法人渋沢栄一記念財団ウェブサイト（https://www.shibusawa.or.jp/eiichi/earthquake/earthquake02.html）、二〇二〇年三月三日最終閲覧。

# 第二章　ゆかりの地をたずねる——深川・兜町・王子

鮫島員義

渋沢栄一は欧州から帰国後、実務に疎い壮士上がりが多い明治政権内で、大蔵官僚となり着実に政策を企画・遂行できる行政実務遂行者として幾多の制度設計を発案、実施した。その後一八七五（明治八）年当時のエリートコースであった高級官僚を退官して、今後の日本の発展のためには民間企業家こそが自らの歩むべき道であるとの進路を定めた。そしてそれまでの貸家住まいをやめ、深川・福住町に自らの邸宅を購入して構えた。その後、活動の分野や場面の変化に応じて、兜町・王子飛鳥山へと転居した。

渋沢研究会では、二〇一二（平成二四）年一〇月に栄一の深谷・血洗島の生家付近を、二〇一四（平成二六）年六月には王子・飛鳥山の渋沢史料館から板橋・大山の旧養育院までを、二〇一六（平成二八）年一〇月には深川・福住町から兜町を経て、上野・寛永寺の墓所までのハイキングを行った。現在でも栄一の生家をはじめ、自宅跡や墓地はだれでも訪れることが出来る。資料に当たっての学びだけでなく、その場に立ってみると初めて立体的に納得できる多くの事柄があることに気が付く。その当時の立地条件や交通の便などに思いを巡らせ、栄一が居を構えた場所の選定理由を通観すると、その当時の栄一自身の仕事の環境や志、家族への配慮などが偲ばれて、実によく目配りをしていたことが分かる。

## 1　深川（福住町）——水運と物流の中心に

### 「水の都」に居を構える

東京メトロ東西線の門前仲町駅から西に向かって約四〇〇メートル、徒歩で三分程度の場所である。現在訪ねてみると、渋沢栄一旧宅跡には「渋沢栄一宅跡」と「澁澤倉庫発祥の地」との案内板が置かれている。富岡八幡宮から徒歩で八〜九分、下町の中心部である。ここから徒歩三分程度で永代橋に着き、永代橋で大川（隅田川）を渡れば日本橋・箱崎であり、兜町まで歩いても三〇分足らずである。

栄一が購入した旧近江屋喜左衛門宅は、隅田川・大横川からも船で乗り入れることができる大島川に面しており、自家の船着場で船便からの荷積み・荷降ろしができる米問屋だった。川に直接面していたこの家には約一万坪超の広大な米倉庫があった。

深川は徳川家康が江戸の町を開いた頃は葦の原が広がっていた沼地だった。明治年間になっても水路が縦横に走っており、水運を中心に物流が大変に盛んで、水の都ともいえる地域であった。また、近隣には色町も点在し、宵ぐれと共に芸者衆が行きかい、木場も近く、祭りの季節になると粋な兄さ

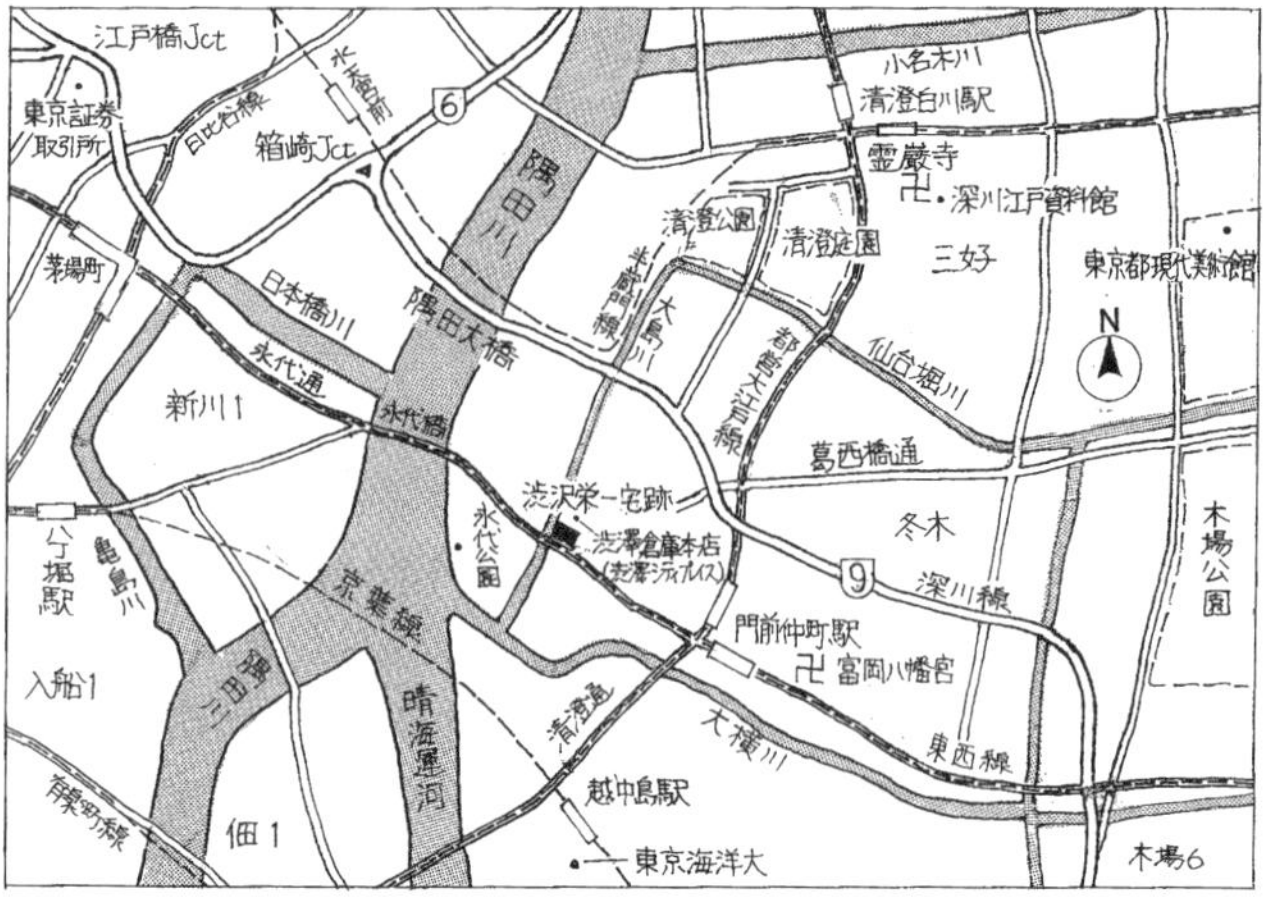


**図1　深川（福住町）の旧渋沢邸**

深川福住町4四番地。現在の住所表示では江東区永代2丁目37番。1876年（明治9年，36歳）から1888（明治21年，48歳）まで，12年間在住。
出所：湯沢宏氏制作。

ん姉さんがみこしを担いで練り歩く町でもあった。

その中の大店に新進気鋭の企業家になった栄一が家を構えた。近隣には企業経営の在り方について意見を異にし、激しくやりあったと伝えられる岩崎弥太郎の昔の別荘、清澄公園があるのも面白い。

時代はまだ明治維新後の揺籃期。一八七三（明治六）年に征韓論が敗れ、関係有力者による佐賀の乱、神風連の乱、続けて一八七七（明治一〇）年に西南戦争が起きた。翌一八七八（明治一一）に、それまで政権をリードしてきた大久保利通が凶弾に倒れた。欧米列強の圧力に屈せずに独立を保ち、いかなる体制で日本の近代化を進めるか模索しながら進んでいた時代に当たる。

## 妻・千代との別れ

栄一は欧州から帰国後、二〜三年毎に静岡、神田、兜町と引っ越しをしたが、三六歳になって、初めてゆっくりできる自宅として購入したのが福住町の家である。当時はまだ重量物の大量輸送には水運が主流で、兜町にあった三井の貸家からの引っ越しは船四艘で行ったと言われている。

それまで苦労を掛け続けてきた妻の千代は三五歳になり、一三歳の長女・歌子、九歳の次女・琴子、跡取りと目されていた四歳の篤二との落ち着いた生活を始められた家である。

長女の歌子は一八八二（明治一五）年四月、一八歳の時に新進気鋭の法律学者・穂積陳重に嫁ぎ、増・改築したこの屋敷の別棟で七年間暮らした。次女の琴子も兜町に引っ越す前月の一八八八年三月に、二〇歳でこの家から大蔵官僚・阪谷芳郎に嫁いだ。千代の没後、幼かった篤二は姉・歌子が嫁いだ穂積夫婦の下で育てられた。篤二はここ深川の下町情緒たっぷりの粋な趣味をすっかりと身に馴染ませてしまったのではなかろうかと思われる（なお、清澄庭園の近くに深川江戸資料館があり、栄一が住んでいたころにはまだ色濃く残っていたであろう江戸の下町の情緒を味わうことができる。また、その隣は、栄一が敬愛した松平定信の墓がある霊巌寺である）。

この時期、下町一帯は水はけが悪く、大雨などによりしばしば洪水が発生し、衛生面で問題を起こしていたので、妻・千代の健康を心配した栄一は、当時は東京の郊外と言えた王子・飛鳥山に別荘を購入した。しかし、残念ながら心配が的中してしまい、流行したコレラに千代が罹患。飛鳥山で療養させたが、歌子を嫁がせて間もない一八八二年七月に四三歳の若さで亡くなってしまった。結婚以来苦労をかけ続け、子供たちを育んでくれた妻を早世させてしまい、大変に悔やんだ記録が残されている。

この時代の栄一は、一八七三年に第一国立銀行を設立して一八七五年に頭取に就任。その経営基盤を確立するために東奔西走した。栄一は毎朝、馬車あるいは人力車で二〇分程度かけて通勤していた。当時は当然ながら未舗装で、雨の日は難渋したと思われる。

また、王子製紙社務委任（社長）（一八七四（明治七）年）、一八八三（明治一六）年に大阪紡績設立、一八八四（明治一七）年に磐城炭鉱会長、一八八五（明治一八）年に日本鉄道会社理事に就任。更に一八七九（明治一二）年に東京海上、一八八二年に共同運輸・東京電灯、一八八五年に電話会社、一八八七（明治二〇）年に日本煉瓦製造など、近代国家建設の基盤となるような幾多の会社を設立するとともに、一八七八年に東京株式取引所、および東京商法会議所を、一八八七年には東京手形交換所を設立するなど、日本の資本主義経済の基盤確立にも精力を傾けていた時代に当たる。

栄一は一八九七年に、家に隣接する広大な倉庫を利用し、澁澤倉庫部（現・澁澤倉庫株式会社）を設立。二四歳になった篤二に事業の見習いをさせるべく、社長をやらせてみたが、結局事業欲を沸かさぬまま、お飾り社長に終始する結果で終わってしまった。

この邸宅は、奇しくも一八八三年に再婚し、後妻となった兼子の実家――江戸末期には大富豪の一人であった深川・油堀の伊勢八（伊藤八兵衛）――が為替取引の失敗により没落時に手放したものであった。この兼子の最初の子供・武之助が一八八六（明治一九）年にこの地で誕生している。

一八八七年頃、この家で働いていた若い人により竜門社（現・公益財団法人渋沢栄一記念財団の前身）が組織され、篤二が発案した『竜門雑誌』が発行された。栄一がそれまでの人生について語り聞かせた『雨夜譚』がまとめられたのも、この地であった。

## 2　兜町——新たな金融の中心街に

### 証券街の真ん中で

この地は江戸橋近くの兜神社の隣で、金融の中心、日本の資本主義の中心地とも言える証券会社街のど真ん中に位置する場所である。東京証券取引所がすぐ隣で、第一国立銀行本店は取引所を隔てた所にあった。現在これらを説明するレリーフが、近隣の旧第一国立銀行本店（現・みずほ銀行兜町支店）の建物の外壁に掲示されている。また、昭和通りを越え三〇〇メートル程行った日本橋からさらに三〇〇メートル西に行った近距離のところに日本銀行がある。栄一の銅像が建つ常盤橋公園も、日本銀行の外堀通りの向かい側である。

それまでの自宅があった福住町からでも二キロメートルほどで、歩いても三〇分程度で着くことができる場所である。

この地に構えた自宅は栄一とは関係が深く、支援もし続けた清水組（現・清水建設）の手によるベネチアンゴシック様式の瀟洒な、ベージュ色の洋風建築であった。運河（日本橋川）沿いに立地し、

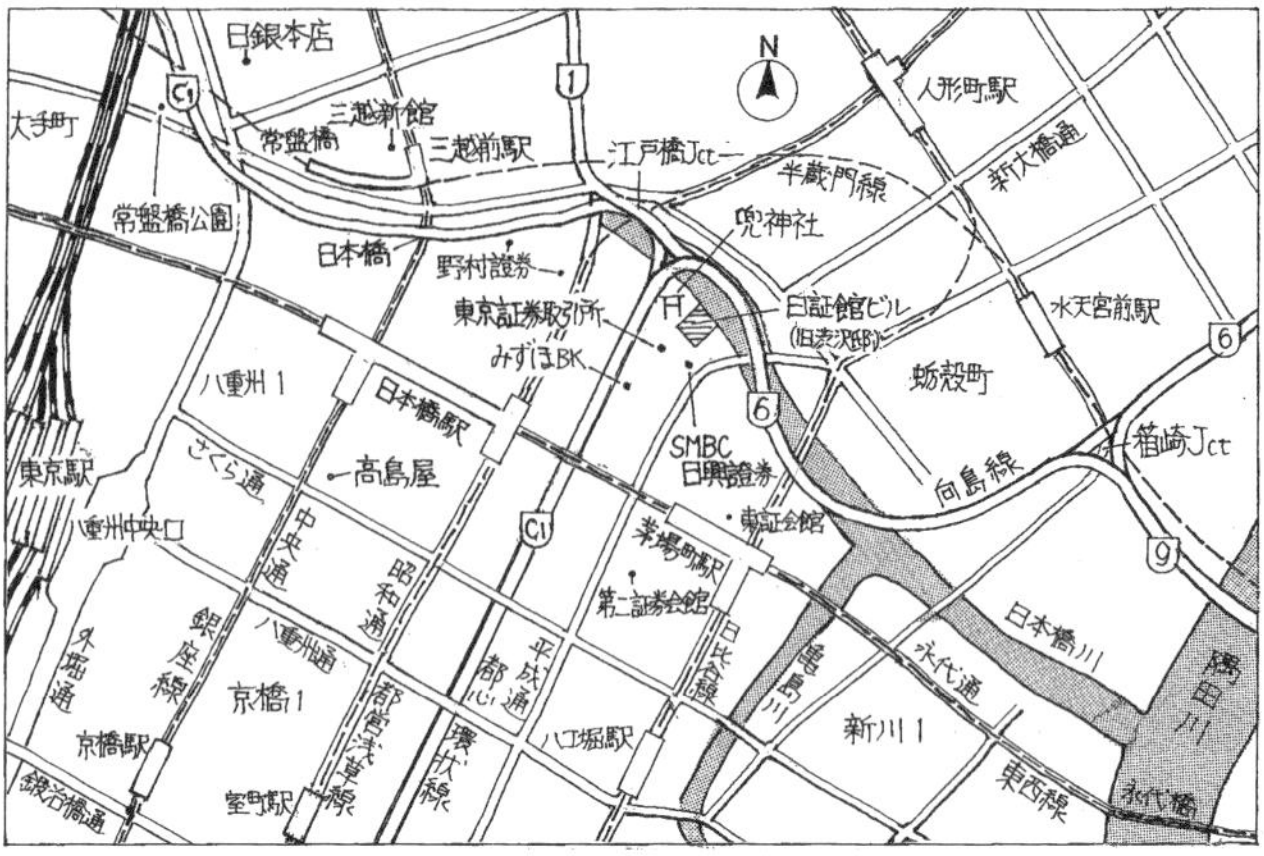


**図2　兜町の旧渋沢邸**

中央区日本橋兜町２番地。現在の住所表示では，中央区日本橋兜町１番地10号。1888年（48歳）から1901年（明治34年，61歳）まで，13年間在住。

出所：湯沢宏氏制作。

お洒落で最先端な建物が川の水面に映る姿は東京名所に数えられるほどであった。その様子は、洒脱な随想作家でもあった四男秀雄により『空気のかんづめ』に小さなころの思い出として、懐かしく書かれている。

東京メトロの茅場町駅（東西線・日比谷線）、日本橋駅（浅草線・東西線）、あるいは人形町駅（半蔵門線・浅草線）からそれぞれ一〇〇～一五〇メートル、東京駅にも七〇〇メートルほどの場所にあり、現在は日証館ビルが建っている。日証館は一九二三（大正一二）の関東大震災で渋沢事務所が全焼してしまった後、東京株式取引所が中小の証券会社のための貸しビルとして建設した建物である。現在は首都高速の橋脚に半分ほどおおわれ、かつての川面に映る華麗な姿を想像することも難しいのは残念である。

## 困難を乗り越えて

この地に栄一が住んでいたのは、日本の近代国家としての体制が次第に整い始め、さまざまな近代産業が起業され、発展した時代である。一八八九（明治二二）年に明治憲法が発布され、一八九五（明治二八）年には日清戦争に勝利。この年に不平等条約改定の第一歩である日英通商航海条約が締結されたことにより、国全体が近代国家としての自信を深めていった時代である。

この頃の栄一は、一日のうち半日を自宅内の渋沢事務所で面談や執務を行い、後の半日はすぐ近くの第一国立銀行で仕事をする生活であった。また、時代は水運から鉄道に転換。東京駅に近いことから、国内各地への出張にも便利であった。

この地も転居した当時は川の水もきれいだったが、次第に水質も悪化し、ほこりも多くて住居とするには適さない場所になっていってしまった。

後妻・兼子の子供たち――武之助は二歳から一五歳までを、一八八八年の転居の直後に生まれた正雄はここで一三歳まで、一八九〇（明治二三）年生まれの愛子は一一歳まで、一八九二（明治二五）年に生誕の秀雄は九歳までそれぞれこの地で育った。

一九〇一年に飛鳥山へ転居後も、関東大震災で全焼するまで、この土地・建物を渋沢事務所として保有・活用し続けた。一八九二年に、水道事業に絡み、反対する業者にそそのかされた暴漢に襲われた事件に遭遇したのもこの地に住んでいた時代の事である。

一八九〇年に恐慌が発生。一八九四年には日清戦争により一時好況に転じたが、一八九七年には再び恐慌に。金本位制の確立など、いくつもの困難を乗り越えた時代に当たる。

## 3　王子（飛鳥山）——工業と鉄道を眼下に

### 公共・社会事業にも尽力

渋沢邸がかつてあった飛鳥山公園には、ＪＲ京浜東北線王子駅南口から、何本もの鉄道線をまたぐ跨線橋で直接行くことができる。

渋沢邸の一部であった児童公園を抜けると渋沢史料館に着き、東京メトロ西ケ原駅（南北線）からは二〇〇メートルほどで飛鳥山公園に行くことができる。この本郷通りからの渋沢史料館の前を通る道は往時の渋沢邸の玄関へのアプローチそのままである。

当時の渋沢邸は八四七〇坪（二万八〇〇〇平方メートル）あり、飛鳥山の約三分の一を占めていた。建物のほとんどは戦災により焼失してしまったが、国の重要文化財として現存する晩香廬と青淵文庫は、当時の姿を留め、内部の見学も可能である。

一八七五年に栄一が起業し、操業を開始した抄紙会社（現・王子製紙）にほど近く、自宅の高台から王子製紙が一望できる、職住隣接の地として購入したのが始まりである。千代夫人の健康を考え、また海外を含む要人の接待に使用するためにという目的もあったといわれている。

荒川まで続く平地を見下ろす高台にあり、栄一が購入した頃はもちろん、転居し、「曖依村荘」と

図３　王子（飛鳥山）の旧渋沢邸

北区西ヶ原２丁目16-1。現在の住所表示では，北区西ヶ原２丁目２丁目16-1。1901年（61歳）から1931年（昭和６年，91歳）まで30年間在住。

出所：湯沢宏氏制作。

称した頃でも環境良好であった。鉄道・都電に隣接、荒川の水運にも比較的近く交通の便には恵まれた場所である。しかし日本の産業界の発展に伴い、後年には次第に王子製紙や陸軍工廠の工場群からの煤煙に悩まされることもあった。

飛鳥山から兜町への栄一の出勤は、引っ越し当初は二頭立て馬車であったが、その後は自動車が主になった。朝の出勤時間は大変に正確で、沿道の住民の時計代わりになったほどだったと言われる。車の往来が少なく、交通事情が良かったので所要時間は約二〇分程度であったと思われる。

一八七九年七月に来日し、九月まで滞在したグラント元米国大統領の来訪に際し、栄一は東京商法会議所会頭として接待委員長となり、七月中旬に落成したばかりのこの別荘を民間接待のため急遽使用したとの逸話が記録されている。一九〇一年の転居に際し、土地も追加購入し、建物も増改築している。転居後、栄一は孫文・蒋介石・タゴール等々の国内外の様々な多くの要人を招き、国の安寧と世界平和の為に懇談した。

七〇歳（一九〇九（明治四二）年）を期に、八〇余種の関係事業を辞し、さらに七七歳（一九一六（大正五）年）で、第一銀行頭取も含めて財界関係を断った。以後は自由な立場でここ飛鳥山を自らの信念を発言、啓蒙するとともに、公共・社会事業に専心する拠点とした。

養育院へも歩いて一時間ほどの距離である。設立の原資積立の発案者である松平定信の命日に、子供たちへお菓子などのおみやげを持って毎月欠かさず訪れていた。また、関東大震災の時には近所の人々と共に被災者へ炊き出しなどの救援活動を家族総出でおこない、その後の復興に尽力した。一九一四（大正三）年から一九二〇（大正九）年にかけて、明治神宮造営に努めたのもこの地に住んでいた時代である。

一方、個人的には一九〇三（明治三六）年から、中耳炎から肺炎を患い、一時重体になる大変なこともあった。

## 人材育成に注力

国家としての日本はそれまで欧米列強にいかにして追いつくかに邁進してきたが、この時代は列強の一員になったとの自負から国全体が列強に伍して、独自の道を模索し始めた時代である。一九〇五年に日露戦争に辛くも勝利し、一九一〇（明治四三）年韓国併合。一九一八（大正七）年に第一次世界大戦で漁夫の利を得、一九二〇年には国際連盟に加盟し、国際社会の一員としての自覚が芽生え始めた時代である。

工業の発展に伴い、社会問題も次第に深刻さを増した。産業の発展だけでは国の発展はないとの考察から、『論語と算盤』の提唱や帰一協会の設立などを通して、人材育成にも努力を傾注した。

また、国際関係、とりわけ対米関係の悪化を心配し、数度にわたる訪米の機会を持つなどの努力をしたが、一九二四（大正一三）年、排日移民法が成立。その後も「日米の人形交換」などの努力を続けたが、一九三一（昭和六）年には満州事変が勃発した。それに端を発し、栄一の死後ではあるが一九三三（昭和八）年、日本は国際連盟を脱退。国際社会との軋轢も大きくなっていった。長女の歌子が、栄一が亡くなった時に発した「これで日米戦争を止められる方がまたお一人亡くなってしまった」（鮫島　二〇一〇　一三頁）との嘆きの通り、将来展望もないまま、なし崩しのように戦争になだれ込んで行ってしまった。

栄一は彼の一生において最大の失敗であった嫡男・篤二の教育に対する反省から、後妻の三人の男子には中学生時代から厳しい環境に置いた。「鍛えなければ一人前の成人に成長できない」と考え、一九〇八（明治四一）年、青山南町の「克己学寮」と命名した私塾学生寮に優秀な学友と共に住まわせた。「克己学寮」は、その後小石川御殿町に移転し、苦学生のための寮となり、後の総理大臣・芦田均や、戦後の財界の重鎮・永野重雄など多くの人物を輩出した。この三人の男の子供たち、武之助、正雄、秀雄も、結婚後は家族と共に、飛鳥山の栄一の住居から近距離の場所に居住した。

武之助：一五～四五歳　一九四六（昭和二一）年、太平洋戦争終戦の翌年に六〇歳で逝去。
正　雄：一三～四三歳　一九四二（昭和一七）年、日本製鉄八幡製鉄所長時に五四歳で逝去。
秀　雄：　九～三九歳　田園都市開発の社長就任後は田園調布に移住し、一九八四（昭和五九）年に九四歳で逝去。

なお、嫡男の篤二は、一八九五（明治二八）年に公家出身の橋本敦子と結婚。三四歳（一九〇七（明治四〇）年）の時に三田綱町に福住町の家を移築し、移転。一九一二（明治四五）年に廃嫡。一九四二年に五八歳で逝去した（その後、この家は敬三の家として使われた。戦後、永年執事を勤めた杉本氏により青森県三沢に移転され保存されていたが、再度江東区に移築し、一般公開される見通しである）。一八九六（明治二九）年生誕した敬三が、一九一三（大正元）年一六歳の時に栄一に後を継ぐよう懇願され、不本意ながらこれを受け入れた。栄一の死後には渋沢同族会のトップと、財界取り纏め役の後を引き継いだ。

栄一はこの地に住みながら非常に多くの勃興企業に関係し、夫々の事業の方向性を示す調整役、また国内外との交流を通じて世界平和を希求し、『論語と算盤』など思索による人作りに取り組み続けた時代だった。そのような中でも栄一は尊大ぶる事とは無縁で、謙虚に自らの行動を省みる判断規範として『論語』の教えを学び続けた。また冷静な合理的判断として「算盤」を謳い続けた。栄一の死後の内容が伴わない言葉そのものに酔うような風潮とは無縁に、実質的に人のため、国のため世界の平和に尽力することを自分の生き方として生涯を終えたと言えるであろう。

## 4 墓所（谷中霊園）と銅像

### 墓所

上野谷中霊園乙一一号。ＪＲ京浜東北線日暮里駅から徒歩七〜八分。栄一の左右に先妻の千代と後妻の兼子の墓がほぼ同じ大きさで祀られている。

後継ぎとした敬三家は栄一たちの墓の右隣に、娘婿である穂積・阪谷を含む他の六人の子供たち家族の墓所も、仲良く同じ大きさの面積で背後に隣接している。

墓所の近くには、後に栄一が名誉回復に努めた徳川慶喜の墓がある。他の多くの将軍たちが祀られている寛永寺墓所近くではありながら一線を画して葬られている。

上野の山は、栄一が欧州に行っている間に起きた明治維新の時に、彰義隊に参画した尾高惇忠・渋沢喜作・平九郎が陣として立てこもった山である。栄一はこの戊辰戦争によって荒れた寛永寺復興にも大いに貢献し、わだかまりを解くように努めていたようである。

図4　渋沢家墓所
栄一の墓碑の左右に先妻の千代と後妻の兼子の墓碑が配されている。
出所：鮫島圭代氏撮影。

## 銅像

栄一は自分の銅像が作られることにあまり乗り気でなかったようだが、少なくとも二四もの銅像・石像が残され、誰でも訪れることが可能であるものが多く存在する。これらについては、木下（二〇一四）に現存しないものも含めて詳述されているので、ご興味がある方は、そちらをご参照していただきたい。

### 引用・参考文献


鹿島茂『渋沢栄一　Ⅰ　算盤篇』文藝春秋、二〇一一年。

――『渋沢栄一　Ⅱ　論語篇』文藝春秋、二〇一一年。

木下直之「二五人の渋沢栄一」、平井雄一郎・高田知和編著『記憶と記録のなかの渋沢栄一』法政大学出版局、二〇一四年、一〇九～一五〇頁。

鮫島純子『祖父・渋沢栄一に学んだこと』文藝春秋、

二〇一〇年。
渋沢歌子著、尚友倶楽部編『ははその落ち葉』芙蓉書房出版、二〇一一年。
渋沢秀雄『記憶飛行』ＰＨＰ研究所、一九七三年。
――『空気のかんづめ』産業能率短期大学出版部、一九七四年。
田澤拓也『公益を実践した実業界の巨人　渋沢栄一を歩く』小学館、二〇〇六年。

# 第三章　渋沢栄一から見える近代化遺産

松浦利隆

「近代化遺産」という言葉をご存じであろうか。平成の始め頃の造語で、作者は文化庁の旧建造物課である。このころ文化庁は、日本の近代化の進展に従って造られた、建物や工場、道路や鉄道、ダムや鉱山なども文化財として保護する方針を打ち出し、そのための全国調査を開始した。「近代化遺産総合調査」と名付けられたこの調査は、一九九〇（平成二）年に群馬県と秋田県で始まり、二〇一六（平成二八）年に東京都で終了するまでに、全国の都道府県と政令指定都市で実施された。平成のほぼ三〇年間をかけた調査の結果、全国で約三万八〇〇〇件の遺産が調査対象となり、中でも重要なものについては国や都道府県の重要文化財や史跡に指定された。特に建造物は、文化庁が新設した「文化財登録制度」が始まったこともあり、全二万件余の登録物件のかなりの数が近代化遺産であるという。

この調査に関わった人々の間で話題になったのが、特に重要な建物についてその歴史を調べてゆくと、地域や時代、遺産の種類や業種を問わず、たいがい最後には渋沢栄一の名前に出くわす、ということであった。近代日本経済の父と称され、関係した会社が五〇〇社、社会公共事業が六〇〇件と言われる渋沢にとってある意味では当然のことであるかも知れない。渋沢の活躍を大きく三つの時代に分けてみる。初めは幕末から一八七三（明治六）年までの間、まず一橋家の用人としてキャリアのスタートを切り、幕臣、明治政府の官僚という役人生活を送った時期がある。この間、特に明治政府では最初期の富国強兵政策の実施プランナーとして、種々の近代化施策を発案、実行した。

その後、下野し、一八七三年から、引退する一九一六（大正五）年までが経済人として全国的な活躍をした時代である。第一国立銀行の創設をはじめ、次々と会社を設立し経営に参画すると共に、膨大な数の会社や業界組織の設立に関与し「経済総理大臣」と呼ばれた。

最後に、一九一六年の引退から一九三一（昭和六）年の逝去までの時代である。この時代、渋沢は実業界を引退し、社会事業と国際親善に尽力した。活躍の舞台は国内のみならず、大陸、米国各地を飛び回った。また、この時期には生涯を通じて個人的に親しかった、大工や建築家を重用し、自分の関係した事業の建築を任せてきた経緯がある。その代表は明治建築の巨人・辰野金吾であり、建設会社としての清水組（現・清水建設）、さらにその社員である田辺淳吉である。また、この関係は、渋沢自身の個人的な建築、例えば施主となって造った自宅や別荘、あるいは地縁や血縁により関係した、さらに歴史的に重要な役割を果たした縁戚、関係者などの家や倉庫など、にも及んでいる場合がある。

本章ではこういった渋沢の経歴になるべく沿うように「渋沢栄一」側の視点でこの近代化遺産の大群を見直し考察してみたいと思う。こういった視点から一見バラバラで脈絡もないような遺産の間に何かの共通性や秩序が見えてくるかもしれない。また取り上げたのは渋沢の視点、立場から見たもの、しかも現存して実際に見学できる近代化遺産にしぼって考察してみたい。

# 1　富岡製糸場——設置主任の命を受けて

## 役人時代に関わった遺産

渋沢は、一八六五（慶応元）年から一八七三年の間、一橋家の用人、幕府の旗本、静岡藩士、明治政府の官僚として役人の時代を過ごした。その後は、民間の立場にはあったものの政府委員として多くの国家的なプロジェクトで指導的な役割を果たした。その結果として、現代に多くの近代化遺産、それも巨大で時代的にエポックメーキングなものが遺されている。ここではその代表として富岡製糸場を取り上げたい。

## 旧富岡製糸場の設置

富岡製糸場は、一九七二（明治五）年に現在の群馬県富岡市に創業された製糸、つまり繭から生糸を取り出す工場である。当時の日本は近代化を急ぐため、ほとんどすべての機械、船舶、兵器、さらに官員の洋服までを輸入していた。その日本で輸出の中心となっていたのが生糸であった。この生糸の生産を近代化するために造られたのが富岡製糸場で、近代製糸技術普及のための官営模範工場であった。この前後、同様な目的を持って全国に約一五か所の官営工場が造られたが、その中でほぼ唯一、完全な形で遺っている代表的な例である。このため、二〇一四（平成二六）年には世界遺産にも登録されている。

一八七〇（明治三）年、大蔵省租税正であった渋沢は官営富岡製糸場設置主任の命を受けた。同年二月に大隈重信が横浜の商館のガイセン・ハイメルから日本生糸の改良を要請された話を民部・大蔵両省の幹部に相談したが、誰も養蚕について知らなかった。その際渋沢が実家での養蚕の経験をもとに説明、それがきっかけとなっての任命であったという（金子 二〇一一 三四頁）。そして、旧幕府時代に開設された、横須賀製鉄所のフランス技術顧問団に建物の設計を、横浜の仏人生糸検査人のポール・ブルーナーに製糸機械の導入から全般的な指導を依頼した。さらに現地調査を経て、建設地を上州富岡に定めた。

その後は当時民部省に勤めていた従兄弟の尾高惇忠を日本側責任者とし、地元富岡や建築業者との調整、資材の調達、さらに「工女」の募集も一任した。また尾高は、当時は生産されていなかった煉瓦を郷土の深谷周辺の和瓦職人達を呼び寄せて焼成させたほか、資材の購入、工事人夫の仕切りのために韮塚直次郎を招いた。

## 富岡製糸場の建築

二年後の一八七二（明治五）年、約五万坪の敷地に、繭二五〇〇石を保存できる長さ一〇四メート

図5　富岡製糸場の繰糸場と東繭倉庫

出所：筆者撮影。

ルの繭倉庫二棟をはじめ、三〇〇釜の蒸気動力の繰糸機を備えた長さ一四〇メートルで繰糸場、そこに働く三〇〇人余の工女寄宿舎等を中核とする日本初の器械製糸場が完成した。一〇月に操業を開始した製糸場は近代的な製糸工場として器械製糸の技術伝播、また近代的な「工場」そのものの見本ともなった。初代場長に就任した尾高は、フランス技術を良く使いこなし、日本初の近代工場は順調な発展を遂げた。しかし、官営に起因する不効率や不必要な規模の壮大さもあって赤字運営が続き、徐々に政府のお荷物となっていった。

富岡製糸場は、その後一八九三（明治二六）年に三井家に払い下げられ、横浜の生糸輸出業者であった原合名会社へ売却、さらに日本最大の製糸会社であった片倉製糸紡績株式会社に転売され、二〇〇四（平成一六）年の国史跡指定をきっかけに富岡市が買収した。

現在の所在地は、群馬県富岡市富岡一－一である。約一万五〇〇〇坪（約五万平方メートル）の敷地に約一〇〇棟以上の大小の建造物が並んでいる。中心的な建造物は、国宝に指定されている一八七二年竣工の建物で、繭を生糸に加工する繰糸場（長さ一四〇メートル、幅一二・三メートル、高さ一二メートル）一棟、工場が一年間操業できるように大量の繭を保管する巨大な繭倉庫が二棟（ほぼ同規模で、長さ一二〇メートル、幅一二メートル、高さ一三メートル）、外人技術者等が逗留した洋館が三棟である。

これらの六棟の建物は、一見すると煉瓦造りのように見える。しかし実際は、日本の伝統建築と同様に木造の柱と梁で構造を作り、土壁の代わりに煉瓦の壁が設けられている。屋根構造は空間を広くとるため洋風のトラス構造ではあるが、屋根は伝統的な和瓦で葺かれている。このように、和洋折衷の「木骨煉瓦造」と呼ばれる、少々特殊な工法を使っているところに意義がある。なお、設計者はフランス人のエドモンド・O・バスチャンと言われている。

富岡製糸場は、創業から一九八七（昭和六二）年三月まで、一貫して現役の製糸工場として使用されてきた。このため、構内には明治後期と昭和前期の寄宿舎、大正期の揚げ返し工場と繭乾燥場、同じく大正期の医務室と病室、さらに明治から昭和の各時代に建設された一〇数棟の社宅群など、各種各様の歴史的な建造物が現役工場の配置のまま遺っている。また、内部の機械設備も基本的には操業停止直後のいつでも電源を入れるだけで再稼働可能状態（実際には不可能）で保存されてきた。例えば、現在見学できる製糸機は三代目にあたり、昭和四〇（一九六五）年前後に製造された自動繰糸機で、昭和六二年の停止まで現役で稼働していた。

なお、二〇一四（平成二六）年七月に、「富岡製糸場と絹産業遺産群」の名称で、他三つの遺産と共に世界遺産に登録されており、現在は年中無休で見学が可能である。

## 2　経済人としての渋沢栄一が関わった遺産

### 経済人・渋沢栄一として

渋沢栄一は生涯で五〇〇の会社に関係したと言われている。もちろん、そのすべてと同じように関わった訳ではなく、会社内で一定の役職に就任したのは一七八社だという（島田　二〇一一　五七頁）。その代表の第一国立銀行のように長期に経営の中枢に据わり、日本経済に大きな影響力を持った企業もある。しかし、それ以外の多くは奉賀帳や勧進帳の筆頭を頼まれるように、会社創立時の発起人代表に名前を連ねる、最初の株主になる、などの言わば「名義貸し」が一番多いだろう。ただ、関わったどの事業にも共通するのは日本経済にとって必要な企業であり、公益性を持つ場合には惜しみなく協力するという姿勢だったのでは無いだろうか。

またこの間、民間の立場にはあったものの政府委員としても多くの国家的プロジェクトで指導的な役割を果たした。ここではその代表として日本煉瓦製造、旧碓氷線、猪苗代第一発電所、東京駅、日本銀行本店などを取り上げる。

## 旧日本煉瓦製造株式会社

所在地は渋沢の故郷埼玉県深谷市で、出身地の血洗島から東に三キロメートル半ほど離れた上敷免《じょうしきめん》と呼ばれる地区にある。二〇〇六（平成一八）年に一二〇年続いた会社が解散し、国の重要文化財に指定されていた「ホフマン輪窯」「旧変電所」「旧事務所棟」が深谷市に寄贈された。この他、すぐ近くにある一八九五（明治二八）年に完成した高崎線からの引き込み線の鉄橋「備前渠鉄橋」も重要文化財になっている。

高い煙突がランドマークになっているホフマン輪窯は、一九〇七（明治四〇）年、最後に完成した第六号窯で、長さ五六・一メートル、幅二〇メートル、高さ三メートルの楕円形をしている。これは、連続的に煉瓦を焼成するために、熱効率を高める工夫であった。内部は一八個の「房」と呼ばれる窯室に分かれ、ひとつの房で一回に一万八〇〇〇個の煉瓦が焼けた。

この窯が出来た頃が工場の最盛期で、全六基の窯が稼働、一基で月産六五万個の生産能力があり、一九〇七年には年間三七〇〇万個を生産した。煉瓦製造は一九六八（昭和四三）年まで六〇年間も続いたが、安価な輸入物に押され廃業した。現在、国内には四基の大規模な煉瓦窯が遺されている。

日本煉瓦製造は、渋沢らしい事業の典型例であるという。それは「自己の利殖を第二に置き、先ず国家社会の利益を考えて」日本に必要と思われる産業の創成には不退転の決意で取りかかる。特にそれが危険を伴い「渋沢しか引き受け手がいない物であれば率先して経営する」という彼の経済人としてのポリシーが貫かれており「明治二〇年の一〇月に創立された日本煉瓦製造会社はこうした渋沢の意地を見せつけた格好の例である」（鹿島　二〇一三　三四頁）。

そもそも日本煉瓦の誕生は、一八八五（明治一八）年に遡る。当時外相であった井上馨の欧化政策の一環で政府内部に首都改造計画が持ち上がった。井上は自ら臨時建築局総裁となり、ドイツから大建築家のヴルヘルム・ベックマンを招聘した。そのベックマンの調査によると日本で製造しているレンガは品質が粗悪で、到底永久建築には使えないという。中央官庁の洋風化には是非とも高品質の煉瓦が必要であったことから、井上は旧知の渋沢に要請。政府資金の提供、外人技師派遣、建設局の製品の買上げ等の好条件を示した。そこで、渋沢は出身地の深谷近郊を選び日本煉瓦株式会社を設立したのである。

さっそく招聘されたドイツ人煉瓦技師のナスティエンス・チィーゼの設計で近代的な機械製造による煉瓦工場が完成した。しかしすぐに焼成前の乾燥工程に重大な欠陥が判明、技師は「日本の風土を計算に入れなかった」と言い訳し、ドイツに逃げ帰ってしまった。このため、最初から煉瓦の品質は完全ではなかったが、それでも当時の国産物に比較すると高品質なレンガができることには変わりはなく、予定どおり建設局の買い上げも始まった。

しかし、今度は井上馨の辞任より欧化政策そのものが停止され、首都改造計画が頓挫すると共に日本煉瓦製造との契約も打ち切られてしまった。またこの時期、製造のほうも、手作業での日光乾燥による工費増大、河川氾濫による工場の浸水などでなかなか軌道に乗らなかった。それでも既に着工済みであった司法省、海軍省、裁判所などの建設工事は予定通り進行したため煉瓦の販路は確保されていた。

そのようななかで、群馬・長野県境で一八九一（明治二四）年から始まった碓氷峠鉄道の建設はすべての隧道、橋梁、カルバート（小橋梁）までが煉瓦造であった。このため最大の橋梁である、碓氷第三橋梁（めがね橋）には二〇〇〇万個の煉瓦が使用されるなど、新規の販路が開発され、事業は比較的順調に進捗した。しかし、この間に余り使われなかった東京への舟運ルートが衰退し、一八九五（明治二八）年には、深谷駅からの引き込み線を建設せざるを得ず出費が続いた。それでもその後は、重量物の煉瓦を工場から直接全国へ鉄道輸送できる体制が整った。

**旧碓氷峠鉄道施設**

碓氷線跡は群馬県安中市松井田、碓氷峠の関所で有名な旧中山道（旧国道一八号線）に沿って約一〇キロメートルに渡り遺っている。明治二六（一八九三）年に完成した日本有数の急勾配（六六・七パーミル）の鉄道路線で、麓の横川駅から中間駅の熊ノ平まで、約六キロメートルの区間が国重要文化財に指定されている。

この路線は、かつてアプト式鉄道が運転された区間で、二本のレール間にラックレールと呼ばれるギザギザのレールを敷き、機関車側に設置された歯車に噛み合わせて急坂を上り下りしていたのである。現在はすべてレールが撤去されて遊歩道となっている。

見所となっているのは、「めがね橋」と呼ばれる旧碓氷第三橋梁で、高さ三一メートル、長さ九一

図6　めがね橋（碓氷第三橋梁）（群馬県安中市松井田）
出所：筆者撮影。

メートルの総煉瓦造りの鉄橋である。また、この橋に隣接して路線最大のトンネル、碓氷第六隧道の中も歩行できる。上述の通り旧碓氷線のトンネルや橋は、橋一基を除いて、すべて煉瓦で製作されている。その煉瓦を供給したのが、深谷の日本煉瓦製造で、一八九一年〜九二年は、その生産の大部分がこの碓氷線のために使われたと言われている。

また麓の横川駅には、碓氷線が廃線となった一九九九（平成七）年、碓氷線の歴史と旧国鉄の電気機関車をテーマにした遊園地型博物館「碓氷峠鉄道文化村」が開館した。

**東京電力ホールディングス株式会社・猪苗代第一発電所〜第四発電所**

次に、日本経済の近代的飛躍の原動力にもなった電力事業との関わりを見ると、今度は渋沢の

「名義貸」企業の典型とも言うべき様相をうかがうことができる。

日本の電力事業は明治中期に始まり、当初は蒸気機関による火力発電による市街地の電灯事業が中心であった。明治後期から電動機（モーター）の普及が始まり、電源も水力発電が主流になってきた。ここで問題になったのが、電力の大消費地の近くには水力発電に適した場所が少ない事であった。この間の技術進歩もあり、大正期に入る頃には長距離の大電力送電が可能になってきた。

渋沢と電力事業の関わりは古く、一八八三（明治一六）年に創立された、最初期の東京電燈株式会社の創立には請願されて、発起人として参加した。その後、各地に創られた電力会社の相談役なども引き受けてゆくことになった。しかし、渋沢自身は一八七三（明治六）年から官営と民営を繰り返した後の東京ガスに深く関わり、その経営には直接関与していた。実は明治後期までのガス事業はガス灯照明が中心で、電灯事業はライバル業種であった。その後、一九〇二（明治三五）年以後は熱源としてのガス事業に転換し、ガス灯照明は電灯に圧倒されて行くことになるのである。

この時期の電力事業飛躍の技術的基礎が、明治末からの大電力長距離送電の実現であった。その典型的事業が、福島県の猪苗代湖で発電した電力を二二五キロメートルもの送電線で東京へ送る事業であった。この事業には、大規模な水力発電所、長距離の高圧送電などに莫大なコストと技術力、また事業を能率的に運営する経営力が必要であった。この一大プロジェクトのため、一九一一（明治四四）年に創立された猪苗代水力電気株式会社は、渋沢栄一、近藤廉平ら政財界の雄と仙石貢、白石直治など巨大技術企業の経験がある鉄道官僚によって発起された。この日本近代化を象徴するような大企業には中央の複数資本が協力していたが内実は三菱と三井の両資本の争いの中にあった。このため、当時の企業立ち上げのひとつの山場であった創立総会をこなす困難な役割が済むと程なく、渋沢たち三井系と見なされた経営陣は追い出された。

福島県会津若松市から喜多方市にかけての日橋川沿いには、第一から第四までの四つの猪苗代発電所が現存している。初代社長・仙石貢の「設計・工事とも当代最優秀のものとせよ。これがためには資金を惜しむべからず」との命に従い、「猪苗代第一発電所」（一九一四（大正三）年）の建屋は辰野金吾の監修によった。鉄筋コンクリートに不信感のあった辰野は、山中の発電所に最先端デザインの鉄骨煉瓦造を採用した。残念ながら現在は建て直されてしまったが、すぐ下流の「猪苗代第二発電所」（一九一八（大正七）年）にこのデザインを踏襲した発電建屋が遺されている。しかし、二〇世紀初頭は建築技術の大変革期であり、さらに下流に設置された一九二六（大正一五）年完成の「猪苗代第三・第四発電所」の発電建屋は、この頃から主流になってきた鉄筋コンクリート造で、第一、第二の建設時から「当代最優秀」建築が変化していたことがわかる。

いずれにせよ、山深い福島県の猪苗代湖の水で発電された電力は、日本初の一一万五〇〇〇ボルトの高圧送電線で、都心まで二〇〇キロメートル以上を運ばれ、大戦景気に湧く帝都を明るく照らしたのだろう。一方、この大成功は渋沢のガス事業を照明の分野から一掃することになった。

## 東京駅丸ノ内本屋

現在のJR東京駅である。二〇二四（令和六）年登場の新一万円札の表面は渋沢栄一で、裏面は東京駅の駅舎である。これはどんな因縁があって、東京駅の駅舎が図柄に採用されたのであろうか。

東京駅開業は一九一四（大正三）年である。建設には渋沢らが一八八七（明治一八）年、渋沢の出身地・埼玉県深谷市に設立した日本初の機械式煉瓦工場「日本煉瓦製造」の製品が大量に使われた。しかし、渋沢と東京駅の縁は煉瓦だけではなく、もっと複雑なものがあった。

明治維新により首都となった東京を近代国家に相応しい街に改造するため、一八八〇（明治一三）年に東京府、一八八五年には内務省に首都東京の改造に関する審議会が造られ、民間より渋沢が委員となった。そこでの議論のひとつの焦点が、首都の玄関口に関するもので、府知事は終着駅であった上野・新橋両駅間六キロメートルを線路で結び、中間に中央駅を造る案を、渋沢は隅田川に国際港を設け玄関口とし、線路による上野～新橋間の街の東西分断を避けることを主張した。結局は府知事案による煉瓦アーチの高架による上野～新橋の接続と中央駅建設が決まり、一八九九（明治三二）年に工事が開始、皮肉にも日本煉瓦製造が造った大量の煉瓦が使用された。

さらに、接続線開通に従って建設される中央駅の設計者に決まった辰野金吾のパトロンは渋沢である。辰野について詳細は後述するが、東京駅の建築で辰野が果たした最大の役割は、当初の鉄筋コンクリート建築案から煉瓦建築案への変更であった。これにより華麗で瀟洒な東京駅のデザインは永遠のものとなると同時に、日本煉瓦を抱える渋沢にとっては郷土の産業振興にもなった。このように、東京駅と渋沢は表面上的には微妙にすれちがいながら、実は切っても切れない縁で結ばれていた。

東京都千代田区丸の内一丁目一番三号が東京駅の正式な住所で、皇居から東へ一直線に延びる行幸通りの正面に位置している。わが国鉄道網の起点となる中央停車場として、煉瓦を主体とする建造物では、我が国最大規模であり、明治の市区改正計画に基づく東京を象徴する建築である。辰野金吾の設計により、一九〇八（明治四一）年三月着工、一九一四年一二月、七年の歳月をかけて竣工した。

建物の構造は鉄骨煉瓦造で三階建て、南北折曲り延長約三三五メートルにも及ぶ長大な建築で、中央棟の南北に両翼を長く延ばした、辰野式フリー・クラシックの様式になる。一九四五（昭和二〇）年の空襲でドーム部分および本屋三階部分が焼失、一九四七（昭和二二）年に二階建てとして再建した。二〇〇三（平成一五）年には国定重要文化財に指定されていたが、二〇〇七（平成一九）年から復元工事が行われ、二〇一二（平成二五）年に竣工時の姿に甦った。

### 日本銀行本店　旧館（本館）

所在地は中央区日本橋本石町であり、本店は旧館（本館、二・三号館）、新館、別館で構成されている。中心となる旧館本館は一八九六（明治二九）年に竣工した。設計に当たった辰野金吾は外遊の成果としてベルギーの中央銀行を模範にしたネオ・バロック様式にルネッサンス的意匠を加味し、秩序と威厳を表現したとされている。ただ、正面の門扉は閉じられており、中庭の奥の正面玄関は見えず、その上のドーム屋根もよく見えない。さらに、上空から見ると建物の屋根の形が漢字「円」の形になっているもののこれも正面からは見られない。

一九二三（大正一二）年に発生した関東大震災では、もらい火から丸屋根が焼失、その後、復元された。内部にはエレベーター、水洗便所など当時としてはめずらしい設備を取り入れ、防火シャッターやスチールサッシなどにも外国製品が採用された。総工費は一一二万円で当初予算を四〇パーセントも上回った。正面玄関入口には、吼える二頭の雄ライオンが六個の千両箱を踏まえて後足で立ち、日本銀行のシンボルマーク「めだま」を抱えた青銅製の和洋折衷の紋章が配されている。近代建築としてはかなり早い時代、一九七四（昭和四九）年には国重要文化財に指定された。

## 3　建築パトロンとしての渋沢栄一と建築家たち

### 建築パトロンとしての渋沢栄一

渋沢栄一は、建築そのものに強い興味があるほうでは無かった、と言われている。しかし、日本の産業育成、産業近代化の中で、建築は一産業分野としてはもちろん、近代的な工場や社屋の建設の上で欠くことの出来ない産業である。このため渋沢もその育成に尽力し、その過程で特別な関係が発生した建設会社や設計家がある。

代表的なのは、会社では清水組であり、建築家では辰野金吾である。彼らが果たした役割は、藤森照信氏の「渋沢ビジネス街の最初の顔は、清水喜助によって泥絵具で描かれ、次の顔は辰野金吾の油彩によって描かれている」（藤森　一九八一　二一三頁）という言葉に要約されているように、渋沢の創ったビジネス街の建築は、初期のうわべだけ西欧風に造った和風建築から、外観も内部の構造まですべて完全に西欧化した建築へと変化していったのである。

## 清水建設と田辺淳吉

文化年間創業の江戸の大工で、二代目・清水喜助が「築地ホテル館」一八六八（慶応四）年で洋風大工として注目された。この清水が三井の依頼で建築したのが一八七二年に東京兜町に完成した、「第一国立銀行（三井ハウス）」である。

開化絵で有名な、洋館に三層の天守閣を取り付けたような、和洋折衷の奇怪で存在感のある建築であった。種々のいきさつを経て結果的にこの城、いやビルの主となったのは三三歳で大蔵省を退官した渋沢であった。

また同じ清水組の手による「爲替バンク三井組」（一八七四（明治七）年）や島田組のオフィスビル等も周囲に建てられ、この兜町の周囲、南茅場町、坂本町には、渋沢が産婆役を務めた銀行、生命保険会社、株式取引所、銀行協会、その他数多の会社が軒を並べるようになった。その中心として初期のビジネス街を象徴するのが清水喜助の開化建築であった。

さらに、渋沢は一八七七（明治一〇）年、深川・福住町の自宅を清水組に発注した。完成した和洋併置型様式の家屋で、特に和館は檜、黒柿の良材や神代杉の一枚板など贅を凝らしたものであった。

渋沢と清水組の関係は二代目・喜助の後継者、三代目・清水満之助の急逝後、遺言で同社の相談役として後見を務めたあたりで一層に強くなり、四代目にあたる清水満之助（襲名）を良く補佐したという。このときの恩義を形にしたのが、清水建設が喜寿の祝いに渋沢に贈った晩香蘆と呼ばれる小宅である。この設計者が、辰野との縁もあり、晩年の渋沢との関係が深い建築家が清水組の技師であった田辺淳吉である。

田辺は東京帝国大学建築学科で辰野の教えを受け卒業、清水組に入社し、一九〇九（明治四二）年、シアトル博覧会の開催に際し、渋沢栄一を団長として結成された産業視察の訪米団に随行、全米を訪問後、欧州でセセッション建築に感銘を受け帰国した。渋沢倉庫や日本女子大学の成瀬講堂などを手がけ、晩香蘆設計時は清水組五代目・技師長であった。

## 辰野金吾

最後は、日本洋風建築の法王・辰野金吾である。辰野は、お雇い外国人のジョサイア・コンドルが教鞭をとっていた工部大学校（現・東京大学工学部）を首席で卒業した当代随一の建築家である。

一八八三年にロンドン留学から帰国した辰野は、コンドルの後任として工部大学校教授に就任した時期に、工部省の推薦によって渋沢の知遇を得た。そして辰野が設計したのが、一八八五年完成の銀行集会所であり、日本人設計の煉瓦建物と第一号と言われている。

これ以後も辰野は東京帝国大学で教鞭をとるかたわら、個人の建築事務所を設立し、洋館の設計に精を出す。その結果の「初期辰野」と呼ばれる一三作品のうち民間八件、うち六件は渋沢関連の東京海上火災、明治生命など大型の仕事であったが、一八八八（明治二一）年、兜町に新築された渋沢栄一邸は、運河に面した白亜の洋館で、水辺のベランダの左右にバルコニーを設けたベネチアン・ゴシック様式であった。この水運の十字路に面した渋沢邸と背景に見える国立第一銀行は往時の開化絵の格好の題材であった。

しかし、一八八七年後半に、隅田川河口に首都の玄関としての国際港を造る計画が挫折、イタリアのベネチアのような水路に面した国際商業の中心街を創ろうという渋沢の夢は消えた。一方、皇居前の丸の内地区に、中央駅計画と共に広大な旧大名屋敷地が払い下げられ新しいビジネス街が建設された。しかもこの丸の内を独占的に買い上げたのは宿敵・三菱であった。明治三〇年代になると、兜町のおもだった大会社や経済機関は兜町から丸の内に移っていった。その丸の内のオフィス街の建築は、三菱が建築パトロンになった辰野の恩師のジョサイア・コンドルと彼の同級生の曾祢達蔵のコンビであった。現代でも整然と並ぶ、丸の内のビジネス街の名建築はほとんどがこのコンビの手で築かれたものである。

それでも、この間の辰野金吾には歴史に遺る大仕事、前述した日本銀行本店の設計が待っていた。一八八八年、希望が叶って日本銀行の設計者に決定した辰野は、当初目標とした米国建築に失望し欧州へ渡った。そして、ベルギー国立銀行を参考に石造で設計を開始した。しかし、一八九一年発生した濃尾地震の被害の大きさに驚き、石造よりは堅牢性に優れた煉瓦造に変更、一八九六（明治二九）

年に竣工した。その後の辰野は、丸の内ビジネス街の仕事にはほとんど関わらなかったものの、前述のように彼の生涯の大勝負となった中央停車場（東京駅）の仕事にかかることになった。

辰野は、明治以後も前述した猪苗代発電所の建設のように、斬新なデザインと先進技術の利用に積極的であったが、遂に病を得て一九二〇（大正九）年に永眠した。

渋沢は明治政府に奉職して以来、生涯に八回引っ越し、その内五回は新居を新改築している。現時点で渋沢の居宅や関係の建物として遺るは居宅三棟、その他、寄付等で関係あった建築が数棟と言われている。次節では以下四棟を紹介する。

## 4　居宅とゆかりの建築物

### 旧渋沢栄一邸（旧深川・福住町）

一八七八（明治一一）年、前述した清水喜助の建築により深川福住町（現・江東区永代）に完成し、関東大震災にも耐えた後に、港区三田に次男の居宅として移築された。戦後の富裕税で当時大臣を勤めていた渋沢敬三が税金として現物納し、これを政府が三田会議所として永らく使用してきた。しかし、老朽化のため取り壊しの話が持ち上がったため、これを惜しんだ渋沢の関係者が購入、一九九一（平成三）年に青森県に移築されていた。

木造二階建てで、本格的な和風の本屋に洋風の部分が付いた構造である。延べ床面積は一一〇〇平方メートル、部屋は約三〇室あるという。現在は清水建設により江東区内に復元作業中で二〇二一（令和三）年頃には一般公開の予定という。

**誠之堂《せいしどう》**

現在は、埼玉県深谷市大寄公民館敷地内に移築されており、重要文化財に指定されている。一九一六年、渋沢の喜寿を記念して世田谷区瀬田の第一銀行の保養施設「清和園」内に建てられた。誠之堂《せいしどう》は、『中庸』の一節「誠者天之道也、誠之者人之道也」から渋沢自身が命名した。煉瓦造の平屋建で、設計は田辺淳吉、「田舎風に」という渋沢の要望を受けて設計したとされる。清水建設によって一九九六（平成八）年から解体移築の工事が行われ、生誕地の深谷に復原移築された。二〇〇三（平成一五）年には国の重要文化財に指定された。使用されている煉瓦は記録などから、深谷の日本煉瓦製であるという。

**渋沢史料館「晩香廬」**

東京都北区西ヶ原の旧渋沢家飛鳥山邸（現・渋沢史料館）にある。木造瓦葺き平屋建で、一九一七（大正六）年、栄一の喜寿祝いに清水組四代目の清水満之助が贈った洋風の小亭である。晩香廬の名は、バンガローの音に漢字を当てはめて、渋沢が自作した詩の「菊花晩節香」から採ったといわれている。田辺淳吉の設計した和洋折衷の建物で、小柄であった渋沢の身長に合わせて、内装はすべて小さめに出来ているという。外観のデザイン・装飾はじめ、内部の家具や細部まで田辺がデザインしたため、細部に至るで細かい配慮が行き届いている。大正期の名建築として評価が高く、二〇〇五（平成一七）年に国重要文化財に指定された。

## 渋沢史料館　青淵文庫

「晩香盧」と同じく旧渋沢家飛鳥山邸にある。一九二五（大正一四）年、渋沢栄一の傘寿（八〇歳）と子爵の叙位祝いに建てられた。二階書庫に栄一の収集した論語関係の書籍が収蔵されている。田辺淳吉が清水建設退社後に開業した中村田辺建築事務所の設計で、鉄筋コンクリート・煉瓦造、二階建、建設途中で関東大震災に遭遇したため完成が遅れたという。二〇〇五（平成一七）年に国重要文化財に指定された。

## 引用・参考文献

鹿島茂『渋沢栄一　Ⅱ　論語篇』文春文庫、二〇一三年。

金子祐正「富岡製糸場の建設と渋沢栄一を巡る郷土の人々」『青淵』二〇一一年九月号、三四頁。

渋沢栄一『青淵百話　乾・坤巻』同文館、一九一二年。

島田昌和『渋沢栄一――社会企業家の先駆者』岩波新書、二〇一一年。

藤森照信「建築パトロン論――渋沢栄一の場合」『新建築』五六巻一四号、一九八一年、二〇二～二一七頁。

# 第四章　論語とビジネス

大島久幸

二〇〇七（平成一九）年の世界的な金融危機に伴う会社の存亡の危機を経験するなかで、短期利益の追求などの経営スタイルや企業統治のあり方への反省の機運が社会的に高まった。こうした社会背景のもとで富の社会還元を訴えた渋沢栄一の思想に学ぼうという経営者が増えたといわれている。

そこで本章では、渋沢栄一の思想の中核を占めている論語とビジネスの関係性について検討したい。その際、渋沢が生きた同時代においてどのような意味においてそうした主張を行ったのかを理解しておくことは、渋沢の思想を理解するうえで有効であろう。以下では、「論語と算盤（道徳経済合一説）」と呼ばれる渋沢の思想について、同時代的意義と普遍的意義をそれぞれ概観したうえで、渋沢の思想の今日的意義を考えてみたい。

## 1　「論語と算盤」（道徳経済合一説）とはどんな思想か

### ソロバンは『論語』によってできている

渋沢栄一の思想的支柱の一つが論語と算盤、すなわち道徳経済合一説と呼ばれるものである。なお、渋沢栄一が道徳経済合一説や論語と算盤という用語を明示的に用いるようになったのは、実業界の第一線を引いた一九〇九（明治四二）年以後といわれるが、幼少期から儒学に親しみ実業家としての経験の中で培われたものという意味では、その思想は渋沢の経済活動と長きにわたって密接に関連していたという考えが一般的であり、本章でもそうした文脈で用いたい。

では道徳経済合一説とはどのようなものか。現在、広く読まれている渋沢栄一著、守屋淳訳『現代語訳　論語と算盤』では冒頭で次のように書かれている。

たいていの人は、『論語』くらい読んだことがあるだろう。わたしはこれに、ソロバンというとても不釣り合いで、かけ離れたものをかけ合わせて、いつもこう説いている。「ソロバンは『論語』によってできている。『論語』もまた、ソロバンの働きによって、本当に経済活動と結びついてくる。だからこそ『論語』とソロバンは、とてもかけ離れているように見えて、実はとても近いものでもある。（渋沢著、守屋訳　二〇一〇　一三頁）

論語とソロバンという人々になじみやすい言葉を用いて経済活動に伴う利潤とその担い手が堅持すべき道徳を調和させる必要性を渋沢は繰り返し強調した。そしてこの「論語と算盤」という概念は渋沢の死後も人々を指針づける言葉として今なお強いメッセージ性をもって受け止められているのである。

道徳経済合一説の詳細は後述するが、まずは渋沢の思想を今日に伝える役割を担う公益財団法人渋沢栄一記念財団に関わる著作から簡単にその内容を確認してみよう。公益財団法人渋沢栄一記念財団編の『渋沢栄一を知る事典』では道徳経済合一説について「『仁義道徳と生産殖利とは、元来ともに進むべきものであります』と述べた栄一は、孔子は、不義により豊かになることを戒めたのであり、義にかなった利は、君子の行いとして恥ずべきことではないと説いた。西洋の近代経済学の祖と言われるアダム・スミスも『道徳情操論』を執筆したのちに『国富論』を刊行したので、栄一は、利義合一は東西両洋に通じる不易の原理であると述べた」（公益財団法人渋沢栄一記念財団編　二〇一二　一一〇頁）と紹介されている。

### 経済活動と仁義道徳は一体

また、渋沢史料館の館長を務め、『渋沢栄一――近代日本社会の創造者』を著した井上潤は道徳経済合一説について次のように説明している。

力説する要点は次の二点で、一つは、道理のともなう富の追求である。著書『論語と算盤』に「富をなす源泉は何かといえば、仁義道徳。正しい道理の富でなければ、その富は完全に永続することができぬ。ここにおいて論語と算盤という懸け離れたものを一致せしめることが、今日の緊要の勤め」と示し（中略）義を重んじれば、利益追求はよくないことという考えが蔓延していたなかで、渋沢は、利益追求はけっしてまちがったものでなく、むしろ積極的に行うべきだが、その場合、道理・道徳をともなわなければならないとする考えである。もう一つは、公益を第一に考える点である。『論語と算盤』の「個人の富は、すなわち国家の富である。個人が富まんと欲するに非ずして、如何では国家の富を得べき、国家を富まし自己も栄達せんと欲すればこそ、人々が、日夜勉励するのである」という記述などからも理解できるように、一個人が富んで、その国は富まないが、社会全般を富ますことによって、個人も富むという発想から公益の追求を第一とする考えである。（井上　二〇一二　五四～五五頁）

図７　『論語と算盤』（1955年刊行）の表紙

出所：渋沢史料館所蔵。

以上の引用から、渋沢の主張の骨子は、人々の生活を豊かにする経済活動と仁義道徳は一体のものであるという点にあったといえよう。では、なぜこうした渋沢の思想が一〇〇年以上を経た今日まで、経済活動を担う人々の心をとらえる理念となり得たのか。

そこで、以下ではまず、道徳経済合一説が唱えられた明治から大正という日本の置かれた時代状況を確認しつつ、同思想が日本経済界を指導するほどの理念となり得た状況から確認してみたい。

## 2　「論語と算盤」の時代性

### 賤商意識の払拭

渋沢が経済的利潤と道徳の調和を強く訴えるようになった同時代的意義には、同時代が抱えている二つの問題への克服という意味が込められていた。すなわち、渋沢の思想には、賤商意識の払拭と商業道徳の向上という二つの意義があったと考えられる。以下、それぞれについて具体的に見ていこう。

経営史研究の大家で『渋沢栄一――日本近代の扉を開いた財界リーダー』を著した宮本又郎は、渋沢栄一の道徳経済合一説の同時代へのインパクトの一つに賤商観への批判があった点を強調している。

宮本によれば士農工商という身分秩序をもつ徳川時代には根強い賤商観が存在したとする。すなわち「商人の心は職人、百姓と違い、本骨を折らずして、坐して利を儲る者なり」（荻生徂徠『政談』）、「町人と申候は只諸士の禄を吸取候計にて、外に益なき者に御座候、実に実用の穀つぶしにて有之候」

（林子平『上書』）、「（商人――引用者注）はただ、利を知て義を知らず、身を利することのみ心とす」（山鹿素行『山鹿語類』）というように、同時代で主流の考え方では、「仁義道徳」と「生産殖利」は両立しえないものであった。「金」「銭」は汚れたものであり、政治的エリートたる武士は、富を求めず、義の道に務むべきものであったとされ、それだけに「私利」を追求する商人の社会的格付は低かったと述べている（宮本　二〇一六　三〇四頁）。

こうした根強い賤商意識の存在は、植民地化の危機にあって近代産業の担い手の叢生によって工業化を遂げるという国益にとって、大きな制約要因になりうるものであった。渋沢が生きた工業化の初期段階において、その経済活動を担うビジネスマンの社会的威信を高めることは、国益志向を強く持つ社会的に有為な人材が、政治の舞台だけではなく経済の舞台でも活躍したいと思うような環境を整備するという意味で、極めて重要な意味を持っていたのである。

## 商業道徳の向上

一方で渋沢の思想は、同時代において、時に退廃的とも称された商人の意識向上に貢献し、実業界の人材育成の精神的支柱ともなった。宮本によれば、「栄一は、商業道徳に関して、元来、『道徳』とは『等しくこれすべて人類が則るべき道理』で、『政治道徳』『学者道徳』も必要なはずだが、世間で商人たちのみが『商業道徳』を求められているのは『商工業者自らが悪かったからである。旧来の商人はこの特別の名称を付しなければならぬほど、その道徳が著しく劣っておったのであった』（宮本

二〇一六　三〇七頁）と説明している。商工業の発展のためにはその前提となる商人のモラルの向上が必要と考えていたのであり、その論理的基盤として論語を繰り返し説いたのである。

さらに渋沢栄一は、商人はモラルの向上に努めるだけではなく、広く社会全体の改善に努めるべきだと考えていた。渋沢栄一は、フランスで実業家が、軍人と一緒に君主や政治家に対して対等に意見を述べ合うのを見て、商人は商売のことだけを考えるだけでなく、国家社会のことを念頭に置き、世論形成を行わなければならないと考え、後の東京商工会議所となる東京商法会議所を設立して、初代会頭に就任した。

なかでも論語を用いて商業道徳の向上を最も熱心に説いたのが、渋沢栄一がビジネスと並んで積極的支援を惜しまなかった実業教育機関の場であった。

## 実業教育と道徳

渋沢栄一が、広汎なビジネスに携わりながら、ビジネスの存立基盤として強くその必要性を認識し、積極的に関与した活動が将来のビジネスを担う人材を育成する実業教育であった。なかでもよく知られているのが、現在の一橋大学の基礎となった官立の東京高等商業学校への設立支援である。

島田昌和（二〇一一）によれば、渋沢は東京会議所会頭として同校を援助したのを契機に、時に同校が東京帝国大学を意識して帝大同等レベルの教育を求めるのに対して、一貫して商工業の地位向上を訴え、その視点を何よりも優先させて支援し続けたとされる。そして同校の商科大学昇格に対して、

表２　渋沢栄一の関与した商業学校一覧

| 西　暦 | 和　暦 | 齢 | 関係のあった学校 | 内　容 |
|---|---|---|---|---|
| 1892 | 明治25 | 52 | 私立東京高等商業学校 | 第２回卒業式演説 |
| 1898 | 31 | 58 | 大倉商業学校 | 学校設立委員となる |
| 1900 | 33 | 60 | 大倉商業学校 | 開校式出席演説 |
| 1900 | 33 | 60 | 全国地方商業学校長会議 | 演説 |
| 1901 | 34 | 61 | 大倉商業学校 | 生徒訓話 |
| 1901 | 34 | 61 | 浅草商業補習学校 | 開校式演説 |
| 1903 | 36 | 63 | 大倉商業学校 | 専修科第１回卒業式演説 |
| 1903 | 36 | 63 | 全国地方商業学校長会議 | 演説 |
| 1904 | 37 | 64 | 京華商業学校 | 生徒への演説（代読） |
| 1906 | 39 | 66 | 全国実業学校長会議 | 演説 |
| 1906 | 39 | 66 | 大倉商業学校 | 英国下院議員来校 |
| 1906 | 39 | 66 | 大倉商業学校 | 専修科第８回卒業式演説 |
| 1907 | 40 | 67 | 大倉商業学校 | 第４回卒業式訓辞 |
| 1910 | 43 | 70 | 東京市教育会付属実用学校 | 名誉顧問就任 |
| 1910 | 43 | 70 | 横浜商業学校 | 演説 |
| 1910 | 43 | 70 | 慶應義塾商業学校 | 創立20周年祝辞 |
| 1910 | 43 | 70 | 高千穂商業学校 | 新校舎上棟式出席 |
| 1911 | 44 | 71 | 全国地方商業学校長会議 | 演説 |
| 1912 | 大正元 | 72 | 高千穂商業学校 | 高等商業学校開校 |
| 1912 | 元 | 72 | 東京市立商業学校 | 生徒向け訓話 |
| 1912 | 元 | 72 | 中央商業学校 | 創立10周年祝賀会講演 |
| 1913 | 2 | 73 | 京華商業学校 | 父兄懇話会演説 |
| 1913 | 2 | 73 | 大倉商業学校 | 大倉喜八郎喜寿祝賀会祝辞 |
| 1914 | 3 | 74 | 高千穂商業学校 | 講演会出席 |
| 1915 | 4 | 75 | 高千穂商業学校 | 卒業式訓話 |
| 1916 | 5 | 76 | 大倉商業学校 | 始業式生徒訓話，校友会雑誌講話 |

出所：島田（2011　170頁）。

推進役を担い、粘り強くその実現を図っていった。同校から多数の卒業生を受け入れていた三井物産の重役で、同行の商議員でもあった益田孝でさえ「今日学校教育を受けて実業に従事せんとする者は、現在高等商業学校本科を卒業すればその素養においてあえて不足なし、成るべく年齢の長ぜざる内に実務に就かしむるを可とす」（島田　二〇一一　一六六〜一六七頁）という状況にあって、渋沢の存在は大学昇格の重要な推進力となったのである。この点を島田は「渋沢は商工業の発展のために旧来の経験よりも新しい学識こそが必要であり、それは同時に商工業者の地位の向上の証となって、商工業での成功が人としての社会的な名誉につながらなければ発展はないと考えていた。しかし同時に、学識だけを振りかざすことが商工業で成功することにはつながらない、学識を生かすべき人格や道理を身につけることの重要性を説いていた」（島田　二〇一一　一六七頁）と説明している。

論語と算盤を身につけた若きビジネスマンの養成こそが国家繁栄の道と捉えた渋沢は、ビジネスを担う若い青年たちを前にしてその必要性を説いた。実際、表2に示すように官立の東京高等商業学校以外にも京華中学校・京華商業学校、大倉商業学校・大倉高等商業学校、高千穂高等商業学校など多数の私立商業学校の支援の場で繰り返し商工業の担い手の社会における重要性や商業道徳の必要性を説いたのである。

## 3 「論語と算盤」の普遍性

### 道徳経済合一説の論理構造

前節でみたように渋沢栄一が唱えた道徳経済合一説は、一九世紀から二〇世紀初頭の近代化にまい進する日本経済を生きる人々が必要とする経済思想を普及させる目的から説かれたものであったが、渋沢の思想はその行き着く先にある今日の経済社会をも見通したものであった。

この点について、『渋沢栄一を知る事典』は、道徳経済合一説の意義について、「暴走しがちな市場経済に基づく資本主義の精神的制御装置の役割」を指摘している。すなわち、「実業家は公益を追及して事業を行うべきで、私利私欲を追求するだけでは、競争は激化し、弱肉強食の世界となる。道徳と経済の一致は、競争を「平熱」に保ち、健全な資本主義社会を維持する、合本法の精神的基盤となった」(公益財団法人渋沢栄一記念財団編 二〇一二 一一一頁)とする。

では渋沢の思想はどのような論理構造を持ち、その何が今日を生きる私たちの財産として価値を持つのか。以下では、田中一弘(二〇一四)の成果からその論理を整理しよう。実務家である渋沢は、その理念を体系的に示すことはなかった。田中によれば、渋沢の道徳経済合一説の論理構造は「経済は道徳に一致する(経済=道徳説)」と「道徳は経済に一致する(道徳=経済説)」の二つからなり、その両者が表裏一体となっているとする。具体例として本章の冒頭で上げた渋沢自身が説明した『論語と算盤』（守屋訳）の一節をもう再度引用してみよう。

ソロバンは『論語』によってできている（道徳＝経済説）。／『論語』もまた、ソロバンの働きによって、本当に経済活動と結びついてくる（経済＝道徳説）。／だからこそ『論語』とソロバンは、とてもかけ離れているように見えて、実はとても近いものでもある（両者は表裏一体）。

渋沢の主張の第一の経済＝道徳説は、経済は道徳に適いかつ道徳に不可欠のものであるというものであった。渋沢は人々の生活を経済的に心配ないものにし、さらに進んでそれを豊かなにすることこそが儒教的道徳の眼目だと考えていた。そのため人々の暮らしを豊かにするために行う経済活動は賤しくないどころか、道徳的に極めて重要だとしたのである。前節で述べた賤商意識の払拭につながる部分であるが、特に留意すべきは主張に「正しい方法で得られた」（田中　二〇一四　四三〜四七頁）という条件が付く点である。

そこで重要になるのが第二の主張である道徳＝経済説で、道徳は経済に適いかつ経済に不可欠であるという主張である。これは前節で述べた商業道徳につながる部分で、その骨子はうそをつかないという点と自己利益を第一にしないという点にあったとされる。不誠実な振る舞いによる利益はたとえ利益を得られたとしても一時的であり、誠実に振る舞うことで得られた利益は確実かつ永続的だとする。また、自らの望みを達成すること自体は否定しないが、まずは他人の目的を遂げることを優先させることを説いた（田中　二〇一四　四八〜五三頁）。

これらを総括して田中は次のように説明する。

〈道徳＝経済説〉から示唆されるのは、次のようなことである。正直に商売をしても十分に利益を得られるし、むしろ、そうして得た利益こそが永続的な利益である。他者の利益を第一に図ることで、かえって自分の利益も得やすくなる。富を独占せずに社会に還元すると、それがやがては自分の利益となって返ってくる。今日のわれわれがここから想起するのは「論理は儲かる」という言葉であろう（中略）しかし、渋沢の真意はそうではない。（中略）利益は道徳を守ることの原因・動機ではなく、結果なのである。（田中　二〇一四　五三〜五四頁）

利益の追求の発端となる経済人の動機こそが問題であり、商業道徳に律せられた個々人が社会を豊かにするために何をなすべきかをまず考える。その先に結果としての利益が付いてくるとする。したがって渋沢にとっては事業が正業である限り公益と私利は一致すると考えた。私利の追求は認められるがそれは公益に資する事業であらねばならないというのである。ただし、事業の動機を公益に求める点には批判も存在する。

宮本は、渋沢の主張する公益に資する限りにおいて私利の追求は認められるとする渋沢の主張は、現実には、公益の中身は立場や人によって価値判断が分かれる点や、公益に結び付かない私的営利行為がその道に悖るとされる風潮が生まれるという点で限界もあり、「渋沢の『公益優先』の思想を、現代の状況の中で意義あらしめるためには、多様な『公益』が存在すること、及びそれらをどう調和させるかについて深慮が不可欠なのではないだろうか」（宮本　二〇一六　三一〇〜三一七頁）としている。

渋沢は、事業に携わる一人ひとりに道徳を実践し経済的成果を上げるための努力を求めた。そのために身近な論語はその指標になると考えていた。宮本がいうように公益概念は多様であり、時に悪用されることもある。しかし、まず経済に直面する個人のレベルにおいて、経済的利得を少しでも多く得るための方法を汲々と模索する人々が集う社会と、社会を豊かにするために自分のやるべきことを考えて努力する人々が集う社会と、どちらが豊な将来をもたらすかは、考えるまでもなく自明であろう。渋沢が商業道徳の重要性を若き将来を担う人々を前で直接語りかけることを重視した理由は、将来の社会を豊かにするために何が必要か知っていたからに思えてならない。

## 論語と算盤の今日的意義

渋沢のこうした経済思想は、今日求められている企業経営の考え方に非常に強い親和性を持つ。企業の社会的責任は、今日では慈善事業のような付加的活動を内容とするのではなく、企業の本来の活動である経済活動を通じて実践するよう求められるようになった。

また、今日では、企業が、自身の経営活動のプロセスに社会的公共性を組み込み、それを株主や従業員、顧客、地域住民などステークホルダーに説明責任を果たすことが必要だという認識はもはや一般的になりつつある。二〇一五（平成二七）年には国連サミットで二〇三〇（令和一二）年までに国際社会が共同して達成すべき目標としてSDGs（持続手可能な開発目標）が採択され、近年では環境、社会、企業統治に配慮している企業を重視選別して行うESG投資も盛んになってきている。他方で、ESG投資が財務的パフォーマンスと必ずしもトレードオフの関係にはなくむしろ収益性の観点からも推奨されるとの研究成果も相次いで発表される中で、共通価値創造（CSV）やマーケティング三・〇といった経済成長と社会的発展を結び付けた理論モデルも提示されるようになっている。

しかし、これら理論モデルと渋沢の提示した経済思想が一線を画す最大の理由は、渋沢の思想が一貫して実践の中で磨かれてきたという事実であろう。渋沢は社会の激変期にあって一貫して社会と直接対峙し、その実践の中で商業道徳の必要性やそれら道徳に基づく経済の実践が社会を豊かにし、個人の生活も豊かにするという信念を貫き通した。おそらく人々が渋沢の思想に今なお新鮮さを感じる最大の理由は、自らの人生を通じて信じ貫き通したことから生まれた信念であったという点にあるのではなかろうか。

本章では、渋沢栄一の思想の中核を占めている論語とビジネスの関係性について、同時代的な意義と普遍的な意義をそれぞれ検討した。渋沢が生きた時代には近代化に必要な商工業の担い手が必要であり、そのために旧来の賤商意識の払拭や商業道徳の向上が不可欠であった。渋沢は仁義道徳（論語）と生産殖利（算盤）は合一のものであると主張して、ビジネスマンの社会的威信を高め、時代に必要な有為な担い手を輩出しようとした。またそのために自ら実業教育の場に携わり、将来を担う若者たちに直接その思いを伝えていった。他方で、渋沢の商業道徳に律せられた個々人が社会を豊かにするために何を為すべきかを考え、行動すれば、結果として利益がもたらされるという信念は、激動の社会と対峙し、長く実践の中で磨かれてきたものであり、時代を超えて人々に訴えかける普遍的価値を有するものでもある。その思いが広く共有され、実践される社会には未来があることを渋沢は身をもって証明したといえよう。

## 引用・参考文献

井上潤『渋沢栄一――近代日本社会の創造者』山川出版社、二〇一二年。

坂本慎一『渋沢栄一の経世済民思想』日本経済評論社、二〇〇二年。

渋沢栄一著、守屋淳訳『現代語訳　論語と算盤』筑摩書房、二〇一〇年。

公益財団法人渋沢栄一記念財団編『渋沢栄一を知る事典』東京堂出版、二〇一二年。

渋澤健監修『あらすじ論語と算盤』宝島社、二〇一九年。

島田昌和『渋沢栄一の企業者活動の研究――戦前期企業システムの創出と出資者経営者の役割』日本経済評論社、二〇〇七年。

――『渋沢栄一――社会企業家の先駆者』岩波書店、二〇一一年。

田中一弘「道徳経済合一説」、橘川武郎・フリデンソン、パトリック編著『グローバル資本主義の中の渋沢栄一

――合本キャピタリズムとモラル』東京経済新報社、二〇一四年、三五～六七頁。

宮本又郎編著『渋沢栄一――日本近代の扉を開いた財界リーダー』（ＰＨＰ経営叢書　日本の企業家１）ＰＨＰ研究所、二〇一六年。

# 第五章　「雨夜譚」を読む

平井雄一郎

「自伝」と聞いて、私たちが普通にやさしく抱くイメージとはどのようなものであろうか。おそらく、（A）功成り名遂げ、すでに一線をしりぞいて老境にさしかかっている各界の著名人が、（B）その歩んできた人生について語り、あるいは書いたものを一冊の書物としてまとめ、公刊したもの、というのが最大公約数的なそれであろう。さまざまな〈かたち〉で遺された渋沢栄一の「自伝」群は、「自伝」とは何ぞやという問題を考え直すための手がかりを豊かに蔵しているように思われる。

## 1　前半生だけの「雨夜譚」は「日本資本主義の父」の「自伝」か？

### 内側と外側にまたがる時間構造

一九八四（昭和五九）年以来、岩波文庫で刊行されている『雨夜《あまよ》譚《がたり》』は、現在普通に入手できる渋沢の「自伝」としては唯一のものとされている。「渋沢栄一自伝」というサブタイトルが冠されたこの岩波文庫版は、校注者・長幸男による委細をつくした巻末「解説」も併せれば、渋沢に関心を持ち始めた初心者にとり、恰好の入門書の一つとなっているだろう。だが同書は、入門書としては申し分のないものではあるものの、このサブタイトルは素直に受け容れてよいものだろうか。一般的な意味での「自伝」、あるいは「渋沢栄一自伝」の〈決定版〉、とすることにはやや躊躇をおぼえてしまうのである。

問題は「雨夜譚」（岩波文庫本としての『雨夜譚』と区別するためにこの表記とする）本体の構成、および成り立ちにある。渋沢自身が語る「雨夜譚」の中の時間は一八四〇（天保一一）年前後（天保年間）を起点とし、一八七三（明治六）年五月をもって終点とする。すなわちそれは、渋沢の幼少年期から、三四歳の時をもって大蔵省を辞するまでを中身とする物語である。ではこの物語は、いつ語られたのか。「雨夜譚」が、分載収録されるかたちで初めて文章としておおやけにされた竜門社編『青淵先生六十年史――一名近世実業発達史　一巻』（一九〇〇年）の五一頁にこのような記述が見える「此ノ書（「雨夜譚」のこと――引用者注）は先生子弟の請により、明治二十年、深川福住町の邸に於て、幼時より明治六年退官までの経歴を談話せられたるを筆記したるものなり」（傍点引用者）。「明治二十年」とは一八八七（明治二〇）年、渋沢四八歳の時である。渋沢は九二歳まで生きた。その九二歳の生涯のほぼ半ばの時点――現代人の人生感覚にそえば、中年の働き盛り期――において、三〇代前半までの時点――同様に、まだまだ若さに満ちているキャリア序盤期――をふり返り、語った、というのが、この自伝の内側と外側にまたがる時間構造である。

## 半生を語る記

さてこの時間構造を確認してみれば、本章冒頭（A）の「すでに一線をしりぞいて老境にさしかかっている」「著名人」の「自伝」というかたちからは、「雨夜譚」がややかけ離れたものであることは了解していただけるだろう。たとえれば、「相談役　島耕作」がその地位を手に入れるまでの長い、長いサクセスストーリーを語ったものよりは、せいぜい「部長　島耕作」がついこのあいだの「係長　島耕作」の時代までを簡潔にふりかえったものにイメージが近い。もちろん、渋沢はこの時点ですでに世間に知られた著名人であったし、また一九世紀末の日本人男性の平均寿命を考慮に入れれば、この四八歳は「中年」ではなく、ほぼ「老人」としてとらえるべきだ、という反論もあるだろう。ただ、後者の点にかんしては、第一国立銀行と東京養育院を筆頭に、営利・非営利を問わず当時多数の組織・団体の経営者・指導者ないしそれに準ずる重要なポストに就き、重責を負っていた人物が、「人生の終焉が迫っている」ことをリアルに意識していたとは考えにくい。傍目でもこの現役バリバリ第一線の仕事人は、「老人」イメージとはおよそほど遠い。

語っている時間ではなく、語られている時間の方にも目を向けてみると、官途を辞し（そして民間での銀行設立準備にとりかかる）、という締めくくりは、実業家の道のりとして見ればようやくそのとば口に立ったところにすぎないから、その点でも、「日本資本主義の父の自伝」いうような看板は堂々とはかかげにくいだろう。現代的な感覚では、「自伝」ではなく、たとえば「半生を語る記」という表現の方がしっくりくる。仮に譲歩したとして、「渋沢栄一、その青春の日々の自伝」あたりがふさわしいかと思う。

## 2　全生涯の原点としての「雨夜譚」

### 『渋沢翁は語る』の問題点

もちろん、渋沢がその後亡くなるまで四〇年以上、自身の来歴を語る、書くこころみが絶えてまったくなかったわけではない。一冊まとまった自伝的なものの刊行としては、死去に数年先立った渋沢栄一述、小貫修一郎編『青淵回顧録　上・下巻』（一九二七年）、没後翌年の岡田純夫編『渋沢翁は語る――其生立ち』（一九三二年）、この二つを挙げることができる。一〇〇〇頁を超える大部の前者はのちに「高橋重治増補改訂」というクレジットが付されて『渋沢栄一自叙伝』（一九三七年）として再刊された。

一方、丸ごと一冊「自伝」としてまとまったものではないが、『青淵百話　乾・坤巻』（一九一二年）、『実験論語処世談』（実業之世界社〈一九二二年一二月〉、のちに『渋沢栄一全集　二巻』〈平凡社、一九三〇（昭和五）年〉にほぼ同内容で収録された際には「実験論語」と改題）を見逃すことができない（両書とも名義上の「著者」は渋沢である）。この二つは、竜門社月例会などをはじめとして、渋沢がさまざまな人びとを前にして行った講話・訓辞類を集成したものであり、その内容は、時事的なトピックについての、あるいは古今東西の歴史一般のエピソードについての意見・所感を中心に多岐にわたるが、実はその中に渋沢が自身の生涯の中で経験した出来事、およびそれについての感慨・証言を語ったものもかなり含まれているからである。それらの文章は書物の中では、出来事そのものの年代順はバラバラ、アトランダムに配置されている。だが、もし第三者の手によってピックアップされ、時系列にそって並び直されて、そして編集がほどこされさえすれば、それは渋沢の「自伝」らしきものとして立派な一つのストーリーをなすかたちに仕上がるだろう。ちなみにそれは現在、社会学におけるいわゆる「ライフストーリー」を「ライフヒストリー」に編成し直す作業に相当する。

その他同様に、「経済講話」（『渋沢栄一全集　四巻』平凡社、一九三〇年に収録）、「父母の俤」（『渋沢栄一全集　五巻』平凡社、一九三〇年に収録）、「世界名士接見録」（同）、「逸話篇」（同）、「訓話篇」（同）も、渋沢が自己の来歴・過去の見聞を語り、記している文章が含まれているものとして注目しておきたい。

だが、これら晩年の自伝にも問題点、難点がある。『渋沢翁は語る』はサブタイトル「其生立ち」からおよそ推測されるように、「生い立・習学」という章から書き起こされて、最後は「辞任決意・退官」、「民間にて実業を起す」と続く章で結ばれている。これはコンテンツの輪郭は「雨夜譚」とほぼ同一である。同書「序」において渋沢敬三は述べている。「（編者の岡田が――引用者注）最初の雨夜譚を中心として最後の雨夜譚から適当に新しい事実や不足の点を補って書かれたのが本書であります」（傍点引用者）。「最後の雨夜譚」とはいったい何のことかについては次々節で説明するが、ようするに同書は「雨夜譚」のいわばバージョンアップ版にすぎないのである。もちろん、その増量された部分（岩波文庫版収録分約二〇〇頁に対して、同書は約三四〇頁）に目を通さないわけにはいかない。しかしそれなら逆に、まず読まれるべきなのは「雨夜譚」ではなく、この『渋沢翁は語る』の方ではないのか、という話になってしまうだろう。

## 「雨夜譚」への愛着

一方、『青淵回顧録』は大蔵省退官・第一銀行設立の時代からさらに先を進む。その分厚い頁数に見合って、明治・大正期のさまざまな出来事を通り過ぎ、突き抜け、書末では「米寿を迎えた喜び」という章にまで達するのである。実際に同書冒頭の、小貫による「『青淵回顧録』上梓に寄せて」で、渋沢の米寿記念刊行事業であったことが述べられている。結局、渋沢が八八歳にいたった大老年の時点で、それまでに経験した出来事を年代順に、ギリギリまで語り尽くしている点において、唯一無比のものということになろう。現代の私たちにとっての著名人本来の「自伝」らしい「自伝」としては同書をすすめることとなろうか。ただ、小貫の「上梓に寄せて」には次のようなくだりもあることが少しひっかかる。「渋沢子爵は（中略）ご多忙のため到底原稿に目を通す余暇なく、若し強いて校閲するとせば、三年掛かるか五年掛かるか分らず、且つ事務所の人の目を通させるとしても自分自身でなければ分らぬ点が多く従って校閲の効果がない故文責は編纂者に在る事を明かにして呉れ」（と言われたので――引用者注）「本書全巻の文責に就ては一切編纂者にある」（傍点引用者）。

「三年掛かるか五年掛かるか分らず」という言葉に、早く刊行させてあげたいつもりの渋沢の、おそらく自身の死が遠くないことを意識しての切迫感を見ることができるが、もう一つ、「文責は編纂者に在る事を明かにして呉れ」という強い口調からは、自身は同書を「自叙伝」とは認めていなかったこともうかがえる。「自叙伝」ではなく、あくまで「回顧録」なのである（先に記したように、「自叙伝」と改題されたのは渋沢の没後である）。そこで思い起こしてみると、四〇年前（活字として公表されたのは四半世紀前）の「雨夜譚」には小貫のような明確な筆記者兼編者の名前を見つけることはできない。ということは、そこでは渋沢自身が時間をかけて丁寧な校閲を行ったと思われる。そして、推測に推測を重ねてしまうが、そうした過程を経てひとつらなりの文章としてまとめられたものであるのならば、渋沢にとって「雨夜譚」はきわめて愛着があり、特別な意味も有して、ある種の聖典的なものであったとしてもけっして不思議ではないだろう。

いずれにせよ、そのような「雨夜譚」との相違を考えると、『青淵回顧録』も、内容の便利さは別として、「自伝」としては評価の難しい側面があることになる。

## 3　後半生を描けない「自伝」と「他伝」

### 「自伝」から「他伝」をながめる

結局話は「雨夜譚」に戻ってきてしまう。先の『渋沢翁は語る』の「序」で渋沢敬三はこうも述べている。「まとまって自叙伝とでも名付け得るのはこの雨夜譚丈けと云ってよいと思います。そして此が其後に色々な方によって著された各種の伝記的労作の基礎になって居る」（傍点引用者）。他方、戦前の土屋喬雄『渋沢栄一伝』（改造社、一九三一年）、幸田露伴『渋沢栄一伝』（岩波書店、一九三九年）、戦後復興期の大佛次郎『激流』（文藝春秋新社、一九五三年）はいまや古典の域に入った渋沢の伝記、いわば「自伝」に対するところの「他伝」だが、この三作には二つの共通点がある。

まず一つは直接執筆依頼を受けたり、あるいは逆に執筆に関連して相談・忠告を求めたりと、事前に渋沢の親族・関係団体などと接触した上で、資料収集にかんして懇切丁寧なサポートを受けたこと。もう一つは、伝記の内容が渋沢の全生涯を描くというタテマエにはなっていても、実質的には大蔵省退官の時点でほぼ紙数が尽きるという構成になっていること（正確には大佛はそれよりもっと以前、静岡藩で商法会所を設立した時点）、である。かつて筆者はこの二点のうち、後者については、渋沢の後半生はドラマティックな出来事に乏しく、それゆえ土屋・露伴・大佛らにとっては読者の興味を惹きつけるような物語を書き上げるのが難しかったからであろう、とその理由を跡づけた（平井 二〇一四年）。

一方、「雨夜譚」が「其後に色々な方によって著された各種の伝記的労作の基礎になって居る」（渋沢 一九三二 一頁）のだから、だいたいが「大蔵省退官」あたりで筆を措くことになっているのも当然だろう、というのも一見整合性がとれる解釈である。そもそも渋沢家関係者側から資料を紹介・提供する際にはあらかじめ「雨夜譚」を中心にすえて目立つかたちでセッティングし、紹介・提供された側もそのセッティングに応じざるをえないよう誘導されていった可能性も考えられてくる。「誘導」などというとあまり聞こえがよくないから、そうではなく、できるかぎりよい作品を書いていただきたい、との誠実な善意と心からの願いをもって推奨した、と言う方が適切か。いずれにせよ、渋沢にかんする資料としてはまず何よりも「雨夜譚」が優先して差し出されてしまう慣例的状況が存在し、それゆえ気鋭の経済史研究者も、旧・新の両文豪も、意識せずとも規範的枠組みとしての「雨夜譚」にしたがうかたちで、渋沢の生涯をイメージし、そして執筆を進めていってしまったのではなかろうか。それが「日本資本主義の父」の後半生を端折るか、あるいはせいぜい駆け足で通り抜けてしまったことのもう一つの理由、しかも、もしかしたら一番の理由であったのかもしれない。「自伝」から「他伝」をながめていると、そのようにも思えてくる。

## 「雨夜譚」史観を超えて

少し脱線してしまったかもしれない。「自伝」そのものに立ち返って、はるか昔の書き手達の場合とはまったく違う、現在の私たちにとって身近なアーカイヴの状況について触れておきたい。このデジタルメディア／ネット空間の時代、前節で紹介した『青淵回顧録』（『渋沢栄一自叙伝』）、『渋沢翁は語る』、『青淵百話』、『実験論語処世談』、そして『渋沢栄一全集』所収の「経済講話」、「父母の俤」、「世界名士接見録」、「逸話篇」、「訓話篇」はいずれも国立国会図書館の「デジタルコレクション」に収められ、パソコンの画面上で閲覧することができる。ただし、国会図書館（および連繋している大学・自治体の図書館）の外部、すなわちインターネット上で自由に閲覧できるのは『青淵百話』だけである。『百話』の「著者」はまぎれもなく渋沢であるのに対し、「渋沢栄一述・小貫修一郎編」の『青淵回顧録』と「岡田純夫編」の『渋沢翁は語る』は「著者」の著作権保護期間（七〇年）終了が確認できていないからである。ちなみに、背表紙にしか記されていないので気がつかれにくいが、岩波文庫『雨夜譚』も厳密には「渋沢栄一述」である。また『実験論語処世談』は表紙も奥付もまぎれもなく「渋沢栄一著」となっているのに、なぜネット公開されていないのかというと、「あとがき」を書いている野依秀市（一九六八（昭和四三）年没）が共著者扱いとなっているためであり、さらに『渋沢栄一全集』にいたっては著作権者確認作業にすらいまだ着手できていない、というのが国会図書館側の諸回答であった。こうした事情は、そもそも「自伝」とはいったい誰のもので、誰によって作られるのか、ということをあらためて考えさせてくれる。

本章執筆中に、今井博昭『渋沢栄一――「日本近代資本主義の父」の生涯』（幻冬舎新書、二〇一九年）が刊行された。著者は在野の郷土史家とのことだが、その書名とは裏腹に、「大蔵省を辞めて、念願の実業界へ」という節で幕を閉じる内容となっており、つまりこれも見事に「雨夜譚」をなぞった「他伝」だ。専門的で学術的なものとしてはすでに鹿島茂『渋沢栄一　Ⅰ・Ⅱ巻』（文藝春秋、二〇一一年）、島田昌和『渋沢栄一――社会企業家の先駆者』（岩波新書、二〇一一年）など、渋沢の後半生・晩年にまで深く踏み込んだ評伝が世に出ている現在だが、一般的なレベルでの渋沢栄一像は依然として「大蔵省を辞めて人生に一段落がついた人」なのである。先に示した「雨夜譚」以外の「自伝」へのアクセスが「誰でも」「いつでも」「どこでも」と、より容易となって、人びとが土屋・露伴・大佛時代以来の「雨夜譚史観」の呪縛から解き放たれるときがいつか来ることを期待したい。

## 4　「自伝」としてのオーラル・ヒストリーの豊かさ

### 「雨夜譚会談話筆記」

前々節・前節では、おもに明治中期の「雨夜譚」と昭和初期の自伝類とのあいだで少し時代を飛び越すかたちで論を進めたが、実は両者のあいだをつなぐ自伝的なこころみがあった。一九二六（大正一五）年一〇月一五日を第一回とし、一九三〇（昭和五）年七月八日まで三一回開催された、渋沢を関係者でかこんで、その過去の体験について聞き、語ってもらった会合がそれである。名づけて「雨《う》夜《や》譚会談《たんかいだん》話《わ》筆記《ひっき》」（以下、「雨夜譚」と区別する便宜で「談話筆記」と略す）。これは『渋沢栄一伝記資料別巻五』に全内容が収録され、成立の背景については同書巻頭の「解題」でおおよそを知ることができる。先に紹介した『渋沢翁は語る』の「序」で渋沢敬三が「最後の雨夜譚」と言っていたのはこの会のことである。

たんに渋沢に昔話を聞く、というのであれば、かつての「雨夜譚」とどこが違うのかと訝しがられるかもしれない。だが「談話筆記」は多くの点で「雨夜譚」とは異なり、形式的にはまったく別種のこころみであった。その点を三つ指摘しておこう。（1）聞き手の側による制約性・統御性。聞き手の側は事前に、詳細かつ体系的な（しかもかならずしも年代順ではない）質問事項を準備し、それにしたがって会合を進行させることにより、語り手の語りに一定程度制約・統御をほどこす。（2）記録の精密性・厳密性。「談話筆記」各会の開催日・場所・出席者氏名、そして聞き手・語り手双方の発言がそのまま、公開を前提としてできうるかぎり精密・厳密に記録される。（3）聞き手の側が有する教養の豊かさと知識の濃密性。聞き手の中心を担ったのは、穂積陳重、渋沢敬三など身内ではあるものの一級の知識人、および渋沢秘書を務めていた白石喜太郎・小畑久五郎であり、さらに筆記者は先に『渋沢翁は語る』の編者として名前が出た岡田純夫である。

この三つの要件に照らし合わせると、「雨夜譚」が、それほどの制約のない状況で渋沢が自由に、年代順にそって昔話を語り、一方聞き手達は渋沢邸書生・竜門社社員の青年を中心に世間的には一般人・素人の不特定多数の集まりであり、それゆえその場のコンテクストもデータも今となってはあまり明確ではない――つまりよく言えば素朴で、悪く言えば公的な性格が希薄なプロジェクトであったのに対し、ほぼ四〇年後の「談話筆記」は、科学性・公共性・専門性という要件を立派に備えており、それゆえまぎれもなく近代的で、高度に学術的なプロジェクトであった、ということである。

このプロジェクトを、現代の「オーラル・ヒストリー」に相応するものとして理解し、話を進めてみよう。本来、オーラル・ヒストリーとは、その対象とされた個人だけではなく、その個人をとりまいていた当時の社会全体の歴史研究に役立てるために採取・収集される「資料」として取り扱われるべきものと考えられており、また敬三は「談話筆記」実施の趣旨として、あくまで後世の伝記執筆者に供するために「資料」を「蒐集」するのだ、と明言していた。だが、筆者は先に挙げた『青淵百話』や『実験論語処世談』がそうであると考えたのと同じ理由で、「談話筆記」は「資料」であると同時に、それ自体ほぼ完結した「自伝」であると考えたい。だから渋沢に関心を持つ人達には「自伝」としてのそのままの利用も是非薦めたい。

なお、取り上げられる事項は年代順にはなっていない「談話筆記」であるが、目次の見出しは詳細で、逆引きがしやすい。公益財団法人渋沢栄一記念財団による、『渋沢栄一伝記資料』本編全五八巻に続いての、別巻全一〇巻（五巻には「雨夜譚」も収録されている）の、詳細な検索機能が利用可能なインターネット公開が待たれるところである。

## 渋沢栄一の「隠れ自伝」？

さて「オーラル・ヒストリー」――「自伝」として「談話筆記」に言及してしまうと、それに先行して渋沢がかかわったもう一つのオーラル・ヒストリー「昔夢会」に触れないわけにはいかない。渋沢が会主を務め、一九〇七（明治四〇）年七月から一九一三（大正二）年九月まで全二五回開催された、徳川最後の将軍・徳川慶喜に対するインタビュー会である（同会については渋沢編、大久保校訂〔一九六六〕でその全貌を知ることができる）。

（著名な歴史家を含む）識者多数で老境にある大著名人をかこみ、激動の歴史についての証言を求める、という点ではまったく同じで、したがって、最初からそのつもりであったか、あるいは結果的にそうなったのかは別として、「昔夢会」が「談話筆記」の予行演習になったであろうことについてはすでに多くの論者の指摘がある（見城　二〇〇九年）。だが、そんなことよりもこの「昔夢会」の記録が興味深いのは、聞き手であるはずの渋沢が、話題の流れで自身の生々しい体験についても思わずリアクションを求められてしまう個所が散見されることである。一例を挙げると、「雨夜譚」その他ではきまって他人事のように話している水戸天狗党事件について、当事者として対処に直面した話題におよんだ途端、発言の歯切れが悪くなったりしている（渋沢編、大久保校訂　一九六六　一八六～一八八頁）。聞き手と語り手の立場がときに入れ替わりうるインタビューという場の醍醐味が感じられるが、もともと「昔夢会」の開催、そしてそれを主資料とする渋沢栄一著『徳川慶喜公伝』（竜門社、一九一八年）の制作・刊行という一連のプロジェクトには、渋沢が旧主・慶喜の名誉を回復するという目的に加えて、慶喜に仕えていた当時の自身の身の処し方についても正しく弁明するという目的もひそませていたのではないか、と筆者は考えている。だからこれらを、渋沢のいわば「隠れ自伝」とでも呼んでおきたい。

## 5　「自伝」の思い込みも役に立つ

### 虚から出た実

自伝を書くのは難しい。作文力などの問題は別として、よく聞くのは、本人にそのつもりがなくてもつい「ウソ」を「実際にあったこと」と信じ込んで書いて（語って）しまうことがあることである。だから、史実に忠実たることを絶対の信条としなければならない歴史家の中には、「わたし」という一人称ではなく、わざわざ「かれ」という三人称を主語にして「自伝」を書くケースもある（色川大吉『廃墟に立つ』・『カチューシャの青春』（ともに小学館、二〇〇五年）、岡田靖雄『吹き来る風に――精神科の臨床・社会・歴史』（中山書店、二〇一一年）など）。

渋沢の場合、少年時代の自分を侮辱した安部藩代官の名前を『青淵百話』の中で間違えたために、代官子孫から名誉毀損で訴えられた、いわゆる「若森氏の訴訟事件」が一部でよく知られている。だが、一般論としても自伝に思い込みがあったからといって、かならずしもすべてをネガティブにとらえる必要はないと思う。この事件の場合、渋沢は最終的に発言撤回に追い込まれたのだが、その後、罪ほろぼしのつもりでもあるかのように、郷里・八基村の振興に非常に力を入れるようになったとの証言もある。郷里の人達にはむしろ感謝されていて、まさに雨降って地固まる、虚《ウソ》から出た実《マコト》、といってもよい出来事であった（以上の顛末については「梶並忍氏談話」一九六九　三四九～三五〇頁）。

**母・えいの思い出**

もうひとつ似たようなケースとして、最後に、渋沢が語る母・えい（栄）の思い出話を紹介しておきたい。渋沢の少年時代、実家の近所に重い病い（癩＝ハンセン病とされている）に罹った女性がいて、他の人達には忌み嫌われていたが、えいだけは彼女にきわめて親切に接し、入浴する際には介助し、背中まで流してあげたという。これは、えいの慈悲深い性格を象徴的に示す逸話として、渋沢について記した書物――一般向けのものだけでなく、学術書においても――によく引かれてきた。だが、この逸話はまったく同じかたちのものを渋沢の「自伝」類に見いだすことはできない。渋沢自身が語った、似たような話の正確な概略は以下である――近所に、母とその息子ともに病いに罹った家があり、栄一少年はえいから言いつけられて、同年代の息子の方とよく遊んでやった――。

そして、そもそも渋沢はこの病いの母子について、初期の「雨夜譚」の頃はまったくふれていない。『青淵百話』にも『青淵回顧録』にも「父母の俤」にも出てこない。母子のことが渋沢「自伝」類にはじめて登場するのはようやく最晩年の「談話筆記」一九二七（昭和二）年一二月六日の回であった。だがそのわずか一か月後の「談話筆記」一九二八（昭和三）年一月一七日の回においては、前回に病いが「伝染しない」（と自分は思っていた）と言っていたのを、今度は「伝染する」（とえいに忠告した）と修正し、話のつじつまが合わなくなっている。ついでに、えいが女性の背中を流した、などという場面は一切語られていない。

ここで、病者の背中を流すというのは、あきらかに光明皇后の癩者に対する有名な故事が反映してフォークロアと化したものであり、その由来はわかりやすいが、渋沢の記憶そのものにかんしてよく思いをいたすべきは、「談話筆記」当時の時代背景である。一九二〇年代後半はハンセン病に対する政策が帝国レベルで喫緊の課題となった時代であり、渋沢は政界・官界・医学界を結び、とりまとめる重責を担っていた。政策実現にかける熱意が渋沢をして、記憶の正確さは二の次として、このようなパセティックな母・えいの思い出を語らしめた（創作させた?）のではなかろうか。ただし、この渋沢の〈語り《カタ》り／騙り《カタ》り〉が、結果として一九三一（昭和六）年の癩予防協会（会頭は渋沢）および癩予防法の成立へと、歴史を大きく動かすのに与ったことを忘れてはならない。「ウソ」というよりも、記憶の不正確さと言うべき事例かもしれないが、こうした側面にも、自伝の効用というか、アトラクティブな要素が認められるだろう（この件の渋沢の記憶の詳細については、平井（二〇〇六）を参照）。

## 引用・参考文献


今井博昭『渋沢栄一――「日本近代資本主義の父」の生涯』幻冬舎新書、二〇一九年。

色川大吉『廃墟に立つ』小学館、二〇〇五年。

――――『カチューシャの青春』小学館、二〇〇五年。

岡田純夫編『渋沢翁は語る――其生立ち』斯文書院、一九三二年。

岡田靖雄『吹き来る風に――精神科の臨床・社会・歴史』中山書店、二〇一一年。

大佛次郎『激流』文藝春秋新社、一九五三年。

「梶並忍氏談話」、渋沢青淵記念財団竜門社編纂『渋沢栄一伝記資料　別巻八』渋沢青淵記念財団竜門社、一九六九年。

鹿島茂『渋沢栄一　Ⅰ　算盤編』文藝春秋、二〇一一年。

――――『渋沢栄一　Ⅱ　論語編』文藝春秋、二〇一一年。

見城悌治「渋沢栄一による歴史人物評伝出版とその思想」、陶徳民その他編『近代東アジアの経済倫理とその実践――渋沢栄一と張謇』日本経済評論社、二〇〇九年、二二五～二四九頁。

幸田露伴『渋沢栄一伝』岩波書店、一九三九年。

小貫修一郎「『青淵回顧録』上梓に寄せて」、渋沢栄一述、小貫修一郎編著『青淵回顧録　上・下巻』青淵回顧録刊行会、一九二七年、六～七頁。

渋沢栄一『青淵百話　乾・坤巻』同文館、一九一二年。

――――『徳川慶喜公伝』竜門社、一九一八年。

――――『実験論語処世談』実業之世界社、一九二二年。

――――述、小貫修一郎編著『青淵回顧録　上・下巻』青淵回顧録刊行会、一九二七年。

――――「実験論語」、渋沢栄一『渋沢栄一全集　二巻』平凡社、一九三〇年。

――――「経済講話」、渋沢栄一『渋沢栄一全集　四巻』平凡社、一九三〇年。

――――「父母の俤」、渋沢栄一『渋沢栄一全集　五巻』平凡社、一九三〇年。

――――「世界名士接見録」、渋沢栄一『渋沢栄一全集　五巻』平凡社、一九三〇年。

――――「逸話篇」、渋沢栄一『渋沢栄一全集　五巻』平凡社、一九三〇年。

――――「訓話篇」、渋沢栄一『渋沢栄一全集　五巻』平凡社、一九三〇年。

――――著、小貫修一郎・高橋重治編『渋沢栄一自叙伝』偉人烈士伝編纂所、一九三七年。

――――述、長幸男校注『雨夜譚――渋沢栄一自伝』岩波文庫、一九八四年。

――――編、大久保利謙校訂『昔夢会筆記――徳川慶喜公回想談』平凡社東洋文庫、一九六六年。

――――「雨夜譚会談話筆記」、渋沢青淵記念財団竜門社編纂『渋沢栄一伝記資料　別巻五』渋沢青淵記念財団竜門社、一九六八年。

渋沢敬三「序」、岡田純夫編『渋沢翁は語る――其生立ち』斯文書院、一九三二年、一～四頁。

島田昌和『渋沢栄一――社会企業家の先駆者』岩波新書、二〇一一年。

土屋喬雄『渋沢栄一伝』改造社、一九三一年。

平井雄一郎「『癩少年』はなぜ消えたか――渋沢栄一の〈記憶〉と〈記録〉をめぐる一考察」『渋沢研究』一八

号、二〇〇六年、五一～七八頁。

――「渋沢栄一の「事実／真実」から「存在」の謎へ」、平井雄一郎・高田知和編『記憶と記録のなかの渋沢栄一』法政大学出版局、二〇一四年、一八五～二一二頁。

竜門社編『青淵先生六十年史――一名近世実業発達史　一巻』竜門社、一九〇〇年。

「解題」、渋沢青淵記念財団竜門社編纂『渋沢栄一伝記資料　別巻五』渋沢青淵記念財団竜門社、一九六八年、一～五頁。

# 第六章　後継者としての渋沢敬三

川越仁恵

渋沢栄一の後継者は孫の敬三であった。栄一の長男・篤二とその妻・敦子の長男として、一八九六（明治二九）年、深川・福住町の家で生まれた。

栄一は一族の将来を考え、同族会を組織して資産管理機関とするとともに、定期的に会合を開いて一族の結束を固めてきた。一九一五（大正四）年に渋沢同族株式会社が設立され、篤二ではなく敬三がその社長に就任した。このことで敬三が渋沢宗家を継ぐことが栄一から明示された。旧制高校入学直前、まだ一九歳であった。

幼少時から生物が好きだった敬三は、東京高等師範学校付属中学では生物学者を志していた。仙台の第二高等学校への進学に際し農科を志望したが、結局経済学部に進学した。栄一は渋沢家の当主が実業界に身を置くことを望み、敬三も泣く泣く祖父の願いを受け入れた。一九二一（大正一〇）年大学を卒業すると横浜正金銀行へ入社しロンドン支店へと赴任するが、帰国して退社、一九二六（大正一五）年に第一銀行に入行する。一九三一（昭和六）年に栄一が逝去すると、敬三は子爵を襲爵した。

第二次世界大戦末期一九四四（昭和一九）年、第一六代日本銀行副総裁から総裁就任、翌年から一九四六（昭和二一）年五月まで幣原喜重郎内閣にて大蔵大臣を務めた。理想とする金融財政を進められない忸怩たる思いで、日本経済が戦争末期をどう切り抜けていけばよいか悩み、敗戦を迎えては直後の混乱する財政処理にあきらめることなくあたったが、一九四六年月公職追放となる。公職追放後、自らが制定した財産税として自邸を物納し、創立以来社長を務めた渋沢同族株式会社も財閥解体指定により解散した。一九五一（昭和二六）年に追放が解除されて以降は、国際電信電話株式会社社長や国際商業会議所日本国内委員会議長など、戦後日本の財界で大きな役割を果たした。

一方、敬三は実業界に身を置きながらも、学問から離れることはなかった。一九二五（大正一四）年アチック・ミューゼアム（以下、アチック）を設立し、一九三七（昭和一二）年日本実業史博物館（以下、実博）を構想する。

どの人も歴史に翻弄されながら生きており、敬三もまたそうした人の一人であった。しかし敬三には栄一を祖父にもつという運命によって、より一層歴史の渦にまきこまれていくことになる。

敬三の半生を当時の経済を背景に語る書物は由井・武田（二〇一五）をはじめすでにある。それらを元に今度は敬三のいわば内面の側、学問の側に着目したい。「抜群の視野の広さと勘のよさ」（網野一九九二　五七三頁）と学者の素質を備えながら、はじめは泣く泣く、のちには資料を学界に提供する側として、自覚的に職業的研究者を降りた敬三は、自分の学問を生き方として同じ軌道上に乗せたように思う。本章で敬三の一面を見ていただき、さらに別の敬三像へと道案内を差し上げることができれば幸いである。

## 1　柳田国男との出会い

### 大学進学・卒業、金融の世界へ

東京帝国大学経済学部へと進んだ敬三は、経済学を学び卒業論文は山崎覚次郎教授の下で経済史の卒業論文を書く。同級生にはのちに経済史学者で労農派の論客となり、アチックや実博などで生涯敬三とともに学問を共にする土屋喬雄がいた。敬三はドイツ歴史学派カール・ビュッヘルの工業発展段階説を参考にして、「日本における工業の発展段階」を実証的に研究するよう指導を受けた。敬三の卒業論文では問屋資本の支配が批判されている。卒業論文に取り組んだ一九二〇（大正九）、二一（大正一〇）年は、日本経済が好況から長期不況に転じて労使関係が悪化し、本格的なマルクス経済学の研究が始まった時期であった。とくに発足したばかりの東京帝国大学経済学部では敬三とほぼ同期が若手のマルクス経済学の研究者として活躍し、社会科学では同学部は前衛的存在になった。敬三もマルクス経済学の研究に参加し、日本の資本家に対し批判的で反感さえもち、イギリスと違って「日本の資本家は、無知頑鈍で利己的」（由井　二〇一五　一七頁）と評している。由井は「少年期の敬三は明朗闊達であったが、東大経済学部に学ぶ頃から自分が資本家階級たることに問題を感じ、次第に内省的・内向的な側面を示すようになっている」（由井　二〇一五　一八頁）と評する。

一九二一年に大学を卒業すると、横浜正金銀行に入行した。当時の横浜正金銀行は外国為替専門の国際色のつよい特殊銀行であったから、敬三が望んだばかりでなく祖父栄一をはじめ周囲も賛成で、国際金融と国際関係の知識を身につけるのには良い機会と考えたであろう（由井 二〇一五 一八頁）。翌年から一九二五年までロンドン支店に赴任した。敬三が赴任したロンドンは、一九一八（大正七）年に第一次世界大戦が休戦したものの世界経済混迷の渦中にあった。そのさまを逐一観察できたことは、銀行家となる敬三にとっては、絶好の勉学の機会であった。

## 民俗学との出会いとアチック・ミューゼアム設立

滞在中の一九二三（大正一二）年に民俗学者・柳田国男に会い民俗学に関心を持った。帰国後の一九二五年アチック・ミューゼアムと名称を決め、民俗学研究の拠点として正式に設置する。アチックとは屋根裏部屋のことであり、東京・三田綱町にあった渋沢邸内の物置や車庫の屋根裏部屋に設けられた。それまで生物学から派生して仲間と集まり研究しようとしていたことが、ここで明確な像を結んだ。

一九二五年一二月ロンドンから帰国して、横浜正金銀行を退職、翌年七月に第一銀行の取締役として入行した。敬三が帰国するころにはヨーロッパは落ち着きを取り戻し始めていたが、帰国してみると関東大震災時の救済融資が滞って日本の金融システムはかなり不安定になっていた。そこへ一九二七（昭和二）年三月大規模な金融恐慌が勃発した。由井常彦は「貸出金の回収や不良資産の整理のような方針が優先されたから、ヨーロッパ帰りの敬三にとって、愉快なものではなかったであろう」（由井　二〇一五　二五頁）という。加えて敬三が親しんできた学界も不在の数年間で一変した。「農民や労働者など庶民の生活難が深刻をきわめたから、財閥や有産階級にたいする批判が激化し（とくに国策に反した「三井のドル買い」に非難が集中した）、社会主義の主流はマルクス主義にとって代わられた。敬三のかつての学友たちの多くが思想的にラディカルとなったことも敬三の予想をこえたであろう。（中略）彼の内向的性格はより強くなっている」（由井　二〇一五　二五〜二六頁）と推察している。

縁起物・玩具の収集から始まったアチックは次第に民具へと視点を移し、一九二九（昭和四）年頃から「足半《あしなか》」というつま先から土踏まずほどの長さしかない短い藁草履のような履物を対象として研究を始めた。理由は資料数が豊富で地理的な分布が広汎、方言・俗信など付属する文化現象も多様で、かつ古典的な文献にも古くから数多く言及されていることだった。これを研究すれば「日本民族全般の生活様式に異常に深くかつ大いに関連のあること」（渋沢（e）一九九二　二三六頁）だとして、日本の生活様式を浮き彫りにしようと「まず手初め《ママ》にこの足半を選んだ」（渋沢（e）一九九二　二四三頁）という。文書や記録などからひも解くのではなく、ものを大量に集めてそこから文化の構造を見通し、文書はその傍証とする方法である。足半は質・量ともに十分であり、日本の生活様式を民具から読み取るというアチックの試みをあらわした代表的な研究例となる。

## 日本実業史博物館設立

ちょうど一九三五年から一九三七年頃、アチックでは民具の収集そのものがピークに達していた。これまでの研究には一定の成果があったと同時に、限界もあった。「全く我々は現今あまりに早急に形成された概念的資料の雑多に悩むとともに、真実の生な資料の極めて貧弱なるに苦しんでいる実情である」（渋沢（f）一九九二　二五三頁）と述べ、数は集まったものの資料の質や種類が拡散傾向になってしまったあまりに、焦点が定まらなかったことを悔やんでいるようにうかがえる。

一九三七年実博建設が具体化することが決まるとそれと期を一にするように、アチックは収集を止めた。そして敬三の寄付により建造された日本民族学会附属研究所と附属博物館に一九三九（昭和一四）年にアチックの収集資料は引き継がれた。アチックはその後研究施設として、水産史研究、絵画資料研究の深まりが顕著となる。官学中心の学問では無視されてきた新しい問題に取り組み、続々と研究成果を世に出していった。

こうした中で敬三は経済人としてのキャリアを順調に積んでいった。一九三二（昭和七）年三七歳の年に第一銀行常務取締役に昇進した。一九三一年に金輸出が再禁止され、円為替安によって日本の対外輸出は急増、次いで高橋是清蔵相の積極財政は増大する軍需に応ずるとともに内需を刺激し、一九三二年から国内景気は急速に好転した。「第一銀行とミューゼアムという二重生活は、容易ではなかった。とはいえ、この数年間は敬三にとってまことに充実した一時期であったであろう。財界でも文化に通じた若手の銀行家として知られるようになった」（由井　二〇一五　三一～三二頁）一方で、銀行業務の現場では財閥企業体は経済社会において支配力を強化しており、彼はこうした深刻な問題を意識しないわけにはいかなかっただろう。一九三七年六月に日華事変がおこり、戦況は拡大を続けた。このため経済・金融に対する政府の戦時統制が年々強化される事態となった。

## 敬三の民俗学

敬三の民俗学は革新的だった。ロンドンで敬三が出会った柳田国男とは日本民俗学を体系化した人物である。日本で柳田によって民俗学が始められたのが一九一〇（明治四三）年前後で、社会に貢献する学問を目指して一九三〇（昭和五）年に確立期を迎えた。敬三が民俗学に出会ったのはその勃興期に当たる。今では広く普及した「民具」という用語も、敬三の造語である。福田アジオによると、渋沢の研究は明らかに柳田の民俗学を意識して組み立てられ、柳田が取り組まなかった課題を取り上げ方法的にも拡充した、という（福田　二〇〇二　八一頁）。敬三は柳田とは異なる四つの視座をもって民俗学を発展させたとする。

その第一は物質文化の研究であった。柳田は行事や儀礼の研究に目を向けていて、物質文化には言及は少なかった。一方アチックの主要な活動の一つは民具の収集と分析で、日本の民具研究はアチックを中心に発展してきたといえる。この物質文化の研究は後の実博にも影響を与えた。第二は、物質文化を研究しつつも、文書や書簡といった文字資料もまた重視したことである。柳田が歴史学を意識して意図的に文字資料を排除していたのとは対照的であった。第三には漁業・漁村の研究、第四に地域の全体像の把握を挙げている。

### アチック・ミューゼアムの資料の行方

一九四二（昭和一七）年、アチックは日本常民文化研究所と改称し、一九五〇（昭和二五）年に財団法人化する。一九八二（昭和五七）年に神奈川大学の附属研究所として、神奈川大学日本常民文化研究所となった。同所では敬三の意思を受け継いだ研究を続け、常設展示でアチックの歴史を知ることができる。ほかにも、書籍の発行や講演会など活発に行っており、誰でもアチックの歴史に触れることができる。

アチックで集められた資料は現在、大阪府吹田市の国立民族学博物館に保管されている。二〇一三（平成二五）年九月一九日から一二月三日に、特別展「渋沢敬三記念事業　屋根裏部屋の博物館 Attic Museum」が開催された。同館はアチック時代の敬三の研究も蓄積し、情報発信も盛んに行っている。

## 2　民俗学をベースにした独自の経済史アプローチ

### 栄一の逝去と日本実業史博物館構想

一九三一年に祖父・栄一が逝去した。竜門社では栄一を記念する施設の建設案について、一九三七年五月に検討を開始した。敬三は「国民の最多数を占める常民の基礎文化の展示施設は未だ実現していない。特に栄一生誕の少し前、化政期から明治期にかけての経済・産業の状況を示す博物館は何処にも企画されていない。栄一の足跡と理念を伝える施設を作るのであれば、近世経済史博物館の建設こそ最も相応しい」（大谷　二〇一五　八三頁）という考えを持った。「一つの提案」として近世経済史博物館を三部門に分け、「渋沢青淵翁記念室」「肖像室」そして「近世経済史展観室」を計画した。なお、近世経済史博物館はのちに名称の変遷を経て日本実業史博物館となる。

敬三はさっそく準備室を設置し、収集の実務を依頼して一九三七年六月には資料購入をスタートする。標本の収集対象時期は「我国経済史上最も画期的変化のありし時代」であると同時に、「青淵翁の一生にちなんで丁度その生誕少し前」（小松　二〇〇八　三八〜三九頁）である文化文政期から、栄一の活動時期に合わせて大正期までとした。

敬三は以前アチックでの研究に悩み、そのことを口にすることがあった。敬三はアチックの同人・早川孝太郎を応援し、早川の著書『花祭』を一九三〇年に出版する。しかし敬三は「早川君の花祭の力作はどこまでも感心するが、自分に物足らぬ感じが今なおしているのは、この行事に対する社会経済史的な裏付のなかったことである。しかしこの問題を、早川君に求める方に無理がある」（渋沢（a）一九九二　一四頁）と出版後の一九三三年に語っている。この不足した部分を、実博で実現しようと考えた。

一九三九年の春ころには設計図が出来上がっていたものの、戦時下で建築資材の調達は厳しく竣工には至らず、一九四四年ついに「非開館」を決定した。

その頃の敬三は一九四一（昭和一六）年第一銀行副頭取に就任し、翌年には日本銀行副総裁に就任していた。以後敬三は、戦争末期から戦後直後の財政金融を取り仕切った。日銀副総裁とは、金融財政の頂点に立つことを意味していたが、敬三の理想を実現するには程遠い状態だった。「渋沢栄一の後継者で子爵、海外留学の経験を持ち、社会主義にも通じた学者でもあることから、不透明な時代の財界リーダーとして適任と考える向きが生じたのである。なまじ第一銀行で金融業務に励んでいたことが、敬三をして銀行界の有能なホープとみられたこととなった」（由井　二〇一五　三三頁）と思われる。就任直前の一九四二年二月に行われた日銀法の改正によって、日銀の金融政策に政府の意向が強く反映されるようになった。たいそう不本意であっただろうが「サーベルをガチャガチャさせて」（武田　二〇一五　七七頁）就任を求める東条英機首相に押し切られる形で副総裁に就任した。

敬三は金融統制に着手し、一九四四年には日銀総裁に就任した。「日銀が指導的じゃない。ほとんど全部受身で」「全体としてはだめだということを想像できたけども、だめだといえない位置にいた」（武田　二〇一五　八八頁）と自覚し悩みながらも職責を果たした。

**現在、日本実業史博物館の資料は**

近世経済史博物館の建設は実現しなかったものの、収集品は散逸することなく、保存されている。一九三七年から八年間に渡って収集され続けたものは、一九五一年文部省史料館へ移管された。総数は三万七八五三点と発表されている。現在では大学共同利用機関法人人間文化研究機構国文学研究資料館が管理し、保存・研究・公開に努めている。

二〇〇七（平成一九）年には春期特別展示「幻の博物館の『紙』――日本実業史博物館旧蔵コレクション展」（会期五月二八日～六月一五日）が、二〇一三年には企画展示「渋沢敬三からのメッセージ渋沢栄一「青淵翁記念室」の復元×渋沢敬三の夢みた世界」（会期九月一三日～一〇月一四日）が開かれた。

また、同館のウェブサイトには電子資料館というページがありその中の「日本実業史博物館コレクションデータベース」（base1.nijl.ac.jp/~jituhaku/）で、資料の画像を一部閲覧できる。資料そのものも、館へ申請すれば閲覧も可能である。

## 3　学問に見るその生き方

### 失敗史を示す意義

「失敗史」は彼の造語だと思われる。「受けうりばなし二、三」（渋沢（c）一九九二）と七十七銀行の七十七周年の祝辞（一九五四（昭和二九）年六月）で失敗史の必要性を説いている。

「我が国の過去の歴史的記録労作を顧みると、殆ど全てが自慢史ばかりである」（渋沢（c）四八～四九頁）とし「何らそこには一つの苦難もなしに大成功裡にここまで来たように書いてあるのが多かった」（渋沢（g）三一〇頁）ということを前提にしている。そして「終戦後、私ども、こういうひどい目に遭いながら深く反省いたしましたことはその点でありまして、日本に失敗史がなかったという点であります」と述べ自慢史には劣等感とごまかしがあるのだから、嘘のない歴史すなわち、「私は日本に失敗史が必要だということを痛感しております」と続けている（渋沢（g）三一〇頁）。これは「次に続く者をして、その誤りを二度と繰り返させない用意であります。その意味においての失敗史というものは極めて大切であります」「人間が本当に自信を持ちますと失敗というものをみんなの前に曝け出して、しかも何らそこにわだかまりのないものであります」と断言する（渋沢（g）三一〇頁）。青函連絡船に米国製船体を使った時のこと、粗製乱造のためか操舵の癖や運航上の難点を記した帳面二冊を納品時に渡された、との例を出しながら「向後の粗相を未然に防がんとした態度」であり「真に勇気のいることである。少しでも劣等感があったら出来ることではない」、「例えばある薬品を創造するに際して成功した経過はもとより記すべきだが、その過程に於て辛苦した失敗のデータが極めて手際よくたんたんと書かれてあったら、他の従事者または後に続く者は無駄な労力と試薬と時間とを省き得ること莫大であろう」と努力の上での失敗史から得るところ大きく、そこには恥ずべきところは何もないと説く。「真の成功は失敗を素直かつ科学的に究明した上に築かるべきものであろう」（渋沢（c）一九九二　四八～四九頁）。これは彼の信念をあらわしているのではないだろうか。

## 目立たぬ脇役への敬意

華々しい成功の陰には幾多の辛酸があったのと同様に、功績をあげた人の隣には、地道な努力をする目立たぬ脇役が必ず存在したのだということも忘れなかった。敬三の特徴的な視点のもう一つは、労多くして報われることの少ない人びとへの眼差しであった。

「地域の篤学の士によって着実に集積された資料に対する渋沢の対処の仕方」（網野　一九九二　五六三頁）は、「常に学界の盲点として注目をうけることの少ない仕事を取り上げ、世に出そうとする強い意欲」（網野　一九九二　五七〇頁）に満ちていた。また、敬三は、「学者の筐底に埋もれ日のめを見ないもの」「尊敬重視すべき好著にもかかわらず、常民研究者の手になるがために世に問う能わずして他に益をなす機を失せる原稿もあろう」とし、「もしこれらの成果が一斉に世に咲き万人の眼に触れる機会ありとせば」自分は「こんな岩戸開きの手力男命になって文化日本誕生の産婆役をつとめてみたいのが私のささやかな夢である」（渋沢（h）一九九二　四二五頁）と述べた。

自らを「産婆役」と決め「論文を書くのではない、資料を学界に提供するのである」「原資料を整理して他日学者の用に供し得る形にすることが自分の目的なのである」（渋沢（b）一九九二　五七七頁）として職業的研究者を選択的に降りた。資本家層、支配層にいる自分に対する当時の学界の手厳しさ、運命づけられかつ決しておろそかにできない高位の経済人としての本業と、降りた理由はいくつも考えられるが、心打たれた脇役に自らもなろうとする純心もそこにはあるのではないか。

学界にとどまらず、周囲の人びとへの評価もまた同様であった。栄一は「元々家を飛び出した身であり明治に入って中央で働くためにもはや国元に復帰せぬ形勢ゆえ」「随分と多くの代理人を作って、それらの人々に犠牲とか迷惑とかいった側の働きを強いた人でもありました」と敬三はいう。そのため栄一（青淵）の妹・貞の夫婦は栄一の郷里・中の家を預かったことになった。貞の次男・渋沢治太郎は「伯父青淵の志を継ぐものとして行動し」、一九一〇年に八基村会議員、一九三三年に県会議員、一九三六（昭和一一）年からは八基村長を一一年間務めたが、「七光りと外から見られ、時には過小評価さえされること」があったとし、「功は青淵に帰し罪は自ら背負う不退転の悟入なしにはできぬ芸当」（渋沢（d）一九九二 一〇四～一〇六頁）ではないと温かい賛辞を贈っている。

このような「社会の中で知られざる努力をつづけた人々に対し、渋沢（敬三――引用者注）は目を注ぎ続けてやまなかった」と網野（一九九二 五七二頁）は評する。それは、栄一を含め自分たちの存在とは支えてくれる人がいたからこそ十分な働きができた、と感じたからであろう。敬三は「昭和財界史」というテレビ対談の中で「支配階級の側からの資料ではなく、庶民の史料をお集めになっている」と評されて、「ええ。それがしたいと思っていたんですね」、「日本の基盤は庶民の人々ではないですか。われわれ上の方は、わいわい言っているばかり」（由井 二〇一五 三八～三九頁）と答えたことからも垣間見ることができる。

## 4　栄一の思想を継ぐ、敬三の思想を継ぐ

### 戦争末期から戦後直後の財政処理

一九四五（昭和二〇）年八月終戦を迎え、一〇月幣原喜重郎内閣で大蔵大臣を拝命する。幣原は敬三を起用した理由として、官僚出身ではなく実業家出身であり新人であること、渋沢という名前は財界に通った名であり、渋沢がやるとなれば各方面も納得するという二つをあげたという。就任直後にGHQの求めた財閥解体に関わることになるが、過去を反省し自発的に解散するように、というのがGHQの意向であり「財閥は先方としては何うしても打倒する意向である」（武田　二〇一五　一一三頁）と敬三にはわかっていた。敬三は方々と交渉し、自発的な解体を進めた。渋沢家の事業はその内実から見れば財閥というべき性格のものではなかったが、財閥の指定を受けた。財閥解体にあたり、自ら進んで三田の私邸を物納した。

このほか敬三は大蔵大臣として預金封鎖、財産税の導入、文教予算の復活、軍人恩給の打ち切り問題にもかかわった。一九四六年四月にインフレ対策を目途とする新円切替を発表直後、総選挙が行われ、幣原内閣は総辞職、敬三もまた辞任した。

敬三は同年八月公職を追放される。公職を追放された多くの政財界人が、解除に向けて盛んに運動したのに対し、敬三はまったくそうした働きかけは行わず、むしろ念願の学問の道に没頭している。

一九五一年八月公職追放は解除された。公職追放により財界も若返りが進んだが、占領期が終わりに近づき日本が国際社会へ復帰する際には、戦前からの国際的人脈を有する財界人がどうしても必要になった。敬三は最適な人材として、日本経営者団体連合会相談役、日本工業倶楽部専務理事、国際商業会議所（ＩＣＣ）日本国内委員会議長など財界団体の役員に復帰し、財界活動を再開した（木村二〇一五　一六四～一七七頁）。

## 祖父・栄一の顕彰事業――文字で残す伝記資料、実物で残す博物館

敬三は栄一の事績を後世に残そうとした。一九一六（大正五）年に栄一が実業界の役職をすべて退いたあと、渋沢同族会では栄一の伝記の編纂が企画された。

おぢい様の伝記に付て私の意見としては、同族なり又事務所なりで書き上げると、兎角我田引水的になり勝ちであり（中略）資料は是非我々の手で出来るだけ蒐集して置かねばならぬ。如何なる微細な事でも、又一見つまらぬ様な事でもありのままに出来る限り集めて置かねばならぬ。そして、のちに伝記を書く人に自由に使用させねばならぬ（大谷　二〇一五　一五頁）

と敬三は主張した。恣意的な解釈を排して、選択せずにできるだけ多くの資料を残すことに執心した。その一つが『渋沢栄一伝記資料』であり、今一つが第２節で紹介した実博資料であった。全六八巻に

ものぼる『渋沢栄一伝記資料』は、いわば文字で残した栄一であった。一方で栄一の足跡と理念を後世に伝える施設であった実博の資料は、栄一が生きた時代の実業の歴史そのものであった。

加えて言うならば、資料のほとんどが器物・錦絵・広告・看板といった文書・記録類ではない実物資料であり、伝記資料という文字で残した栄一に対して、いわば実物で残した栄一といえよう。二つの方法で敬三は「渋沢栄一研究を行うためのインフラ整備を行い、後世の研究者に栄一の歴史的評価を委ねた」（木村　二〇一五　一六三頁）のである。

一九六三（昭和三八）年、敬三は満六七歳でこの世を去る。大学卒業と同時に財団法人日本常民文化研究所月島分室に勤務し、敬三のもとで研究者としてスタートを切った歴史学者の網野善彦は、銀行の頭取・総裁であり、大臣にもなり、一時期公職追放の処分を受けた敬三に対して、学界の誤解がなお残ると述べ、「アメリカ帝国主義の手先」「金持ちの道楽」「民俗学に資本の論理を貫徹させた」（網野　一九九二　五七九頁）などは敬三への的外れな批判であると指摘している。

網野は続けて次のように述べる。栄一の思想を受け継いだ敬三、その敬三の思想もまた、確実に受け継がれていた。

　日本の近代が、紛れもない資本家の中からこれほどに卓越した人物を生み出したことに、われわれはむしろ誇りを持つべきであろう。そして失うべきものをなに一つ持たないわれわれが、渋沢の提示した課題をなしとげたとき、地下の渋沢が莞爾たる笑みを浮かべてこれを喜ぶであろうことを私は確信し、渋沢の事業をうけつごうと志す神奈川大学日本常民文化研究所において、残された時間を全力をあげて生きたいと思う。（網野　一九九二　五七九～五八〇頁）

栄一の時代には、政財界・国家優先の思考や行動が「民」に大きな犠牲を強いてきた。敬三は長年の友人・土屋喬雄のマルクス主義経済学から実証主義を学び、これを通じて経済とは人々の生活を大きく左右するという考え方を身につけた。

国家という官とそれを支える民という、両者にとってバランスの良い目配りを敬三は目指し、その証左を残すことによって栄一には見えなかった部分を後世に残そうと考えたのではないだろうか。



## 引用・参考文献

小松賢司「二―一―二『一つの提案』の全文翻訳」、青木睦編『文化資源の高度活用「日本実業史博物館」資料の高度活用――二〇〇七年度中間報告』資料編、国文学研究資料館、二〇〇八年、三八～三九頁。

網野善彦「解説　渋沢敬三の学問と生き方」、渋沢敬三著、網野善彦ほか編『渋沢敬三著作集　三巻』平凡社、一九九二年、五五七～五八一頁
大谷明史『渋沢敬三と竜門社――「伝記資料編纂所」と「博物館準備室」の日々』勉誠出版、二〇一五年。

神奈川大学日本常民文化研究所ウェブサイト（http://jominken.kanagawa-u.ac.jp/）、二〇二〇年三月三日最終閲覧。

川越仁恵「非言語情報を用いた新たな経営史分析手法の提起――渋沢敬三の社会経済思想と日本実業史博物館

構想をヒントとして」『文京学院大学経営学部経営論集』二六巻一号、二〇一六年、二三～四二頁。

木村昌人「渋沢敬三にとっての一九五〇年代」、由井常彦・武田晴人編『歴史の立会人――昭和史の中の渋沢敬三』日本経済評論社、二〇一五年、一五三～一八六頁。

国立民族学博物館ウェブサイト特別展「渋沢敬三記念事業　屋根裏部屋の博物館　Attic Museum」(https://www.minpaku.ac.jp/museum/exhibition/special/20130919attic/index)、二〇二〇年三月三日最終閲覧。

渋沢敬三（a）「アチックの成長」、渋沢敬三著、網野善彦ほか編『渋沢敬三著作集　一巻』平凡社、一九九二年、二～一八頁。

――（b）「『豆州内浦漁民史料』序―本書成立の由来」、渋沢敬三著、網野善彦ほか編『渋沢敬三著作集　一巻』平凡社、一九九二年、五六三～五七九頁。

――（c）「受けうりばなし二、三　(三)　失敗史は書けぬものか」、渋沢敬三著、網野善彦ほか編『渋沢敬三著作集　三巻』平凡社、一九九二年、四八～四九頁。

――（d）「渋沢元治氏著『弟渋沢治太郎君を語る』序」、渋沢敬三著、網野善彦ほか編『渋沢敬三著作集　三巻』平凡社、一九九二年、一〇四～一〇六頁。

――（e）「いわゆる足半について（予報）」、渋沢敬三著、網野善彦ほか編『渋沢敬三著作集　三巻』平凡社、一九九二年、二三五～二四四頁。

――（f）「『民具問答集』第一輯まえがき」、渋沢敬三著、網野善彦ほか編『渋沢敬三著作集　三巻』平凡社、一九九二年、二四九～二五四頁。

――（g）「七十七銀行七十七周年祝辞」、渋沢敬三著、網野善彦ほか編『渋沢敬三著作集　三巻』平凡社、一九九二年、三〇八～三一一頁。

――（h）「私の夢」、渋沢敬三著、網野善彦ほか編『渋沢敬三著作集　三巻』平凡社、一九九二年、四二四～四二五頁。

武田晴人「第二章銀行家渋沢敬三」、由井常彦・武田晴人編『歴史の立会人――昭和史の中の渋沢敬三』日本経済評論社、二〇一五年、四三～七〇頁。

――「銀行家渋沢敬三」、由井常彦・武田晴人編『歴史の立会人――昭和史の中の渋沢敬三』日本経済評論社、二〇一五年、七一～一五一頁。

中村俊亀智「アチック・ミューゼアムの足どり――収集原簿の分析から」『国立民族学博物館研究報告』八巻三号、一九八三年、五八七～六一一頁。

福田アジオ「渋沢敬三と民俗学」、横浜市歴史博物館・神奈川大学日本常民文化研究所編『屋根裏の博物館――実業家渋沢敬三が育てた民の学問』横浜市歴史博物館・㈶横浜市ふるさと歴史財団、二〇〇二年、八〇～八二頁。

由井常彦「渋沢敬三の学問、思想と人格形成――前半生を中心として、」由井常彦・武田晴人編『歴史の立会人――昭和史の中の渋沢敬三』日本経済評論社、二〇一五年、三～四二頁。

――「渋沢敬三と土屋喬雄の学生時代――人格主義の教養と実証主義の学問」、由井常彦・武田晴人編『歴史の立会人――昭和史の中の渋沢敬三』日本経済評論社、二〇一五年、一八九～二三九頁。

# 第Ⅱ部　大学生・外国人学生のための渋沢栄一ガイド

渋沢栄一が設立に関わった大阪紡績会社は，一万錘規模の機械と昼夜二交替制によって高い収益をあげた。（出所：渋沢史料館所蔵）。

渋沢栄一に関する講義は多くの学部・学科で開講されている。いくつかの大学の講義概要（シラバス）を調べてみると、経営史や日本経済史に加え、アジア経済、フランス文化、国際関係、社会福祉、思想・宗教、そしてキャリアデザインなどの講義で取り上げられており、多くの大学生が渋沢について学んでいることが分かる。

読者のなかには、講義をきっかけにして渋沢のことを調べてみようと思っている方もいることだろう。第Ⅱ部では、主に大学生・外国人学生に向けて、産業発展、企業経営、政治・外交、社会福祉、そして国際比較の視点から渋沢の思想や人物像を浮かび上がらせる。また、渋沢に関する研究で、今後深められるべき論点やテーマについても紹介する。

第七章では、西洋先進国に追いつくだけではなく日本自体が新しい発明や発見を行えるような環境づくりに努めたという渋沢の産業振興の姿勢が述べられる。第八章では、渋沢が志した開放的な経営である「合本主義」という思想は、当時の財閥にみられた閉鎖的な所有・経営とは対極をなすものだったということが示される。第九章では、「青い目の人形交流」を通じて、渋沢は民間人として国民外交・民間経済外交に積極的に関わったことが述べられる。第一〇章では、一八七〇年代後半に渋沢は養育院などの社会事業の運営に関わることで、次第に富の再分配を通じた社会全体の持続的発展に意識を向けていったことが述べられる。第一一章では、日本だけでなく国際比較を行うといった、これまでの渋沢研究の枠組みを超えた考察の必要性が指摘される。外国人学生にとっては自国の近代化の歴史を振り返るきっかけにもなるだろう。

また、『渋沢栄一伝記資料』だけでなく新しい資料の発掘と利用という点についても言及される。第一二章では、渋沢に関する研究の現状を踏まえつつ、手が付けられていない研究テーマについて述べられる。卒業論文や修士論文の執筆計画を立てている大学生・大学院生にとって有益な内容であろう。

（恩田　睦）

# 第七章　産業発展の視点から

髙橋　周

渋沢栄一は、「日本資本主義の父」と呼ばれている。その意味するところは何であろうか。様々な見方もできるが、ここでは、「私有財産制を基盤とした資本主義システムを近代日本で整備し、その中での経済活動を実践して見せた中心人物」ということにしたい。近代日本の産業は、資本主義の枠組みの中で、大きく展開していった。この資本主義は、多くの人々がお金（＝資本）を出しあって企業という生産・流通を担う組織を作ることを特徴としている。したがって、その社会に十分な制度が無く人々が企業を起すことが困難であれば、また、実際の事業が上手くいく企業が無ければ、資本主義が定着することはできなかったであろう。

渋沢と産業発展との関わりには、二つの面がある。一つは、産業発展が円滑に行われるための制度の整備という面であり、いま一つは、その制度に基づいた事業が上手くいくことを実践して見せたという面である。もちろん渋沢一人でこれらを実行できたわけではないが、渋沢は、これらのことを先導した存在であった。渋沢が「日本資本主義の父」と呼ばれるのは、これらの活動の結果なのである。

本章は、このような産業発展と渋沢の関係について、三つの節で説いていきたい。第1節では、一八六九（明治二）年から一八七三（明治六）年までの明治政府に出仕していた時期に渋沢が担当した施策について述べる。第2節では、企業を起し経営するための資金を人々が集めやすくなるための金融制度の確立、政府への窓口となる業界団体の結成、人材供給源である学校への支援を説明する。第3節では、渋沢による「近代産業」創出の活動を、立ち上げに関わった企業を取り上げ、その産業を育てた意義について論じ、黎明期ではなく近代化を進めた後の日本経済に対して渋沢が見ていたものも考えてみたい。

## 1　役人時代の制度整備

### 度量衡の統一

渋沢は一八六九年一一月から一八七三年五月まで、誕生して間もない明治政府に勤めていた。最初は民部省租税正改正掛長であったが、その後には様々な役職を兼務し、明治政府による新しい政策の立案に携わった。もちろん政府の仕事であるので、それらは渋沢ひとりの功績ではなく、それぞれの政策への関与の度合いには濃淡がある。しかし、その政策の範囲は非常に広い。その中で、富岡製糸場や製紙会社の設立、そして国立銀行条例については後述するとし、ここでは度量衡と暦について触れておきたい。

一八七〇（明治三）年三月一四日に、渋沢は大蔵省改正掛として度量衡の乱れを改める建議を出している。度量衡とは、長さ、体積、重さなどの単位のことである。例えば長さの単位である「尺」は、江戸時代には必ずしも統一されていなかった。その統一を目指したこの建議の中で、渋沢は度量衡を「誠ニ制度ノ基礎法則ノ起源」（大蔵省編　一九五五　三五八〜三五九頁）と述べている。そして渋沢は、この度量衡の統一の先に全国の測量を考えていた。明治維新後においても土地は重要な課税対象であり、公平で正確な徴税には、度量衡の統一は不可欠であった。

また、度量衡は民間の経済活動においても非常に重要である。同じ「一尺」と言っても実際の長さが異なるようであれば、日本国内であっても取引上の不都合が生まれてしまう。さらに世界には様々な度量衡の単位が存在する。近代日本で用いられた尺貫法だけでなく、著名なものではメートル法やポンド・ヤード法などが知られる。仮に尺貫法の中ですら誤差があるようであれば、他の単位を採用している国との貿易では、混乱をきたすことになる。このように度量衡の統一は、産業発展という観点からみても、近代日本に不可欠なものであった。

## 太陽暦の採用

『渋沢栄一伝記資料』によると、一八七二（明治五）年四月に渋沢は大蔵大輔の井上馨とともに、暦をそれまでの太陰暦から太陽暦に改めることを建議したという（渋沢青淵記念財団竜門社編纂　一九五五　三三七頁）。それまでの日本は月の動きをもとにした太陰暦を採用していた。これは一年の始まりや、閏月の存在など、西洋で採用されている太陽暦とは異なる制度であった。また一日を分ける単位も、日照時間の変化によって季節により異なるという不定時法が採用されていた。様々な契約に期日の明記は不可欠である。そのもとになる暦が異なることは、外国との取引において混乱のもととなる。もちろん、経済活動のみでの問題では無いが、暦を西洋と合わせることは、西洋との貿易を進めていく近代日本にとって、これもまた必要な制度の整備であったと言えよう。

## 2　産業発展の土壌づくり

### 第一国立銀行の設立

産業が生まれ、発展していくためには、それが可能となる社会的な条件が必要である。近代的な産業を創出していこうとした明治期には、経済活動に関わる新しい制度を整備する必要があった。渋沢は、この新しい制度づくりに様々な面で関わったのである。そのうちのいくつかを紹介し、渋沢の果たした役割を考えていきたい。

まず、金融についての制度整備を取り上げたい。金融とは資金の融通であり、「経済の血液」などと評される、産業の発展にとって最重要な仕組みである。企業を起すのにまず必要なのは、元手となるお金（資本）である。これを事業開始の時点で十分なだけ持っている人は少ない。多くの場合、他の人のお金を使う必要がある。そのための方法は、借りるか、賛同者を募って出資してもらうかの二種類である。渋沢は、この二つの資金集めの仕組みを作った。

二〇二四（令和六）年から渋沢を肖像とした一万円札が発行されることが財務省から発表されたが、それに際しての財務省による渋沢の紹介は「第一国立銀行、東京株式取引所（現・東京証券取引所）、東京商法会議所（現・東京商工会議所）など生涯に約五〇〇もの会社の設立等に関わったといわれ、実業界で活躍。また、教育・社会事業・民間外交にも尽力」（財務省）となっている。渋沢の代表的な事績として最初に挙げられるのは、第一国立銀行の設立であった。しかしその意義は、単に一つの銀行を作ったというだけではない。渋沢は近代的な銀行制度そのものを作り、その最初の実践を行なったのである。

渋沢の銀行制度への関与は、役人時代に始まる。一八七二年一一月に布告された国立銀行条例は、渋沢が草案を作成したものであった。国立銀行条例は、アメリカのナショナルバンク制度をもとにしたもので、「国立」とついているが、民営であった。国立銀行条例では、国立銀行が兌換銀行券を発行することとなった。兌換銀行券とは、正貨である貴金属（金貨や銀貨）と交換できる紙幣である。それまで明治政府は、正貨との交換ができない不換紙幣を発行していた。この不換紙幣を回収し、信用のある兌換紙幣を流通させることを目的に国立銀行制度を設立したのである。

渋沢は一八七三年五月二三日に退官した。そして翌月一一日に開かれた第一国立銀行創立総会で、渋沢は、その総監役となった。総監役とは、頭取以下の役員を監督し、重役会議の議長を務める役職であった。つまり、第一国立銀行の最高責任者となったのである。第一国立銀行の経営は、順調では無かった。三井と小野組が一〇〇万円ずつ、その他が四四万円余を出資していたが、小野組が一八七四（明治七）年一一月に破たんしたのである。渋沢は小野組からの資産の回収を図り、その被害を最小限に食い止めた。これにより、最初の近代的金融機関たる第一国立銀行は、失敗に終わらずに済んだのである。そして翌年一月には一〇〇万の減資を行なうとともに、総監役を廃止して渋沢自身が頭取となった。

国立銀行は兌換銀行券の発行という高いハードルがあったため四行しか設立されなかった。そのため、一八七六（明治九）年に金禄公債証書を準備金とした不換紙幣の発行でも設立可能とする改正国立銀行条例が制定され、国立銀行の数は急速に増えた。さらに一八八二（明治一五）年設立の日本銀行が一八八五（明治一八）年から銀行券を発行することになった。これに伴い一八八三（明治一六）年の国立銀行条例の再改正により、国立銀行の性質は当初のものからは大きく変わり、第一国立銀行も発券銀行では無く普通銀行に転換し、一八九六（明治二九）年には第一銀行と改称した（その後、合併を繰り返し、現在は、みずほ銀行）。このように第一国立銀行の立場は変転を遂げるが、国立銀行条例に基づく最初の存在として、その経営が軌道に乗ったこと自体が、社会に近代的な銀行の存在を示すことになり、銀行制度の普及と定着に貢献したのである。

## 特殊銀行と株式交換所

第一国立銀行の他にも渋沢が設立や経営に関わった銀行は数多いが、その中でも産業の育成という面で重要になるのが特殊銀行である。具体的には、日本勧業銀行、日本興業銀行、そして北海道拓殖銀行であり、渋沢はその設立委員を務めた。日本勧業銀行は、農工業の改良のための長期融資を行なう金融機関として一八九七（明治三〇）年に設立された。これは農業や軽工業へ融資を行なう銀行であった。これに対し、特に重工業向けの長期融資を担ったのが、一九〇〇（明治三三）年に設立された日本興業銀行である。同じく一九〇〇年に設立となった北海道拓殖銀行は北海道の開発のための資金供給を目的とした。特殊銀行は国策として設置された銀行であり、これらの銀行への出資に理解を得るために、渋沢が設立委員に加わったのである。

渋沢が設立にかかわった金融に関する組織は、銀行だけではない。企業の金融が円滑に進むための組織として、東京交換所と東京株式交換所を設立した。東京交換所は手形や小切手の交換を行なうもので、銀行取引には不可欠なものであった。また、株式交換所は多額の資本の調達を可能にする株式会社制度の根幹をなすものである。企業が資金を調達する手段は銀行からの融資だけではない。大きな企業を起こす際には、株式が発行される。株式は、それ自体に値が付き譲渡が可能であり、株式の取引所で、その売買は行なわれる。株式会社制度の確立は、まさに渋沢が唱える「合本」の基礎となるものであった。一八七八（明治一一）年五月四日に株式取引所条例が制定されると、その六日後に渋沢は東京株式取引所の設立を出願し、これを設立した。このように渋沢は、社会の中で使われていないお金を、企業を起こし経営していくのにお金を必要とする人へと流れやすくする仕組みを作ったのである。

## 「財界」の形成

つぎに、業界団体などの経営者の組織についてみていこう。産業が発展するためには、法の整備など政府の施策も重要である。そのためには、産業の側で意見を集約して陳情する組織が必要となった。また、各産業の内部で解決できる問題への対応にも、これらの組織は好都合なのである。

一八七〇年代後半には国立銀行は増え、三井銀行などの私立銀行も生まれるなど銀行業が定着すると、渋沢は銀行業者の集まりである択善会《たくぜんかい》を一八七七（明治一〇）年に組織した。それは意見交換や親睦を目的とし、雑誌を発行して銀行業界の意見や動向を伝えていった。択善会は一八八〇年に発展的に解消して東京銀行集会所となり、渋沢は実業界を引退するまで、その委員長にあり、これは今日の全国銀行協会へとつながっている。

広く様々な商工業者による団体として、東京商法会議所（現・東京商工会議所）が政府から一〇〇〇円の補助金を得て一八七八年三月に作られ、渋沢は初代会頭となった。これは大隈重信から商工業者の世論形成機関の設立を働きかけられたためであり、当時の外交上の懸案であった不平等条約の改正交渉と関わっていた。イギリス公使のパークスから、日本には世論が無いと指摘され、明治政府による世論を根拠とした主張は、その裏付けがないことを突かれていた（東京商工会議所）。そこで特定の業界の団体ではなく、様々な業種の人々の意見の交換・集約を行なう組織を設立する必要があったのである。

渋沢がこのように「財界」の形成に尽力したのは、これにより商業の地位向上を図ろうとしたからである。そこに込められた思想は、役人時代に会社組織の紹介として著した『立会略則』という書物に、既に記されていたという。そこには、商業は「公益」を図ることを目的とし、商人が協力して政治を動かすようになることが記されており、これを実現する媒体として東京商法会議所を組織したとも指摘されている（渋沢述　一八七一　二丁）。

## 教育機関の設立

産業が維持・発展していくためには、それを担う人材も必要である。渋沢が目指した近代的な産業の発展には、江戸時代までに培われたものとは異なる、新しい学問や知識も必要であった。渋沢は、そのように新しい産業を担う人材を育成する教育機関の設立や発展にも尽力した。渋沢の生涯にわたる個人寄付金額を寄贈対象分野ごとにまとめると、その三四・七パーセントもが「教育・学術」分野であり、「社会事業・福祉」や「同族」を上回り最も多くを占めていた（橘川ほか編著　二〇一三　一～二頁）。渋沢の教育機関への支援には、お金だけでなく、役員などを務めることで果たされる面もあった。支援した教育機関の中には、女子教育のように、当時にあっては直接的に産業に関わる人材の育成とは言い切れないものもあった。しかし最も渋沢が注力したのは、商業教育といって良いだろう。なお、渋沢と教育というと、「道徳経済合一説」や「論語と算盤」に代表されるような商業部門における倫理性に関する指摘が多いが、この点については第四章に譲り、ここでは人材育成機関への支援という観点から説明していく。

渋沢が支援した教育機関の代表格は、東京高等商業学校（現・一橋大学）であろう。これは、一八七五（明治八）年に森有礼や福沢諭吉が中心となって私塾形式で設立した商法講習所に始まる。その後、所管を東京市、農商務省、文部省と移し、名称も東京商業学校、高等商業学校となり一九〇二（明治三五）年から東京高等商業学校となった（以下、東京高商）。東京高商は、矢野二郎校長の方針により、英語教育と商業の実践を重視した教育内容であった。渋沢はこの教育理念に共鳴して支援を行なったとされる。具体的には、政府との交渉による補助金獲得や寄付集めといった財政面だけでなく、卒業式などでの祝辞や講演、そして大学昇格への運動である。渋沢は、新しい学識をビジネスの実践に活用できる人材の育成を東京高商に期待していた。また、東京高商の大学昇格運動にも渋沢は熱心であった。その理由として、商業教育、ならびに商業の地位向上があった。帝国大学で行われる法学や政治学より商業教育が一段低くみなされることに不満を持っていたのである。このように渋沢が強く関わった東京高商では、実際に多くの卒業生が民間企業へと就職した。東京帝国大学や慶應義塾と比べると、民間企業への就職の比率が際立って高く、渋沢の望んだとおりのものとなったと言えよう。

渋沢の高等教育機関への関与は、東京高商に限ったものではない。早稲田大学も渋沢の支援を受けた学校である。もともと早稲田の創設者である大隈重信とは近い関係にあったが、学校への関与の最初は一九〇一（明治三四）年の大学部設立に向けた三〇〇〇円の寄付であった。その後、大きく渋沢が巻き込まれたのが、一九一七（大正六）年に起きた早稲田騒動といわれる出来事である。早稲田騒動は、早稲田の商科設立の中心人物であった天野為之を支持するグループと、古くから大隈を支えてきた高田早苗を支持するグループによる内紛であった。渋沢は、その調停役として、この騒動を収めたのである。早稲田は一九〇三（明治三六）年に予科を、翌年に本科として、大学部に商科を設置していた。「官尊民卑の打破」という観点からだけでなく、他の私学に先駆けて商科を設置したという点からも渋沢は早稲田には期待していたのである。

渋沢の商業教育へのかかわりは高等教育だけではない。中等教育機関である商業学校（現・商業高校に相当）でも祝辞や講話を行なっていた。また個別の学校においてだけでなく、全国地方商業学校長会議でも演説を行っている。中等教育機関の出身者の中には高等商業学校や大企業に就職するものもあったが、生家をはじめとする小規模の商店で働くものも少なくなかったであろう。これらの人材を育成する中等教育レベルの教育機関にも、渋沢の関心はあったのである。

## 3　産業の近代化

### 製糸業の近代化

ここでは、渋沢が具体的に発展へと導いた「近代産業」について見ていこう。一概に「近代産業」といっても、大きく二つにわけることが出来る。一つは既存産業の近代化であり、もう一つは江戸時代までは無かった産業の育成である。西洋由来の知識や技術によって、効率的かつ大量に生産できるようになった既存の産業として、生糸、紙、綿糸の生産を取り上げる。これらは、江戸時代にも一定の繁栄を見た産業であり、近代化以前から国内需要が存在していた。その生産の大きな飛躍に、渋沢が関わっていたのである。つぎに全く新しい産業として、海上保険と化学肥料を取り上げたい。これらは、それまで存在しなかった商品を扱うものであり、その成立や定着に向けた渋沢の取り組み方に着目していく。そしてこれら五つの産業について、その成立がもたらした他産業への影響にも言及しておこう。

まず生糸は、幕末の開港以降の主要な輸出品であった。しかしその生産は手作業によるもので、品質にバラツキがあり、輸出先から粗悪品との評価を下されかねなかった。この状況を打破するために、生産の機械化・近代化を図るべくつくられたのが、富岡製糸場である。渋沢は役人時代の一八七〇年に設置主任となり、新しい製糸工場の担当となった。原料となる蚕の生産が盛んで、水、土地、石炭の調達も可能であるといった理由で、新しい製糸工場は上野国・富岡に建設されることとなり、フランスから機械と技師を調達し、一八七二年に操業を開始した。富岡製糸場自体の経営は芳しくなかったが、この機械化された新しい工場の存在に刺激を受け、民間による近代的な製糸工場が各地に建てられた。これにより品質の維持・向上が図られ、生糸は近代を通じて日本の代表的な輸出品であり続けたのである（第三章参照）。

生糸は主要な輸出品であり、その生産の近代化に成功したことは、明治以降の日本経済に重要な意味を持った。それは製糸業という一つの産業の成功にとどまるものではない。まず農家に養蚕という副業を提供した。原料である蚕の生産は有利な副業として各地に広まり、農家にとって重要な副収入源となった。また、機械化されたといっても製糸業は女工の作業に負うところが大きく、技術次第で女工の賃金は良く、女子労働力にとって優れた働き口となった。さらに、製糸業は赤字基調が続いた近代日本の国際収支に寄与する産業であった。後述する綿紡績業をはじめ、日本の近代産業の多くは原料を輸入に依存しなければならなかったが、製糸業は国内で原料をまかなえたため、外貨を稼ぐことのできる貴重な輸出品だったのである。

渋沢とのかかわりとしては、初代所長となったのは、従兄であり幼少期に教えを受けた尾高惇忠であった。富岡製糸場は、当初は女工がなかなか集まらず、尾高の娘が女工となるなど苦心のすえに女工を集め、操業に至ったのである。近代製糸業の始まりが、そのような渋沢の人脈の中で動き出したことも記憶されるべきことであろう。

## 製紙業の近代化

つぎに、製紙業の近代化である。製紙業も江戸時代にも盛んであり、和紙は各地で特産品となっていた。しかしそれは基本的に手作業によるものであり、生産力には限界があった。渋沢は、近代化により多くの印刷物が必要となるため、機械により大量生産できる洋紙の国産化を考えた。この製紙業の始まりも、渋沢の役人時代にあった。一八七二年に井上馨らと製紙会社の設立を計画し、翌年に抄紙会社が設立された。これは現在では王子製紙を含む王子ホールディングスにあたり、その沿革には「渋沢栄一により「抄紙会社」設立、日本の洋紙産業の始まり」（王子ホールディングス）と記されている。

抄紙会社は、渋沢の提唱する「合本」の会社であった。設立時の出資比率は、三井組四五パーセント、小野組二五パーセント、島田組一〇パーセント、渋沢一〇パーセント、残りの一〇パーセントを少数株主によっていた。しかし小野組と島田組が倒産したため、第一国立銀行が融資を行ない、経営を継続させていった。抄紙会社は技術上の問題で一〇年近く利益を出すに至らなかったが、渋沢は株主総会で株主を説得し続けたのであった。

このようにして紙の大量生産が行われたことは、日本の近代化の全体にとって重要であった。印刷技術の導入とも相まって、新聞、雑誌、書籍など、多くの出版物が発行された。その中には、産業に関わるものも少なくない。例えば、農商務省や各道府県の試験場、各種の業界団体、そして高等教育機関では、それぞれ雑誌や報告書を作成し、産業に関係する試験結果や新しい知見を掲載した。また各地の商店は、それぞれ相場表を作成し、これを郵送して顧客に頒布したのである。このようにして、産業に関する情報を居ながらにして得られるようになったのが明治の日本であった。このことは、近代的な製紙業の確立が産業全体に与えた影響として評価してよいであろう。

### 綿紡績業の近代化

綿紡績業は、綿花から綿糸を紡ぐもので、その綿糸が綿織物業によって織られ綿布となるのである。綿布は、江戸時代において人々の必需品であった。絹が贅沢として批判される場合に綿布の着用が求められたことは、その大衆衣料としての地位を示すものであろう。広く世界史を見ると、最初に「産業革命」を行なったイギリスにおいて、綿紡績業はその成功を象徴する産業であった。綿糸や綿布が、その保温性や吸水性、そして耐久性によって、世界中で消費される商品だからである。その綿糸や綿布の輸入が明治一〇年代から増加していったのである。

紡績業への近代技術の導入は、幕末には始められたが、成功には至らなかった。一八七九（明治一二）年に、渋沢は輸入量の増加を見て大阪の財界人らと紡績会社の設立を企画した。渋沢は、イギリスで経済学を学んでいた山辺丈夫を説得し、機械工学と紡績実務を学ばせた。一八八二年に大阪紡績会社（現・東洋紡株式会社。以下、大阪紡績）は設立され、山辺は帰国して工務支配人となった。イギリス留学中の山辺に対し、渋沢は自らの資産から一五〇〇円を費用として送っている。これについて渋沢は「清水の舞台から飛び降りたように思われた」（渋沢述、小貫編著　一九二七　六〇三頁）と回顧している。大阪紡績は翌一八八三（明治一六）年から操業を始め、その成績は良好であった。なお、渋沢の紡績業へのかかわりは、大阪紡績だけではない。のちに大阪紡績と合併して東洋紡となる三重紡績にも、渋沢は関与していた。それは社外にあって相談役としてアドバイスを送るというものであった。渋沢の企業経営への多様なかかわり方の一つと言えよう（経営者としての渋沢については第八章参照）。

大阪紡績の成功は、様々な影響を与えた。まず、紡績業自体としては、この成功にならい、近代的な紡績企業が続々と作られるようになった。大阪紡績をはじめとするこれらの紡績業は、国際的な競争力を持っており、一八九七年には早くも綿糸の輸出が輸入を上回るようになった。その一方で、近代的紡績業の成功は、在来の紡績業には大きな痛手となった。それまで維持していた極太糸の市場から、手紡ぎやガラ紡による綿糸は駆逐されていったのである。

綿糸には幅広い用途があるため、これを使用する様々な産業にも効果があった。例えば漁業では、網の素材が藁縄や麻糸から綿糸に代わることになった。耐久性に優れ、軽くて安価な綿網が使用できるようになったのである。また、大阪紡績の好成績による配当が、株式会社という企業形態に対する信用を高めた。これにより、資金を持つ者に株式会社への投資を促し、株式会社の数が急増したのである。これは大きな資本を必要とする近代的な産業の展開にとって大きな意味を持ったであろう。

## 新しい産業の創出

つぎに江戸時代には無かった産業についてみてみよう。海上保険とは、損害保険の一つであり、船舶での輸送に際して沈没や火災などによる船自体や積み荷の損害を補填する保険である。渋沢は、一八七八年に海上保険会社の設立を出願した。翌年に日本最初の保険会社である東京海上保険会社（現・東京海上日動火災保険株式会社。以下、東京海上）が設立され、渋沢は設立総代理人となった。東京―横浜間の鉄道の払い下げが中止になり浮いていた華族の資金を中心に、海運業で成功を収めていた三菱からも協力を得て、東京海上は資本金六〇万円で創設された。東京海上の経営は、すぐに軌道に乗った。渋沢の見立ての通り、海上保険は、当時の社会に必要とされたものだったのである。外国貿易の増加や地租の金納制などにより、国内外での海上輸送が増加していくなかで、その輸送上のリスクを分散するものとして保険会社が必要であると渋沢は考えたのである。

海上保険会社という新しいものを作ったことについて、渋沢はのちに「保険といふものは何ういうものであるか殆ど世間に知られなかったので、其の新規事業を興すに就ては聊か冒険の気味がないでもなかった」（渋沢述、小貫編著　一九二七　五八八〜五八九頁）と回顧している。ここで興味深いのは、経営に関する主義主張が異なるとされる岩崎弥太郎と組んでいることである。もちろん、当時海運業を大きな柱としていた三菱にとって、海上保険は必要な仕組みであり、三菱は、その恩恵を最も受ける存在の一つであった。ここに、渋沢の新しい産業の創出に対する姿勢を見ることが出来よう。つまり、これまで日本に存在しないものでも必要であれば着手し、また、考えの異なる者とも協力するのであった。

化学肥料は、当時、人造肥料と呼ばれていた。今日では化学肥料は当たり前のものであるが、明治前半の日本には、ほとんど存在していなかった。その化学肥料を近代技術によって作る会社として、一八八七（明治二〇）年に東京人造肥料会社（現・日産化学株式会社。以下、東京人造肥料）が設立された。これは農商務省の技師であった高峰譲吉の考えに、渋沢と益田孝が賛同して起業に至ったものである。渋沢は創立委員長となり、益田は創立委員、高峰は技師長となった。

肥料自体は古くから使われており、江戸時代にも購入肥料は広く使用されていた。そのため海上保険とは異なり、その需要自体は既に存在していた。しかし、それまでの肥料は、農家が自ら作る堆肥にしても、外部から買う魚肥や油粕にしても、いずれも有機物であった。しかし東京人造肥料で作られたのは、燐鉱石に硫酸を反応させて化学的に作ったものであった。購入肥料は、江戸時代以来の魚肥に加え、明治に入ってからは大豆粕も増えていた。利用者である農民にしてみれば、既存の魚肥や大豆粕を利用していたところに、全く新しい肥料が登場したのである。肥料は耕地に撒いて作物の増産をはかるものであり、もし問題があった場合、逆に作物の生育に悪影響が出てしまう。したがって、農民にとっては、よく判らない新しい物を使用するのは、ハードルの高いことであった。

このような事情から、東京人造肥料の経営は、当初は赤字続きであり、一八九二（明治二五）年になってようやく配当が可能になった。しかし、その翌年には、火災によって工場が焼失したため、その経営は危機に陥って、株主からは解散の動議も出された。しかし渋沢は、化学肥料を「農村振興上必要」「将来必ず有望な事業」とし「私一人でも諸君の株式全部を引受け、借金をしても此の社業を継続経営して、必ず事業を成し遂げる決心である」（大日本人造肥料株式会社　一九三六　四六頁）と、その将来性を説明し、会社の継続を説得したのであった。そして渋沢の予想通り、その後の東京人造肥料は販売を伸ばし、業績を回復させていったのであった。必要と見込んだものに対しては、短期的視点ではなく、根気強く経営にあたる渋沢の姿勢が、ここにも現れている。

商工業が発達しつつあったとはいえ、明治期の日本の中心的な産業は依然として農業であり、農業自体も発展し続けていた産業であった。これを支えたのが「明治農法」と呼ばれる技術革新であったが、肥料の使用の拡大は、その重要な要素であった。化学肥料の生産は、魚肥や植物油粕にあった漁獲量や他の作物との耕地利用の競合といった制約を受けず、生産量を意図どおりに拡大することが可能であった。その成功は、安価な肥料を食料生産や養蚕のための農業に提供することにつながったのである。

## 近代化の先へ

これまで、渋沢の産業発展への貢献を様々な観点から見てきた。最後に、産業の発展と近代化に対する渋沢のスタンスを考えてみたい。

古希を迎えるにあたり、渋沢は経済界の大半の役職から退いたが、それ以降になって渋沢が設立を支援したものに理化学研究所がある。これは先述の東京人造肥料会社の設立以来、関係の深かった高峰譲吉による構想が元となっていた。欧米の模倣による産業の発展ではなく、日本自体で新しい発明・発見を行なうことで、さらなる発展を図ろうというものである。この高峰の構想に渋沢は賛同して設立者代表となり、一九一九（大正八）年に財団法人理化学研究所が設立された。第二次世界大戦の敗戦により解散となったが、一九五八（昭和三三）年に再出発し、理化学研究所は今日でも日本の科学技術研究の一つの大きな拠点となっている。

九〇年を超える長いその人生を通してみれば、渋沢にとっての産業の発展は、単に日本が欧米に追い付くことを目的にした「近代化」に止まらなかったことを理解しておく必要があろう。

## 引用・参考文献


阿部武司「綿工業」、西川俊作・阿部武司編『産業化の時代　上巻』（日本経済史4）岩波書店、一九九〇年、一六三～二一二頁。

井上潤『渋沢栄一――近代日本社会の創造者』（日本史リブレット）山川出版社、二〇一二年。

大蔵省編「大蔵省沿革志」、渋沢青淵記念財団竜門社編纂『渋沢栄一伝記資料　二巻』渋沢栄一伝記資料刊行会、一九五五年、三五八～三五九頁。

橘川武郎・島田昌和・田中一弘編著『渋沢栄一と人づくり』（一橋大学日本企業研究センター研究叢書5）有斐閣、二〇一三年。

見城悌治『渋沢栄一――「道徳」と経済のあいだ』（評伝・日本の経済思想）日本経済評論社、二〇〇八年。

公益財団法人渋沢栄一記念財団編『渋沢栄一を知る事典』東京堂出版、二〇一二年。

渋沢栄一述『立会略則』大蔵省、一八七一年。

――――述、小貫修一郎編著『青淵回顧録　上巻』青淵回顧録刊行会、一九二七年。

――――述、長幸男校注『雨夜譚』岩波文庫、一九八四年。

島田昌和『渋沢栄一の企業者活動の研究――戦前期企業システムの創出と出資者経営者の役割』日本経済評論社、二〇〇七年。

――――『渋沢栄一――社会起業家の先駆者』岩波文庫、二〇一一年。

渋沢同族会編纂所編「青淵先生伝初稿」、渋沢青淵記念財団竜門社編纂『渋沢栄一伝記資料　三巻』渋沢栄一伝記資料刊行会、一九五五年、三三七頁。

大日本人造肥料株式会社『大日本人造肥料株式会社五十年史』一九三六年。

土屋喬雄「租税正及改正掛長としての青淵先生の事業の概観」『龍門雑誌』五九七号、一九三八年、一四～一九頁。

二野瓶徳夫『日本漁業近代史』平凡社、一九九九年。

王子ホールディングス「沿革」、王子ホールディングスウェブサイト（https://www.ojiholdings.co.jp/group/about/history.html）、二〇二〇年三月三日最終閲覧。

財務省「新しい日本銀行券及び五百円貨幣を発行します」、財務省ウェブサイト（https://www.mof.go.jp/currency/bill/20190409.html）、二〇二〇年三月三日最終閲覧。

全国銀行協会「全銀協の歴史」、全国銀行協会ウェブサイト（https://www.zenginkyo.or.jp/abstract/outline/history/）、二〇二〇年三月三日最終閲覧。

東京海上「History」、東京海上ホールディングスウェブサイト（https://www.tokiomarinehd.com/brand/history/）、二〇二〇年三月三日最終閲覧。

東京商工会議所「東商の歴史」、東京商工会議所ウェブサイト（https://www.tokyo-cci.or.jp/about/history/）、二〇二〇年三月三日最終閲覧。

東洋紡「ＴＯＹＯＢＯストーリー　東洋紡、一三〇年の軌跡」、東洋紡ウェブサイト（https://www.toyobo.co.jp/discover/story/）、二〇二〇年三月三日最終閲覧。

# 第八章　企業経営の視点から

杉山里枝

本章では、渋沢栄一の企業者活動について主に論じ、企業経営の視点からみた渋沢栄一について考えていく。

「日本資本主義の父」、「近代日本の創造者」などと称される渋沢栄一。研究者の間でも、たとえば土屋喬雄は渋沢を「民間における我が資本主義の最高指導者」と評価し、森川英正は「オルガナイザーであり、ガイドであり、インストラクターであり、スポークスマンである」と評価した。こうした高い評価は、海外の研究者のあいだにもみられ、たとえば日本でも高名なアメリカの経営学者であるピーター・ドラッカーは、三菱財閥の創始者である岩崎弥太郎と渋沢の二人だけで日本の工業、運輸関係企業のおよそ三分の二を作り上げ、一国の経済にきわめて大きな影響を与えたとして、岩崎や渋沢の業績は、ロスチャイルドやモルガンやクルップ、ロックフェラーといったアメリカの工業化を支えた大企業家のそれよりもはるかに目覚ましいものとしている（島田 二〇一四 一〜二頁）。

ところで、渋沢栄一が大蔵省を退官し、実業界に転身したのは三三歳の時である。それ以降、彼は政治や官僚の世界に身を置くことなく、民間人として日本の経済や社会に大きな影響を及ぼした。渋沢が実業界においてはじめて関わった企業は第一国立銀行であるが、同行は国立銀行条例（一八七二（明治五）年制定）に基づく銀行として一八七三（明治六）年に日本ではじめて設立された銀行である。なお、渋沢は同行（のち、一八九六（明治二九）年に第一銀行）において、はじめ総監役の職につき、一八七五（明治八）年に頭取の職に就くと、一九一六（大正五）年に喜寿を迎えるまで在任した。

この第一国立銀行を皮切りに、渋沢はさまざまな企業の設立や経営に関わった（詳しくは、次節において述べる）。そして、一九〇九（明治四二）年には、自身の古稀に際して多くの会社や団体の役職を辞し、一九一六年には上述のように第一銀行の頭取の職も辞した。それ以降は、いくつかの企業の相談役をつとめた他は、主に社会事業に関わり、一九三一（昭和六）年に九一歳で亡くなるまで、生涯をつうじて多彩な活動を行った。

そして、よく知られるように、渋沢は生涯をつうじて約五〇〇の企業、そして約六〇〇の社会公共事業に関わった。本章では企業経営の側面に注目するため、ここでは前者、すなわち約五〇〇の企業へのかかわりついて主に考えていくが、九一年の生涯をつうじて如何にして渋沢は約五〇〇もの企業の設立や経営に関わり、近代日本を創りあげていったのだろうか。本章では、企業家としての渋沢が果たした役割、日本経済に与えた影響、企業家としての彼の特徴などについて論じていくことにしたい。

## 1　渋沢栄一が関わった企業と企業経営の特徴

ここでは、渋沢が関わった企業の分野別の傾向や、彼の企業経営のあり方の特徴について概説することにしよう。

### 関連会社とその変遷

先に述べたように、渋沢は約五〇〇の企業（そして、約六〇〇の社会公共事業）に関わったといわれる。具体的にどのような企業・団体に関わったのか、そしてそれが今どのような会社に継承されているのかについては、公益財団法人渋沢栄一記念財団のウェブサイト「渋沢栄一関連会社名・関連団体名変遷図」に詳しい。ここでは、「実業・経済」および「社会公共事業」に分け、各々いくつかの分類ごとに、変遷図を示している。二〇一九（平成三一）年三月現在で、「実業・経済」については、『渋沢栄一伝記資料』に掲載された事業の約八五パーセントについて、二〇一〇（平成二二）年頃までの変遷を掲載している（「社会公共事業」については、同じく二〇一九年三月現在において、約一五パーセントについて、二〇一七（平成二九）年三月頃までの変遷を掲載している）。たとえば、「実業・経済」のなかの金融の分野で、「銀行：第一・勧業・興銀」の項目をクリックすると、一八七三年に設立された第一国立銀行から、現在のみずほ銀行に至るまでの変遷について理解することができる。

このようにして、他の項目もみてみると、現存する企業がどのような企業を起源にしているのか、

**表3**　渋沢栄一関与会社

| 業　種 | 会社数 |
|---|---|
| 陸　運 | 22 |
| 対外事業 | 19 |
| 銀　行 | 16 |
| 諸商工業 | 11 |
| 鉱　業 | 8 |
| 窯　業 | 8 |
| 化学工業 | 7 |
| 電　気 | 7 |
| 保　険 | 6 |
| 海　運 | 6 |
| その他 | 68 |

出所：島田（2007　51〜54頁）より筆者作成。

ということについてわかるだろう。また、興味・関心を持った分野・企業についてさらに、渋沢社史データベース（https://shashi.shibusawa.or.jp/）などを閲覧して、どのような社史があり、それがどこに所蔵されているか調べて、研究してみるとよいだろう。

## 関連会社の特徴

ところで次に、島田昌和が「青淵先生職任年表」を用いて分析した結果（島田　二〇〇七　五一〜五四頁）に基づき、そこで対象とされた一七八社について述べていくことにしたい。島田はここで、先述の「青淵先生職任年表」から抽出される関連会社数延べ一七八社について、業種別に分類を試みている。その結果は、表3のとおりである。

この表によると、業種別にみて陸運（鉄道）の二二社、対外事業の一九社、銀行の一六社をはじめとして、諸商工業一一社、鉱業八社、窯業八社、化学工業七社、電気七社、保険六社、海運六社となる。多くの業種の企業に、バランスよく関わっていたことがわかるだろう。

そして、渋沢が関わった会社には、共通するいくつかの特徴があるという。第一に、それまでの日本には存在しなかったが、まったく新しい欧米の知識や技術を導入した業種が多いという特徴である。第二には、鉄道、港湾、炭鉱など近代経済のインフラといえる業種が多いという特徴である。そして、第三には、主要な役職者として関わる場合には、例外もあるが一業種一社を原則としており、第四には鉄道や炭鉱などのように同一業種でも複数会社の役職につく場合には、地域的に重複しないということを原則としていた（島田　二〇一一　五八～五九頁）。これらの特徴からは、渋沢が近代産業のなかでもとりわけ社会基盤にかかわる産業に多く関わり、その業種、地域も多岐にわたっていたということが理解できる。そして、このような社会基盤にも関わる、多彩な産業に関与していたことからも、「近代日本の創造者」とよばれる所以がわかるであろう。島田はさらに、渋沢が会長、社長、取締役、相談役などに就任したさまざまな役職から、会社への関与の度合いについてみると、次の四つの類型にわけられるとしている。

（一）　一八九五（明治二八）年から実業界の引退まで、長期にわたって一貫して会長・頭取を務めた企業。これには、東京瓦斯、日本煉瓦製造、第一銀行、東京人造肥料、東京貯蓄銀行、石川島造船所、磐城炭鉱があてはまる。

（二）一八八五（明治一八）年から一九〇七（明治四〇）年まで関与し続け、さらに一時的に会長を務めた企業。東京製綱、京都織物、帝国ホテル、東京帽子があてはまる。

（三）一八八五年から一九〇七年まで一貫して取締役・監査役を務め続けた企業。東京海上、日本郵船、北海道製麻があてはまる。

（四）短期間であるが、一時的に会長を務めた企業。王子製紙、京釜鉄道、長門無煙炭鉱、京仁鉄道、広島水力電気などがあてはまる。

また、上記（一）〜（四）の類型に属さない会社として、一時的に取締役、監査役、相談役をつとめた会社も多数存在している。そのなかでは、三重紡績、大日本麦酒、大阪紡績、大日本製糖、京阪電気鉄道などが歴史上重要であるという（宮本　二〇一六　二八四〜二八七頁）。

## 特色ある経営行動

このように、実に多くの企業に関わった渋沢栄一。とはいえ、このような多くの企業の設立や経営に関わることが可能になったのは、彼独自の企業経営への関与のあり方があったためであった。ではどのようなあり方であったのだろうか。以下、述べていくことにしよう。

まず、経営者、役員として企業経営そのものに継続的に関わるということももちろん行っていたが、企業の起業、発起といった立ち上げの場面への関与や、大株主として株主総会において調整役として関わるというような、スポット的な関わりが多くみられた。また渋沢は相談役として関与することも多く、このような場合においては、企業経営の重大な側面において実際の経営者（専門経営者など）にアドバイスを送ったりすることがあった。次節において大阪紡績や三重紡績での事例についてふれるが、彼はこうした企業において、「相談役」として長く関わっている。ここでの「相談役」としての渋沢の役割は、今日の会社企業において多くみられるような、退任取締役としてのそれではなく、文字通り「相談にのる役」としての役割で、豊富な経験を背景にアドバイスを行ったりした。

次に、いわゆる「人的ネットワーク」の活用、周辺経営者との連携プレーである。渋沢が多くの事業に関わることができた背景には、彼を取り巻くネットワークを巧みに駆使しながら、信頼のおける周辺経営者による経営、および出資のサポートがあったからではないかと考えられる。

渋沢の役職関与会社の中でたびたび登場するのが、大倉喜八郎、浅野総一郎といった企業家たちである。大倉は大株主としての出資上のパートナー、浅野は重要な事業協力者としての色彩がつよかった。他にも、三井物産の設立時の社長であり、三井財閥を代表する企業家である益田孝も、弟の益田克徳とともに三井系以外の事業においては渋沢の出資パートナーの一人として深く関わった（島田二〇一一　八九〜九五頁）。また、渋沢の経営上の代理人とも言うべき役割を担った企業家も多く存在した。次節でとりあげる山辺丈夫や伊藤伝七なども、こうしたメンバーの一人として数えられるだろう。

そして、面談を重視していたという点も渋沢の経営行動の特色と言える。渋沢は朝から深夜に至るまで、一日の多くの時間を、直接人と会って話しをする面談に割いた。面談は、相手が渋沢のところに訪ねてくるパターンと、渋沢が相手のところに出向くパターンとに分けることができ、前者の場合には日本橋兜町の事務所が利用されることが多かった。この面談の時間のなかで渋沢は、自身が関係する会社の業務報告を受けたり、重要案件の相談を行ったりした。後者の場合には、渋沢は移動手段として人力車、馬車、さらに一九〇七年頃からは自動車も利用し、遠距離になると、鉄道も利用した。直接の面談を重視し、多忙な生活のなかでいかにして効率的に移動しようとしたかがわかる。このようにして、渋沢はさまざまな人物と直接に会い、意見交換や案件の協議を行った（島田 二〇一一 八三〜八八頁）。

## 2　渋沢栄一の企業経営、その具体的事例

### 大阪紡績と三重紡績

ここでは、紡績業に関した事例として、渋沢が経営に大きな影響をおよぼした大阪紡績および合同して成立した東洋紡の基となった紡績会社である三重紡績をとりあげて、どのように渋沢が企業経営に関わっていたのかについて言及することにしよう。

大阪紡績会社は、一八八二（明治一五）年に設立された、日本における大規模紡績会社の先駆的存在である。綿業は、江戸時代から重要産業であったが、幕末開港以降、安価で良質な輸入品が急増す

るなかで、輸入品に対抗するためにも、大規模紡績所の建設がめざされた。官営を中心に二〇〇〇錘規模の紡績所（いわゆる「二〇〇〇錘紡績」）が相次いて建設されていたが、渋沢はさらに大規模な紡績所の建設が急務であると考えた。そこで、一万錘規模の紡績会社設立の構想を固め、実現させたのが同社であった。渋沢は設立に向けた資金調達に尽力したが、それだけでなく、適切な技術者・経営者の配置が不可欠であると考え、技術の指導・事業の運営にあたる人物を探した。そのなかで浮上したのがのちに東洋紡初代社長として活躍する山辺丈夫であり、イギリスに留学中を説得して技術、経営に必要な知識を習得させた（宮本　二〇一六　二五三〜二五五頁）。

## 「相談役」としての渋沢栄一

次に、大阪紡への渋沢の役員としての関わりについてみていくことにしよう。大阪紡では、一八八三（明治一六）年三月に創立総会を開き、最初の役員が選出された。頭取や取締役とともに相談役が選任されたが、矢島作郎、藤本文策とともに渋沢は同社の相談役に就任した（石井　二〇一八　三三頁）。ここで、渋沢と共に相談役に就任した矢島作郎は東京貯蓄銀行頭取、東京電灯初代社長であり、藤本文策も東京電灯第三代社長となる人物である。したがって、相談役の役割は、現在のような「重役退任後のポスト」というのではなく、渋沢や矢島のように明治初期から会社に関する知識を有し、企業設立や経営の経験を有していた企業家が、文字通り社長や取締役ら重役の「相談にのる」という様なポストであったと考えられる。

なお渋沢は、大阪紡績の創業から一九〇九（明治四二）年まで（会社法の施行に伴い一八九三（明治二六）年に大阪紡績株式会社と改称）相談役の地位にあり、取締役など商法上の役員の職に就くことはなかったが、経営幹部からの営業成績の報告、設備投資や資金調達についての相談を受け適切な指示を送り、トラブルの際にはその調整役的な役割を果たし、経営の枢要に関与し続けた（宮本　二〇一六　二六五～二六六頁）。

三重紡績は、一八八二年における三重紡績所の創業に端を発する。創業者である伊藤伝七（九世）、伊藤小左衛門の出自である伊藤家は、代々伊勢国三重郡に住み、近世期には醸造業を営んでいたが、近代に入り伝七らは紡績業経営を志した。創業後の経営不振に苦しむなか、十世伝七（一八八三年九月に九世伝七は病没）は一八八五年に渋沢栄一と知り合い、経営・技術面における助力を得ることになった。その成果もあり、一八八六（明治一九）年には三重紡績会社が創立し、一八八九（明治二二）年には渋沢は同社の相談役に就任した。ここでの渋沢の「相談役」としての役割については、『渋沢栄一伝記資料』に次のように記されている。

重要の事件は皆な渋沢相談役へ稟議し同意を得されは決行せさるなり、故に常務は九鬼委員長日々決裁し重務は渋沢相談役決裁し、重役四人をして支配人も技術長も社長も取締も監査役も支障なく処弁し一大会社なるも確実安全の業務を経営するを得るなり（渋沢　一九五六　一四八頁）

　この資料からは、三重紡績の事実上の決裁権は渋沢にあったということがわかる。なお、渋沢の同社への関与は、設立初期に限定されることなく、その後の展開においても続くことになる。たとえば、一九〇五（明治三八）年一〇月には三重紡、尾張紡、名古屋紡の三社合併が実現したが（この一連の動きを尾勢地方紡績合同という）、対立する企業間の意見を調整し合併へと誘導したのは、渋沢であった。さらに、大阪紡績と三重紡績は、一九一四（大正三）年に合併して東洋紡績となるが、この合併に際しても、渋沢は両社の相談役経験者として両社への取り計らい、斡旋を行い、大きく尽力した。ここで新成立しら東洋紡はその後、日本を代表する紡績企業として発展するが、その礎をきずくために果たした渋沢の功績はきわめて大きかったといえるだろう。

## 3　企業家としての渋沢栄一の理念

### 「合本主義」と開放的な経営

　本節では、渋沢の経営理念について簡単に説明することにしよう。彼の経営理念の特徴として、開放的な経営を行ったことや、倫理と利益を両立させたことを挙げることができる。これらについて説明を加えると、以下の通りである。

　まず、開放的な経営についてである。これは、当時の財閥において多くみられた、同族による株式や経営の「閉鎖的」な保有状態に相対する意味合いをもつものである。三井や三菱に代表される戦前の財閥では、株式の一族での保有が続き、株式の公開が遅く、実際に公開に踏み切るのは、ほとんどが戦時期に入ってからであった。また、経営についてみると、実際の経営については専門経営者たちに委ねられるケースが多かったものの、三菱における岩崎弥太郎や岩崎小弥太に特徴的なように、財閥系の人物は経営のトップに位置し、財閥全体を統括した。一方渋沢は、実業家に転身する以前の一八七一（明治四）年においてすでに『立会略則』を著し、そこでは私権に基づく商社をつくることの必要性や、その一方での公益、国益の尊重について述べた。そして、公益の追求を事業の目的として掲げ、その目的に賛同する人々から広く資金を集め、事業を実施するための組織（合本組織）を立ち上げること、さらにその趣旨を理解し実行できる人材を選び、経営にあたらせ、経済活動をつうじて利益を上げ、国家社会を豊かにさせるという方法について示した（合本法）（公益財団法人渋沢栄一記念財団編　二〇一二　一一三頁）。これは「合本主義」として広く知られるものであるが、後の実業界における活躍のなかで渋沢は、この合本主義を実践し、開放的な経営をひろく行っていった。実際、多くの企業の設立・経営に関わるなかで、株式会社形態をとり、少額でも民間から広く出資を募り、大きな会社をつくっていった。また、一族で経営を掌握することなく、信頼のおける企業家たちに経営を任せるというケースも多かった。

さらに渋沢の代表的な書物である『論語と算盤』における訓話「合理的の経営」のなかで、彼は商業のあり方について次のように述べている。

現在有るものを無いといい、無いものを有るというがごとき、純然たる嘘を吐くのは断じてよろしくない、ゆえに正真正銘の商売には、機密というようなことは、まず無いものと見てよろしかろう。（渋沢　一九八五　一八五頁）

そして、渋沢にいう経営の開放性は、株式保有や経営の掌握といった側面だけではなく、一般に向けた情報の開示や経営の透明性にも向けられていたのではないかと考えられる。渋沢は、単に企業経営者としてだけでなく、大株主としての立場から株主総会に出席し、問題の解決に尽力したということがよく知られている。広い意味での「開放的」な企業の必要性について、株主総会での調整・仲裁役としての経験から早いうちによく認識していたのではないかと考えられる。

## 「道徳経済合一説」と倫理と利益の両立

次に、倫理と利益の両立について検討することにしよう。これは、「道徳経済合一説」として広く知られる、渋沢の経営理念の一つである。渋沢によると、互いに矛盾しがちであると理解されることの多い道徳と経済は、実は本質において矛盾せず、しかも相一致しなくてはならないものである。ここで重要なことは、道徳と経済とは別々のものではなく、両者は一致し不可分であり、一方がなければ他方がなり立たないという関係であるとしている点である。『論語と算盤』の最初にあげられる訓話「論語と算盤は甚だ遠くして甚だ近いもの」のなかで渋沢は、次のように述べている。

論語というものと、算盤というものがある、これははなはだ不釣合で、大変に懸隔したものであるけれども、私は不断にこの算盤は論語によってできている、論語はまた算盤によって本当の富が活動されるものである。ゆえに論語と算盤は、甚だ遠くして甚だ近いものであると終始論じておるのである、（中略）正しい道理の富でなければ、その富は完全に永続することができぬ、論語と算盤という懸け離れたものを一致せしめる事が、今日の緊要の務と自分は考えているのである。（渋沢　一九八五　一〜二頁）

「論語」を「道徳」に、そして「算盤」を「経済」に置き直して考えてみると、この渋沢の発言の意味がわかりやすいであろう。また、「道徳経済合一説」の内容についても理解しやすくなると思う。渋沢は、論語を商業上の「バイブル」として経営を行っていたというが、この「道徳経済合一説」の考え方は、現在をいきる我々にとっても、充分に「バイブル」となる教えであるといえよう。

本章では、渋沢栄一の企業者活動の側面に光をあて、その特徴などについて論じてきた。企業経営という限られた部分について検討するだけでも、渋沢の活動範囲の大きさには驚かされる。また、実際に企業経営に関わるなかで、私利私欲に走ることなく常に公益を追求し、自身の少年時代から慣れ親しんできた論語を精神的な支柱としながら、実業家としての足跡をのこした。そして、社会基盤にも関わる重要な近代産業・企業の設立および経営に深く関わり、結果として近代日本の経済発展に大きく寄与することとなった。

他の章における記述からも明らかなように、生涯をつうじた渋沢の活動は、きわめて多岐にわたり、多彩である。そしてそのなかでも、関わった会社が五〇〇にものぼることからもわかるように、企業経営に関する彼の功績はめざましいものであった。なぜこれほどまで多くの企業に関係し、実績を残すことができたのか。また、彼の経営行動の特色や、その背景にある経営理念は何であったのだろうか。このような点について、本章における記述から何らかのヒントを得ていただき、渋沢の関わった企業の歴史に関してできる限り多くの関心を持っていただければ幸いである。

## 引用・参考文献


石井里枝「歴史に学ぶ相談役・顧問の活用法――渋沢栄一はいかに関与したか」『企業会計』七〇巻二号、二〇一八年、三一～三七頁。

絹川太一編『伊藤伝七翁』伊藤伝七翁伝記編纂会、一九三七年。

公益財団法人渋沢栄一記念財団編『渋沢栄一を知る事典』東京堂出版、二〇一二年。

――「渋沢栄一関連会社名・関連団体名変遷図」、公益財団法人渋沢栄一記念財団ウェブサイト（https://eiichi.shibusawa.or.jp/namechangecharts/）、二〇二〇年三月三日最終閲覧。

渋沢栄一「三重紡績株式会社」、渋沢青淵記念財団竜門社編纂『渋沢栄一伝記資料　一〇巻』渋沢青淵記念財団竜門社、一九五六年、一二一～一八〇頁。

――『論語と算盤』国書刊行会、一九八五年。

渋沢青淵記念財団竜門社「青淵先生職任年表」『竜門雑誌』五一九号別刷、一九三一年、一～二六頁。

島田昌和『渋沢栄一の企業者活動の研究』日本経済評論社、二〇〇七年。

――『渋沢栄一――社会企業家の先駆者』岩波書店、二〇一一年。

――「渋沢栄一による合本主義」、橘川武郎・パトリック・フリデンソン編著『グローバル資本主義の中の渋沢栄一――合本キャピタリズムとモラル』東洋経済新報社、二〇一四年。

東洋紡績株式会社編『東洋紡績七十年史』東洋紡績株式会社、一九五三年。

宮本又郎『渋沢栄一――日本近代の扉を開いた財界リーダー』（ＰＨＰ研究叢書　日本の企業家１）ＰＨＰ研究所、二〇一六年。

# 第九章　政治・外交の視点から

飯森明子

読者の皆さんは、白髪の渋沢翁が両手に持っている人形を見つめている写真をご覧になったことはないだろうか。おじいさんが自分の孫娘にプレゼントするために人形を選んでいるところだろうか。いや、九〇歳近い渋沢がアメリカから送られてきたふたつの人形を手にして、これから国内の子供たちに贈る式典に出席した時の写真である。

一九二七（昭和二）年の雛祭りの日、一つひとつに名前とパスポートをつけられた一万二〇〇〇体近い人形がアメリカの有志から贈られ、植民地なども含めて日本全国、幼稚園や小学校に配られた。アメリカからの「友情人形」を受け取った盛大な式典には、この交流を支援した渋沢とともに、皇族の女児や渋沢の孫も出席していた。そして、同年のクリスマスには日本からアメリカにお礼として日本人形五〇余体が送られ、アメリカ各州に一体ずつ配られた。渋沢の孫・鮫島純子さんは、九〇歳を超えた今も幼児だった当時の式典の雰囲気を覚えている、と二〇一七（平成二九）年七月、「日米人形交流の再検討シンポジウム」のあいさつで語った。それほど長く記憶に残る事業であった。

図８　友情人形を持つ渋沢栄一（文部省にて）
出所：渋沢史料館所蔵。

このいわゆる「青い目の人形交流」とよばれる日米交流の背景と、これらの人形に接した子供たち、とくに女児たちにむけて込められた意味を、政治や外交の視点と長いタイムスパンから語るとき、平和な国際社会づくりに込めた渋沢の願いを私たちは考えることができるだろう。以下、この章では渋沢の生涯とその言動を簡単にたどりながら、渋沢の政治と外交に対する考え方や、国際協調についての支援活動について、考えていきたいと思う。

## 1　渋沢栄一の求めた政治

### 「国家」について

明治末、渋沢が自らの来し道を回顧しながら様々なテーマを語った『青淵百話』がまとめられた。このなかに渋沢が「国家」や「社会」について語った章がある。まずはこれを手がかりに、渋沢にとって国家とは何か、社会とは何か、考えてみよう。

国家について、江戸時代までの慣例では為政者以外には国政は無関係であったから、明治時代になっても多くの人々は政治を習慣的に為政者の為すままに任せておくのが長く通例であった。その時代も同様であったように、これからの国の為政者にも高潔に「専ら敦厚質実の政治を施して貰ひ度い」と渋沢は求める。そして、明治の日本は近代国家の根本として大日本帝国憲法を作り、東アジアで初めての立憲国家となった。が、憲法をどのように扱うか、その使い方によっては憲法について今後も議論も出ることもあるだろう。だが為政者の王道である「仁義道徳」は時代によって変わるものではない。しかし、実際には為政者は「動もすれば手段に走り智恵に陥り、自分の時代だけ兎も角も無難にやつて退ければよいと考へるやうな為政者が無いとも限らぬ」と渋沢は指摘し、結局「国家は独り為政者のみに依つて立つものでは無」く、「それと相俟つて国民も亦国民たるの責任を重んずるもの」と、国民に政治への高い関心を求めるとともに、国民にも重い責任があるとした（渋沢　一九六六　八～一〇頁）。

### 「社会」について

社会についても、国家は組織的につくられたものであるが、政治組織を外せば「国家と社会との差別はない」こと、渋沢は、過去と現在とどちらの社会が良いか悪いかではなく、「公平なる見識を持ち、社会の光明面と暗黒面とを比較して、その孰に与すべきかを商量する」ことが重要であること、結果として、渋沢がこの話をしている明治の時代は、以前よりも明らかに進歩したと評価した。そのうえで渋沢は、「専ら社会に仁義道徳の観念を鼓吹し、為政者と被治者とを論ぜず、社会の上下をして一斉に真摯敦厚の気風」にすることが求められていること、そうすればおのずと理想的の国家となるのは明らかだと述べる（渋沢　一九六六　一〇〜一三頁）。すなわち、江戸時代までのように為政者に政治を任せて、民が無関心でいるのではなく、また政治家も一時期だけやり過ごせばよいという考えではなく、より高い道徳心が求められること、一人ひとりが国家や社会の一員として政治に関心を持ち、自覚と責任感を持つことが、平和な社会の実現に重要だと渋沢はいうのである。では、このような国家や国民のあり方を語るまでに、渋沢はどのように国内外の政治や社会をみてきたのだろうか。

## 2　激動する社会のなかの渋沢栄一

### 国内の動乱と青年時代

渋沢は、一八六七（慶応三）年から六八（明治元）年、最後の将軍・徳川慶喜の弟で水戸藩主の徳川昭武を代表とするパリ万国博覧会日本代表団に同行したことは知られている。このころのフランスでは産業革命が進行中で、様々な工業が発展し、鉄道、建築などパリでは大規模な都市改造計画が進んでいた。しかし渋沢が滞在する前後、長引いたメキシコ出兵に失敗してナポレオン三世による第二帝政は弱り始めていた。海外出兵でフランスの国家財政は急速に悪化し、渋沢らが帰国してまもなくパリ・コミューンが起きた。渋沢もフランスの政治体制の変動を知ったであろう。

さて、明治維新により、昭武の当初の留学予定は途中で切り上げられ、渋沢も昭武とともに帰国した。とはいえ一年以上の欧州滞在の間に、渋沢がとくに関心を持ったのが、銀行と産業発展のしくみであった。起業のための投資や株式会社、それらを支える銀行、必要な情報を提供し、相互に支える商業会議所など、日本になかったこのような組織の存在を知った。もちろん万国博覧会もそれぞれの国家の国力や財政力を見せつつ、相互理解や貿易促進をめざす外交の場であったことも学んだ。

一八六九（明治二）年一〇月後半、徳川慶喜とともに静岡藩庁にいた渋沢に対し新政府から呼び出しがあり、大隈重信に説得されて大蔵省租税正、いわば主税局長の役に任命された。伊達宗城大蔵卿のもと、大蔵大輔・大隈重信、大蔵少輔・伊藤博文、大蔵大丞・井上馨らが率いる大蔵省に渋沢は入省した。

渋沢にとってはしぶしぶの就任であったが、旧幕臣のなかでも渡欧中に際立っていた渋沢の才能を見込まれての任命である。ほぼ同時に大蔵省に登用された人事をみると、新政府が近代国家として財政を確立させたい意向がみられ、静岡から多くの旧幕臣が明治政府に登用された。たとえば、杉浦愛蔵も昭武一行の一人で渋沢と渡欧していた。杉浦にとっては渋沢との渡欧は二度目だったが、最初の渡欧は幕府の遣欧使節団で、その時に一緒だった塩田三郎もともに大蔵省に入った。また昭武や渋沢らがフランスに滞在したのとほぼ同じ時期にオランダに留学していた赤松則良も加わり、当時珍しかった西欧社会に滞在経験ある若い人材を大蔵省が積極的に登用したことがわかる。

新政府の財政混乱が続くなかで、渋沢らは新しい租税制度や度量衡制度の改正、貨幣改革、鉄道敷設、官庁の建築などを手掛け、近代国家の財政制度の礎を整えた。渋沢も一八七〇（明治三）年には大蔵大丞、翌年には大蔵権大丞、すぐに枢密権大史に転任とスピード出世を歩んでいた。

だが同じころ、新政府内では藩閥に由来する人事対立と、財政方針をめぐる対立が次々とあらわれはじめた。とくに岩倉使節団が一八七三（明治六）年に帰国して政府が内政の整備・改革に重点を置く方針に転換、これらに着手すると、没落した旧武士層への経済的救済策を訴えたグループらが下野して征韓論を掲げるようになり、幕末のような政情不安の再来も危惧される事態となった。いや明治に入っても、新政府内の藩閥を背景にした激しい権力争いや、政治家へのテロは繰り返されていた。渋沢は当時を振り返って次のように語る。

「明治初年当時には新旧思想の衝突が甚だしかつたので、同じ省内に於いても新法の実施に就いては、之れに類するやうな異議百出といふ事も少くはなかつた。」政府内がそのようななか、渋沢は大蔵省の役人として実業家たちと会うこともあったが、平民層の彼らは「旧来の卑屈な風が一掃されぬ為め、政府の役人に対する時は只平身低頭して敬礼を尽すのみ」というありさまだった。人々の間には江戸時代の士農工商の身分の区別や、商売は卑しい生業という考え方や官尊民卑の悪弊がまだ根強く残っており、新しい産業の起業家や実業家たちに強力なリーダーシップを期待することも、また新政府の財政からも民間だけに産業発展を託すことはまだ難しかった。そこで渋沢は「政治を嫌つたといふ訳ではないけれども、（中略）民間の状態を親しく知るに及んで、（中略）是非とも官を持して実業界に力を尽す様にしなければならぬ」と役人を辞することにした。（渋沢　一九二七　二七三〜二七五頁）

政治をめぐって生命や生活が脅かされる事態が消えないことに渋沢の憂慮の種は尽きなかった。が、実業家への転身は、旧武士層と庶民層のそれぞれの考え方や行動様式を理解していた渋沢だからこそ、それらを仲介する役割を果たそうという大きな決断だった。

こうして、渋沢は様々な産業の基礎作りに着手していく。この点については実業家として渋沢の活動を扱った第七章に譲るが、渋沢は役人であった短い間に、多くの政治家、役人たちと対等な立場で接触し、互いに尊敬し大きく影響を与えあっていた。このことが渋沢の生涯の多方面にわたる活動に、官と民の間でよい関係を続ける基礎となった。岩崎一族の三菱や、三井の人々らは政治家や政党と密着して事業を成長させることが多かったが、渋沢はいわゆる是々非々の方針を取り、特定の政治家や政党との癒着を思わせるような交際はほとんどみられないのも注目できる。こうして、渋沢は下野した後も、『渋沢栄一伝記資料　別巻四』の書簡（二）や『渋沢栄一伝記資料　別巻八』の談話（四）・余禄の目次、および発信人名録にみるように、明治期大正期を通じて政治家たちと交際も多く、様々な書簡を多数交わした。

多くの政治家は渋沢を理解し評価したが、明治初期の重要なリーダーで内政重視の大蔵卿の大久保利通とは気が合わなかったらしい。一方、大蔵時代の上司であった井上馨は渋沢をよく理解し、「侯と私とは所謂肝胆相照らす親しい間柄」（渋沢述、小貫編　一九二七　二七八頁）となった。以来、渋沢は井上が没する一九一五（大正四）年まで書簡を交換した（国立国会図書館参考書誌部編　一九七五　一九〇～一九八頁）。伊藤博文も、渋沢の大蔵省入省以来、銀行制度の導入や様々な近代制度の整備をともにすすめた。伊藤は幕末以来の西洋諸国を視察していたこともあり、互いに国際社会のなかの日本の姿を考えることのできるリーダーと、渋沢も伊藤を尊敬していた。大隈重信は、渋沢を大蔵省に引き込んだこと、実業家として渋沢は銀行条例の改正で世話になったことから、生涯を通じて、とくに東アジアに関わる活動では接点も多く交流を重ねた。原敬は渋沢より一六歳も年下であったが、原の外交官やジャーナリストの経験と、立憲政友会や政界での政治指導力、さらにアメリカを重視した外交・貿易政策など、渋沢は原に信頼を置いて評価していた。だが、原も伊藤も暗殺の銃弾に倒れ、渋沢に大きなショックを与えた。他にも多くの政治家・知識人との交際や考え方が関係者の書簡や文書から確認できるだろう。

## 国際社会の変化と渋沢

ところで、よく知られているように、明治期の日本政府は幕末に西洋諸国と結んだ不平等条約のため、条約改正交渉に苦しみ続けた。とくに関税自主権の回復は、明治も間もなく終わろうとする一九一一（明治四四）年だった。このようななかで渋沢は、国内インフラ整備を担う企業を興しながら、貿易では国際社会への輸出拡大と自由貿易による貿易促進を進めた。

明治の後半からいわゆる「政商」のなかには、戦争や軍備拡張によってもたらされる富に期待し、陸軍の大陸政策や不安定な中国の政情に食い入って一獲千金を狙う大陸浪人の動きにも相乗りするような武器商人も現れていた。一方、渋沢が関わった企業の大半は、自由競争を通じてそれぞれ創業期を乗り切り、各界を牽引する企業に成長していた。とくに日清戦争後の不況では、ますます厳しくなる国際競争に苦しみ、渋沢も一時は政府に保護政策を求めざるをえないと考えることもあった。だが、明治末期までに戦争に伴う戦時好況も戦後恐慌も、ひと通り乗り越える経験をした。

とくに太平洋戦争前まで生糸は日本の主力輸出産業で、最大の輸出先は新興国アメリカだった。一方アメリカでは一九世紀半ばから国土開発が拡大して労働力不足に陥り、多くの移民労働者をヨーロッパや東アジアから農業や建設や鉄道建設などで受け入れた。日本からも明治初期から不安定な日本を離れ、多くの移民がハワイやアメリカ本土に渡っていた。日本人移民の多くは英語に不自由しながらも、不平不満を言わず、長時間・低賃金で働いた。しかしひとたび景気が悪くなると、仕事を黄色人種の日本人が奪うのではないかという失業不安を白人労働者に与えた。言葉も通じず、日本文化や生活様式の違いが大きい日本人は、白人社会では十分に理解されないまま、やがて同化不能の民族とみなされ、激しい日本人移民への排斥、いわゆる排日運動がアメリカ社会に起きた。一九二〇年代まで日米関係は外交交渉では比較的良好だったが、排日運動が常に日米関係に暗い影を落としていた。

このような事態がみられる頃、渋沢は一九〇〇（明治三三）年を過ぎてから実業家たちを率いて海外訪問するようになった。アメリカには一九〇二（明治三五）年、一九〇九（明治四二）年、一九一五（大正四）年、一九二一（大正一〇）年と四度訪問した。とくに一九〇九年の渡米実業団では渋沢は全国の商業会議所幹部ら五〇名を率いて、三か月間、太平洋岸から東部地域まで多くの都市で様々な企業や施設を見学し、博覧会も視察して貿易促進に努め、日米実業家の人脈も確立した。アメリカの実業家たちからの歓迎を受けて、まずは互いに関心を持つようになり、アメリカ側も日本社会や日本人の実情を少しずつ理解するようになった。そしてそれが排日運動の対応にも重要であると、渋沢も訪米した実業家たちも互いに気が付いたのだった。

一方、国内でも渋沢は、各国の知日派と国内で関心を持つ者たちが集まる国際交流団体を積極的に支援して、相互理解のための活動や互いの国々の知識人の講演会などの活動に関わることになった。たとえば日米協会には、日本に滞在する外交官や実業家、学識者、宗教者らアメリカ人と日本人が一堂に定期的に会合した。渋沢も日米協会の運営に深く関与し支援した。その他、環太平洋地域の知識人らによる太平洋問題調査会（ＩＰＲ）や関係各国の政治家やエリートたちによる汎太平洋同盟（ＰＰＵ）などの活動も支援した。貿易促進だけでなく、まず国や民族を超えて、相互理解の活動を重視したのである。

しかしもし、一方的に政治的に指導的立場を求め経済的収奪を続ければ、一時的に優位を占めても、長期的には両国の発展は到底見込めない。それは渋沢がイギリスやフランスなどの宗主国とそれら植民地域の人々の姿から、訪欧や寄港地で確かめていたことは幕末の渡欧記録や『航西日記』などからうかがえる。

また、渋沢が朝鮮半島や中国に近代国家として必要な財政システムや近代産業の導入を勧めようと、中国や朝鮮半島の経済発展に支援した時の対応からも垣間見える。すなわち渋沢は、当時の変動大きな東アジアで近代的なシステムで自立できるように学校などの組織づくりも同時に目指して支援した。ただし、渋沢には同じ黄色人種で漢学の影響を受けた東アジア文化圏に生きる「同文同種」である朝鮮や中国の人々と、日本は容易に相互理解が可能と信じ、協力して事業が進められると楽観的な見込みもあったことも否めない。中国に渋沢は一九一四（大正三）年に視察訪問したが、現実には中国側の受け止め方は多様だった。長い歴史の中で中国社会では漢学に対する評価は大きく変化し、渋沢も含めて江戸時代に日本社会に広く受け入れられていたような漢学への評価とは異なっていたのである。辛亥革命後の中国内の不安定も加わり、日中の間で十分な相互理解ができたとは言い難かった。

一方、日米交流も順調ではなかった。アメリカ太平洋沿岸商業会議所や関係企業家との相互訪問、交流は渡米・訪日実業団によって繰り返され、人脈も交流も濃密に発展、継続した。一九二三（大正一二）年の関東大震災では、アメリカが膨大な義援金と物資・人員を援助してくれたが、アメリカの実業家たちも渋沢に見舞状を寄せ、多くの義援金と物資を送ってきた。震災直後の日本ではアメリカの援助に感謝して排日運動に対する対米批判は一時沈静化した。が、アメリカでの排日運動が収束することはなかった。一九二四（大正一三）年四月にアメリカで排日移民法が通過した直後の一七日、渋沢は「永い間亜米利加との関係を継続して骨を折つて居た甲斐もないと、余りに馬鹿らしく思はれ、社会が嫌になる位になつて、神も仏も無いのかと云ふ様な愚痴さへ出」（渋沢　一九六一　四三三〜四三四頁）し、渋沢はこれまでの努力を否定されたようだと、率直な感情を吐露した。だが、翌月、排日移民法は正式に成立した。そのあと日本国内では対米批判が渦巻いたなかで、渋沢は日米相互理解活動に新たな支援を始めた。

それが冒頭で紹介した「青い目の人形交流」である。両国の民間人が中心になり、日本側では渋沢の後押しによって外務省や文部省も支援した官民協力のもと全国的な交流活動となった。それまでの政治家や男性の大人を中心とした外交担当者やエリートの交流ではなく、将来を担う子供たちを対象とする交流である。それも将来母親として男子も女子も育てることになる両国の女児たちに、日米互いの人種と文化にまず関心を持ってもらうこと、そのことが互いを理解する第一歩となり、人種や言葉や文化の違いを超え、長期的に次世代にもつながる平和を作る礎となる。それが渋沢の人形に託された望みであり、人形交流に関わった日米知識人や渋沢の新たな段階の「国民」外交の一例となった。

これらの日米の民間人による交流について、渋沢雅英『太平洋にかける橋』、木村昌人『民間経済外交――一九〇五―一九一一』、片桐庸夫『民間交流のパイオニア・渋沢栄一の国民外交』などでも詳しく論じられている。しばしば渋沢の活動について、「国民外交」や「民間経済外交」といわれるのは、これらの一連の活動全体を、当時の日本政府の意向を探りつつ、渋沢が核のひとりとなって、日本、アメリカ、中国の三か国に関わる実業界の関係者たちや知識人たちが協議をしながら活動を続けていたことを指す。こうして時には「官」に対立して、渋沢は「民」から「公益」の追求をつづけた人物として描かれる。

## 3　国内中心の視点から「国際主義」へ

### 戦争による荒廃と社会の復興

では、渋沢がなぜこのように国際交流に関わるようになったのか、その背景を経済や実業家エリートの視点ではなく、一人の農民・庶民の視点や感覚からもう一度時代を振り返って考えてみたい。

一八四〇（天保一一）年生まれの渋沢は少年期を埼玉・深谷で暮らし、漢学を学びながら、家業の農業を手伝い、藍玉を売り歩いていた。しかし外国船の来航と幕末の政情不安から、尊王攘夷運動に日本中の多くの若者が関心をひきつけられたように、青年渋沢もその潮流の中にいた。なかでも朱子学の系譜にあった水戸学は漢学の中でも強く排外主義を唱えていた。水戸学の影響を受けた渋沢も高崎での挙兵を考えたものの、薩英戦争の実情と京都の状況を知り挙兵を思いとどまった。その後、渋沢は縁あって一橋慶喜に仕官し、慶喜の弟で水戸藩主の徳川昭武のパリ万博派遣と仏国留学に同行することになる。そのため、大政奉還前後、内乱が続く日本に渋沢が不在だったことは人脈から考えても幸いであった。

しかし、かつて水戸藩や水戸学への関心をもっていた渋沢にとって、戊辰戦争が終わり、明治維新政府の時代になっても、水戸藩で内乱の凄惨な殺戮と報復合戦が続いていたことは心配だっただろう。幕末以来、水戸藩地域では戦闘で田畑は荒らされ、明治の新時代を担うべき青年壮年男子の多くの武士だけでなく、農民も女子供も内乱に巻き込んだ。渋沢の一橋家への士官に尽力した水戸藩士もこの藩内抗争で殺害された。農民をはじめ庶民層は、為政者や政治に対する諦観や無関心を装うことで自らの命を守る術を身に着けるしかなかった。結局、水戸学は旧武士層出身者に尊王運動の思想的影響を与えた評価はある。が、そもそも自分の生活社会以外への関心を戒めた水戸学の思想や、旧幕府と水戸藩が対立していた心理的影響も残り、新しい中央政府の施政受け入れに遅れ、結果として近代産業の育成も非常に遅れたのは事実である。

すなわち戦争が起き、ひとたび人材と生産の基盤を壊滅的に失い、新しい社会への関心が持てないまま戦後の政治に人々が信頼を失うと、経済の回復は大きく遅れ社会停滞がいっそう続くのである。このことは古今東西、同じ状況となることはいうまでもない。渋沢はこのような連鎖を、名誉を重んじ戦いを使命としていたかつての武士の立場を理解しながら、同時に安定的に食料生産で社会を支える農民の立場からも理解していた。

しかし、渋沢は単に自分の生活する地域社会の安寧だけを考える人物ではなかった。そのきっかけは、幕末期のフランスへの渡航と滞在で、日本を出た直後の中国寄港からカルチャーショックの連続であった。このとき相手となる人間、その社会や文化を知り、理解すること、そこから新たな発想を得ることを渋沢は実際に体験した。ちなみに、渋沢の姿勢と対照的だったのが、昭武の同行者で水戸学を学んだ元水戸藩士たちである。彼らは、異国の食事や生活様式の変化を頑なに拒み、パリでも日本と同じ生活様式を貫き通したが、帰国後、藩内抗争に巻き込まれるか、新しい産業施策にも適応できず、全員没落した。

## 国際平和の実現にむけて

では、渋沢はいつからどのように平和な社会実現に関わるようになったのだろうか。経済活動を通して各国が相互に発展できると期待していた渋沢が、それだけでは十分ではないことに気が付き始めるのが、明治末期から大正時代前半にかけての一九一〇年代だった。ちょうど渋沢が実業界を引退する時期とも重なる。世紀末から一九一〇年代までに義和団事件、日露戦争、韓国併合、辛亥革命、と東アジアでは大きな変動の時期を迎え、日本も明治から大正へ変わった。とくに第一次世界大戦は、日本は直接戦場とならず戦時好況に沸き、戦後は戦勝国のひとつとして国際社会に地位を得た。

しかし渋沢は、この頃、人間社会の国際道徳が荒廃しているのではないかと案じ、一九一二（明治四五）年帰一協会を作った。また第一次大戦後に作られた歴史上初の国際恒久平和機関、国際連盟の活動を民間の立場から支援した。具体的には、各国で国際連盟の活動と精神を各国民に啓発する国際連盟協会が作られたが、日本においては渋沢が初代日本国際連盟協会会長として、国際連盟とともにその活動に期待と支援を寄せる。この協会での講演などから渋沢の平和づくりへの支援をみてみよう。

渋沢は、第一次世界大戦後の社会について、「若し戦後精神的の点に於ても何等かの進歩を見ることが無い様であるならば、文明の進歩は人類の幸福の為に禍することとなるのではあるまいか、文明の利器を用ひて相殺戮することのみを専らする様では、神が人を作つた目的に反する訳ではあるまいかと」（松田　一九三二　四〇頁）と戦争への反省を強く促す。そして国際連盟について、「勿論連盟の力を絶対とすることは出来まいが、連盟の力で戦争の起ることを予め鎮めることだけでも出来るならば是非必要なものである」（山川　一九三二　一一頁）こと、「生きた世の中に生きた人が生きた知識を以て働いて行き、然も戦はぬでも生きることが出来るといふには或る一種の方法が必要である。それには軍艦を作るよりも、台場を築くよりも、飛行器《ママ》よりも、潜水艇よりも、国際連盟が必要であるといふことは私の信じて疑はぬ所である」（渋沢栄一　一九二一　二頁）と述べた。さらに平和をもたらすための方法として、国際連盟協会が軍備縮小問題についても論じる必要があるとも述べている。とくに軍備拡張を含む富国強兵策のなかで富を築いてきた実業家が、このような軍縮を支持する発言をしていることに注目したい。すなわち、総力戦となった第一次世界大戦の反省から、戦争によって富や安定した社会を作るのではなく、人間の智恵を集めて戦争を防ごうと各国に努力をよびかける国際連盟に渋沢は強い期待を示すとともに、国民によって国際連盟協会の活動を発展させたいと渋沢が期待していたことが理解できる。

さらに、国際連盟が、経済から世界の協調を図ることを渋沢は高く評価した。「国際間の経済の協調が、連盟の精神を以て行わるるならば、決して一国の利益のみを主張することはできない。（中略）経済の平和が行われて初めて各国民がその生に安んじることができる。而して、この経済の平和は、民心の平和に基を置かねばならぬことは、申すまでもありません。他に対する思いやりがあって、すなわち、自己に忠恕の心が充実して、初めてよく経済協調を遂げ得るのであります」（渋沢　一九六一　二二二頁）と述べるこの講演は、今もＣＤから渋沢の声で聴くことができる。しかし国際連盟の理想は、東アジアでは満州事変によりあえなく消えることになる。満州事変から二か月もたたないうちに渋沢もこの世を去り、国際協調の実現をみることはなかったのである。

渋沢の関与したすべての企業が順調に成長したわけではないのと同様に、いやそれ以上に、政治外交、国際関係にかかわる活動が順調に成功した、と結論付けることは残念ながら難しい。

例えば、渋沢の生きた時代、中国や朝鮮半島との関係は、それぞれの地域の当時の不安定な内政に、列国の利害や権益が絡み、政情は激しく変動した。これに日本政府や関係者、財界人らも絡むため、渋沢の活動の評価も様々に左右される。現地側の史料も散逸するなど厳しい状況ではあるが、現在もなお史料発掘がおこなわれ研究が進んでいる。今後も東アジアと渋沢に関する研究は進められていくだろう。また近年、国内における軍事史研究も新たな研究視点や新史料発見から、近年急速に研究が進んでいる。渋沢に関しても、渋沢と軍と日本社会の関係についての研究はまだ少ない。が、当時の日本社会の実態を考えると、これからも学術的に様々な視点から研究が進められていくだろう。

議論は尽きないが、渋沢は平和な国際社会の実現にむけて様々の活動に関わったことがわかるだろう。現在、世界で起きている様々な状況をみるとき、国際社会の間の軋轢が徐々に高まる時期の渋沢の苦い経験から、私たちは学ばなければならないことがたくさんある。その第一歩は、渋沢の語った「公平なる見識を持ち社会の光明面と暗黒面を比較し、その孰に与すべきかを商量する」ことであり、「国民も亦国民たるの責任を重んずる」（渋沢　一九六八　一〇～一一頁）という言葉を、現代の私たちも改めて考えていきたい。

**引用・参考文献**

飯森明子『戦争を乗り越えた日米交流――日米協会の役割と日米関係　一九一七―一九六〇』彩流社、二〇一七年。

――『国際交流に託した渋沢栄一の望み――「民」による平和と共存の模索』ミネルヴァ書房、二〇一九年。

片桐庸夫『太平洋問題調査会の研究――戦間期日本ＩＰＲの活動を中心として』慶應義塾大学出版会、二〇〇三年。

――『民間交流のパイオニア・渋沢栄一の国民外交』藤原書店、二〇一三年。

木村昌人『日米民間経済外交――一九〇五―一九一一』慶應通信、一九八九年。

――『財界ネットワークと日米外交』山川出版社、一九九七年。

見城悌治編著『帰一協会の挑戦と渋沢栄一――グローバル時代の「普遍」をめざして』ミネルヴァ書房、二〇一八年。

国立国会図書館参考書誌部編『井上馨関係文書目録』国立国会図書館、一九七五年。

是澤博昭『青い目の人形と近代日本――渋沢栄一とＬ・ギューリックの夢の行方』世織書房、二〇一〇年。

渋沢栄一・杉浦愛蔵共著『航西日記』、渋沢青淵記念財団竜門社編纂『渋沢栄一伝記資料　一巻』渋沢栄一伝記資料刊行会、一九五五年、四六二〜四七一頁。

渋沢栄一「軍備縮小と日本の将来」『国際連盟』一九二二年一一月号、一〜三頁。

――述、小貫修一郎編『青淵回顧録　上巻』青淵回顧録刊行会、一九二七年。

――「御大礼に際して迎うる休戦記念日について」（一九二八年一一月一一日ラジオ放送）、渋沢青淵記念財団竜門社編纂『渋沢栄一伝記資料　三七巻』渋沢栄一伝記資料刊行会、一九六一年、二二一〜二二三頁。

――「青淵百話」、渋沢青淵記念財団竜門社編纂『渋沢栄一伝記資料　別巻六』渋沢栄一伝記資料刊行会、一九六八年、八〜一三頁。

渋沢雅英『太平洋にかける橋』読売新聞社、一九七〇年。

松田道一「協会創設当時の回顧と故渋沢翁」『国際知識』一九三二年二月号、三九〜四一頁。

簑原俊洋『アメリカの排日運動と日米関係――「排日移民法」はなぜ成立したか』朝日新聞出版、二〇一六年。

山岡道男編著『太平洋問題調査会（一九二五―一九六一）とその時代』春風社、二〇一〇年。

山川端夫「渋沢前会長の追憶」『国際知識』一九三二年二月号、九〜一三頁。

# 第一〇章　社会と福祉の視点から

稲松孝思

大学紛争直後の一九七二（昭和四七）年、私は医師として東京都養育院附属病院に就職した。郷里・金沢の大学医学部卒業後は、村上元孝教授の内科に入局するつもりだったが、村上先生は、東京に新しく出来る高齢者対象の病院に移り、将来に向けての老人病学を創るという話になった。そこで私は方針転換、研修医として村上先生について上京することにしたのである。

池袋に近い板橋の大山には、一一階建ての新築の附属病院（七〇〇床）のほかに、養育院本院、老人総合研究所、養護老人ホーム（定員七六〇床）、特別養護老人ホーム（三〇〇床）、看護学校があった。この板橋のほかに、東村山に老人ホーム（約一三〇〇名）、千葉県に障害者施設二か所（約六九〇名）。その他都内と静岡県に老人ホーム三か所（二七〇床）があった。総定員四〇〇〇人弱の利用者があり、全体を東京都養育院が管理していた。

渋沢栄一が養育院院長であった昭和初期のころは、東村山、千葉、静岡の施設はないが、このほかに巣鴨分院、安房分院、井の頭学校があり、総定員が二〇〇〇人前後の日本最大の公的福祉・医療施設であった。

東京都養育院附属病院の敷地内には大きな渋沢栄一の銅像があったが、先輩達は「悪しき資本主義の権化」という印象を強くもっていた。また、私自身も、日本の社会福祉の草分けとも言える養育院や、その運営に貢献した渋沢栄一の功績について知ったのは随分時間がたってからのことである。

ともかく、新しく出来た村上先生の病院で、医師としての第一歩を記すつもりであったのが、とんでもない古い伝統のある病院に来てしまったことに、些か驚いた次第である。これが私と養育院との出会いのはじまりである。

## 1　養育院史への取り組み

### 養育院の一〇〇年と私

一九七二年は、一八七二（明治五）年に養育院が創られてから一〇〇周年にあたり、当時の皇太子（現・上皇）ご夫妻が参列される記念式典が開かれた。また、『養育院百年史』が編纂され、その編集に当たったのが、社会福祉の領域で活躍中の、日本女子大学の一番ヶ瀬康子であった。彼女は若手研究者と泊り込みで、養育院側で準備した資料に当たり、百年史を完成させた。それまでの『六〇年史』、『八〇年史』と比べると、時代を反映して、美濃部都政風な味付けがしてあった。

一番ヶ瀬は編纂作業の中で、養育院運営をはじめとする、日本の社会福祉における渋沢栄一の功績

**図9**　養育院本院碑と養育院内の渋沢栄一の銅像
（東京都健康長寿医療センター）

出所：筆者撮影。

に気づいた。しかし、ある媒体でそのことを取り上げた際、当時の研究者たちから「資本主義者を持ち上げる怪しからん奴だ」といわれたそうである。当時、福祉史の研究者たちの共通認識は、「渋沢栄一は資本家の悪事を糊塗する慈善家」と言う位置づけであった。

私自身は、附属病院と老人ホームの間をうろついて、医師としての一通りの研修をうけた。年に一度の利用者健康診断のため、千葉県や都内の養育院施設へ動員されたが、おかげで養育院施設を利用する高齢者や障害者の全体像が把握できた。その後、高齢者感染症の諸問題を扱う内科医として、診療や学会活動などを続け、感染症科の医長を拝命した。高齢者における感染症の治療と予防、多剤耐性菌対策、抗菌薬の副作用、院内感染対策などが私の課題であった。

また、長年勤務するなかで、病院名が「東京都養育院付属病院」から「東京都老人医療センター」に変わり、扱う対象患者も、施設老人から一般都民の高齢者に変貌していき、現在は「地方行政独立法人東京都健康長寿医療センター」という長い名前になった。感染症科部長として診療や学会活動で多忙な中、五三歳のときに小脳梗塞を煩い約三か月入院した。書字障害、小脳失調症状などで苦しんだが、医師から患者の立場に所を替えてリハビリテーションに励んだ。その後、医療の現場に復帰したが、いろいろな障害をかかえながら、仕事を続けている。

## 養育院史への取り組みと課題

患者体験を通して、医師としてのそれまでの人生を振り返り、少し違ったことをやってみようと思った。改めて施設の庭にある渋沢栄一の銅像を見つめ、「近代医学史における養育院と渋沢栄一」という課題を設定してみた。また、「養育院の医療百年」という内部資料に遭遇、身寄りのない恵まれない人たちのお世話をしてきた医療者について思いを致す機会にも恵まれた。これまで、日本の近代医学史の中で、あまり検討されてこなかった養育院の歴史について、いくつかの私なりの発見があり、それ以来、養育院の歴史に深入りしている。折しも、東京都の組織改編で、養育院組織は解体された。また、老人医療センターは二〇〇九（平成二一）年に、地方行政独立法人東京都健康長寿医療センターへと名前と組織を変えた。公立病院の採算性を改善しようという流れの中でのことである。病院を建て替えることになったが、その際に病院の歴史コーナーを作ることを要請された。このことも養育院の歴史を見直す大きなきっかけとなった。

二一世紀に入って、社会主義は理想化されなくなり、資本主義の見直しがなされる一方、グーグルなどのGAFAの跳梁、貧富の差の拡大が指摘されるようになり、経済人の社会貢献、富の再配分、社会の持続可能性などについて新たな視点から語られるようになった。渋沢の提唱する『論語と算盤』や、公益を重んじる姿勢に対する評価が増しており、一番ヶ瀬のあとの渋沢の社会事業的貢献に対するアプローチとして、一九九九年に『新時代の創造　公益の追求者・渋沢栄一』が出版され、長沼友兒、山名敦子、金澤貴之、平井雄一郎らが論陣を張っている。また、二〇一一年に大谷まことは渋沢の社会事業への貢献を評価する大著『渋沢栄一の福祉思想――英国との対比からその特質を探る』を出版している。いま私は、その後を詰めていこうという心づもりで取り組んでいる。しかし、黎明期の養育院史における大久保一翁の役割、薩長史観で塗り固められた幕末・維新史の見直し、養育院の戦中・戦後史、ハンセン病隔離政策、美濃部・石原都政における養育院の改編など、課題は多い。

## 2　黎明期の養育院と東京府病院

### 養育院を作ったのは誰か

養育院は渋沢栄一が創設したと誤解している人が多いが、本人は講演の中で明確に否定している。

そして、渋沢は誰が創設したかについてはふれず、晩年の聞き語りでは、ロシアの皇子が来日するに当たって、治安上の問題から街の浮浪者を収容したという話を強調する。また、養育院は、江戸時代に松平定信が寛政の改革の中で設立した、救荒対策のための町会所と七分積金を利用してできたことから、白河楽翁（松平定信）に大変感謝していると繰り返し述べている。しかし、いろいろ調べてみると事情は少し異なるようである。

寛政の改革の中で、七分積金・町会所の集金システムと籾蔵の運用、佃島の人足寄場（浮浪者の授産）、浅草溜・品川溜（傷病犯罪者の収容）が運営され、この時期の江戸の福祉政策の肝となった。七分積金・町会所制度で蓄積された救貧資産は、幕末までに巨額に上り、江戸開城後、明治維新政府（東京府）に引き継がれ、まだ維持されていた町会所によって一八六九（明治二）年～一八七〇（明治三）年、芝、高輪、麹町に設けられた臨時の救育所の運営に充てられた。

誕生したばかりの明治維新政府においては、薩長閥のみでなく、福井藩の松平春嶽、宇和島藩の伊達宗城らの公武合体派の諸侯も大蔵卿、外務卿などの立場で政権の中枢に位置していた。これらの諸侯は、幕末の幕府海防係、外国奉行などを務めた大久保忠寛（一翁）とは深い関係にある。由利公正は幕末の福井藩で、藩札と商法会所で成果をあげ、松平春嶽の政治活動を支えた。彼は明治維新政府の財政家として、福井藩における成功体験を国家レベルに引き上げ、太政官札を発行し、各藩に貸与して明治初めの国家財政を支えようとした。しかし、太政官札の信用が薄く、正金に割り引く動きが頻発し、必ずしもうまくいかなかった。渋沢は静岡藩に割り当てられた太政官札の運用を大久保に任されて商法会所を運営した。このとき、正金への割引について政府財政当局の抗議を受けている。この直後、渋沢は、時の外務卿伊達宗城の秘書・郷純造から誘いがあり、徳川慶喜や大久保に背中を押されて上京、大隈重信に説得されて政府に任官することになる。

### 営繕会議所・共有金による養育院の設置

由利公正は一八七一（明治四）年に第四代東京府知事に就任しているが、折からの銀座の大火災に遭遇し、銀座の不燃レンガ街化、街灯の設置を試み始めていた。また、引き継いだ七分積金を共有金として、東京バンクを作る計画であった。しかし、翌年に、時の大蔵大輔・井上馨（その部下に渋沢栄一がいる）に大反対され、しかも岩倉使節団に加わって洋行したため、予定は頓挫してしまった。井上はこれらの資産を公共事業にも使用できるように町会所を富豪からなる営繕会議所に、七分積金を共有金に変更した。

また、由利の外遊中に、廃藩置県後に静岡から上京した大久保一翁が、第五代東京府知事に任命された。大久保は、営繕会議所に救貧策を諮問し、（一）人材派遣会社、（二）作業所建設、（三）働くことができない者を収容する恒久施設建設の「救貧三策」の答申を得た。これらを行うための恒久施設が「養育院」である。養育院の建設地として数か所検討されたが、最終的に上野の護国院の一部（現在は東京藝術大学のキャンパスがある）を買い取って建てることとなった。

一八七二年一〇月、ロシアのアレクセイ大公を国賓として迎えるにあたり、接待の責任者は伊達宗城であったが、同月一五日、市中の浮浪者を本郷の加賀藩上屋敷跡の空き長屋に仮収容し、四日後に事務所のみを残して収容者は浅草溜にうつした。一八七三（明治六）年二月に上野の養育院恒久施設が完成し、本郷の事務所、浅草溜の浮浪者は上野の養育院に移された。このような事情で、本郷での事業開始が養育院事業のはじまりとされる。一八七三年二月に、上野の養育院恒久施設が完成し、大久保一翁東京府知事が視察している。養育院は、困窮者を収容保護することを目的に設立された営繕会議所による公的施設であるが、収容者の生活規範を規定した「養育院掟書」が作られた。大久保府知事は、視察後に、「養育院掟書」の冒頭に、以下の言葉を付け加え、収容者一人ひとりに手ぬぐいを配っている。

人の万物に勝れたるは、相親しみ相助くるの心あるゆえなれば、常に我が身に費やす衣食住の世の恵みにむくわんと心がけ、何業なりとも世のためとなるべきこと、勤めて怠るまじき事。

人間の助け合い精神の重要性を述べたものであり、以後永く、養育院運営の基本指針となっている。大久保知事の養育院に対する思いが伝わる話である。

## 養育院と東京府病院

上野の養育院開院に先立って、東京府病院の開院予定を公布しており、福祉施設の養育院と近代病院をセットにして考えていることが伺われる。病院は当初、営繕会議所のある八丁堀に予定されていたが、その後何らかの事情で、芝愛宕下に皇室の下賜金一万円を原資に立ち上げている。佐藤泰然の皇室下賜金による病院建設の建白書の影響もあろう。米人内科医アルバート・シドニー・アシュミード・ジュニア、ついで英人外科医チャールス・マンニング、蘭人内科医シャルコー・ウイーベンガー・ブーケマを高給で雇用する近代的教育病院である。当初は院長に岩佐純が就任予定だったが、坪井信良院長、牧山修卿副院長、織田和泉事務長の体制で、一八七四（明治七）年に運用が開始された。詳細は後述するが、ポンペ・ファン・メーデルフォールトが長崎に作った幕府営の長崎養生所の江戸版、幕末にアントニウス・フランシス・ボードウィンの協力で計画された江戸病院の実現ともいえる。

養育院・東京府病院の設立に尽力した大久保一翁とは、幕末・明治の徳川家を支えて、数奇な運命をたどった大久保忠寛の隠居名である。大久保は黒船来航後、安政の改革の中で、老中・阿部正弘に海防係に抜擢された三河以来の若手旗本で、勝海舟を見出し、育てた人である。

一八五七（安政四）年の蕃書調所総裁の際、幕閣に『病幼院創設意見』を提出している。七分積金のような財政計画による大型の西洋式福祉施設・病院の建設案であるが、幕末維新の政局の中で沙汰止になっている。また、徳川家茂将軍の御側御用を務めていた折に、（慶喜の大政奉還の五年前）、朝廷が開国を認めないなら、大政を奉還し、諸侯会議で国是を決めることを唱えたが、身分不相応の発言と、将軍後見職徳川慶喜らに更迭されて隠居、「一翁」を名乗った。ところが徳川慶喜は鳥羽伏見戦争後、彼を幕府の幕引き役に登用し、会計総裁・若年寄として、江戸開城の実務を取りしきり、七分積金の蓄積金制度も維新政府に引き継いだ。その後大久保は、四歳の徳川家達を当主とする駿府・静岡藩の立ち上げに中老として尽力する。廃藩置県後、静岡県参事に任命されたが、すぐに辞め、家達と共に上京、文部省高官（二等出仕）、次いで明治維新政府は江戸の治安を託して、大久保を東京府知事に任命、そして養育院・東京府病院を設立するのである。

ちなみに、東京府病院の院長・坪井信良は、越前藩医、将軍の奥医、静岡病院頭取並という経歴の医師である。その後を継いだ長谷川泰は、長岡藩医、東京医学校、精得館（長崎養生所）館長という経歴である。副院長の牧山脩卿は咸臨丸船医、西洋医学所頭取であり、事務長に織田和泉（旗本↓静岡藩中老）が就いた。幹部はいずれも旧幕府系の人である。

養育院の医師は東京府病院からの派遣という形となり、働くことができる養育院収容者は東京府病院の雑務に雇われている。すなわち、黎明期の養育院・東京府病院は、大久保にとって、安政の改革時代、蕃所調所総裁時の夢の実現であったといえよう。

### 渋沢栄一と養育院

渋沢栄一が養育院に直接関与したきっかけは、一八七四（明治七）年に東京府知事・大久保一翁に共有金取り締まりを託されたことである。このとき渋沢は改正掛長などで辣腕をふるった新政府を退官し、第一国立銀行の立ち上げに奔走している時期であるが、営繕会議所においては街灯建設のためのガス局と養育院局を並行して担当している。共有金を使い切ると、養育院事業、ガス灯建設事業は東京府に移管され、会議機能は東京商法会議所へと模様替えしてゆくことになる。当時東京府が負担している公共の病院・施設はこの両者のみであり、病院には養育院の三倍ほどの費用がかかっている。「貧しい人に税金を使うのは、怠け者を増やすだけだ」などと、議会では養育院廃止論議が盛んに行われた。渋沢は、養育院廃止論に反論するも抗しきれず、それではと、委任経営により養育院の存続を図った。

一方、東京府病院は、旧幕府系医師らが運営し、お雇い外国人医師を擁する近代的教育病院であったが、一八八〇（明治一三）年、機能を縮小して施療病院に、ついで伝染病患者のみを収容する避病院となり、翌年には廃院となった。同年、高木兼寛らの有志共立東京病院に払い下げられ、のちに東京慈恵会病院に発展してゆく（払い下げ金は養育院の運営基金に充当された）。

渋沢は一八七六（明治九）年に養育院事務長に着任、一八七九（明治一二）年からは養育院長として次第に運営に深く関わるようになっていく。一八八五年、養育院に対する税支出が停止されると、渋沢は委任経営の形で養育院の経営を引き受け、その存続を図った。養育院委員会を立ち上げ、寄付やバザーなどで資金源を補った。養育院の医療を担当する医長は東京大学医学部の教授、または助教授を併任させ、東京大学医学部の研修医を中心に運営させたほか、運営委員に軍医総監・橋本綱常、元外務卿・伊達宗城や松平教敬の入っていることも注目される。渋沢は、依然として、養育院の税による運営を求め続けたが、一八八九（明治二二）年に養育院は東京市営となり、渋沢自身が東京市の委託職員・養育院長として運営責任を持つことになった。一八八九〜一九三一年、東京市営に変わってからも、院資増殖会を立ち上げ、皇室、財産家、大商人のみならず、庶民にも一紙半銭の浄財を求めつづけ、養育院の維持拡大に尽力している。

渋沢は多忙ながらも、毎月一回、松平定信の月命日に養育院を必ず訪問した。子供たちにお菓子を配るなど、養育院収容者に接するとともに、施設の実運営に当たる幹事の安達憲忠、田中太郎らと福祉論議を交わしている。また、幹部らは渋沢を追って、自宅や事務所に頻繁に相談や報告に訪れていたようである。

また、看護婦養成所の卒業式にはほぼ毎年出席したほか、養育院の職員や子供達を自宅に招くなど、私財の寄付を遥かに超える交流を重ねている。一九三二（昭和七）年の葬儀では、一般会葬者の献花や香典は固辞したが、養育院の子供達の手紙は霊前に山となって供えられたという。養育院と渋沢栄一はそのような関係だったのである。なお、大谷まことは、渋沢が政府の改正掛のとき、井上馨の部下として、七分積金の用途拡大を図るとき、本来用途の救貧も考慮していた可能性を指摘している（大谷　二〇一一　一二九頁）。

### 養育院幹事——安達憲忠と田中太郎

渋沢は、超多忙な経済活動の合間に養育院を訪れることはできたとしても、巨大な組織を一人で運営するのはやはり困難を伴う。養育院の実質的運営を行っていたのは誰だろうか。初めのころは、元武士気質の職員が対応しているが、事務的な対応であった。しかし、安達憲忠が幹事として働き出すと事態は急速にかわってくる。

安達憲忠は岡山県生まれで、一〇歳の時に母親と死別し、天台宗寺に修行に入り、僧籍をとった人である。藩校などで勉強する過程で、民権運動に加わるようになり、岡山県の民権運動四天王の一人と呼ばれていた。過激な活動家で、一時、逮捕を恐れ、爆弾を隠し持って福島で過ごしたが、思うところあって、一八九二（明治二五）年に東京府の吏員となった。養育院勤務前は、今の井の頭公園で植樹作業の監督をしており、同園のサクラは彼の手によるものだという。東京府に勤務後、縁あって東京慈恵医院看護婦教育所の看護学生2回生の林徽音と結婚した。

また、この頃、慈恵医院の院長・高木兼寛は、東京慈恵会病院看護婦教育所に在学中の那須セイと拝志ヨシネをロンドンのナイチンゲールのいるセントトーマス病院に留学させている（一八八七（明治二〇）年七月二四日～一八八九（明治二二）年一一月二二日）。この拝志ヨシネが安達の新妻の徽音であり、安達は新妻に留学を勧めたという。日本で初めて西洋の看護学を学んだ拝志ヨシネは三年後に帰国し、東京慈恵医院で後進の指導にあたった。この頃、安達は渋沢に紹介されたが、養育院が委任経営になった時期であり、渋沢は三時間以上、養育院のことについて語ったという。もろもろ拝聴し、思うところあって養育院務めとなった。憲忠は養育院幹事として働き、夫婦で医療・福祉業務に邁進したのである。甥で養子となった大寿計の語るところによれば、多忙を極めたが、休日は夫婦仲良く過ごしたようである。しかし、ヨシネは結核に罹患し、夫の必死の介護の効なく、二五歳の若さで亡くなっている。この出来事が安達の人生に大きな影響を与えたことは想像にかたくない。

安達の養育院幹事としての初めの仕事は、幼童世話係に、会津の瓜生岩子を呼んだことであった。その後、養育院月報に、筆名「愚仏」で、江戸時代以前の福祉政策、七分積金論、貧乏論などを論じ、渋沢の福祉論の先生的役割を果たしている。養育院における、孤児、不良少年、結核やハンセン病患者の分別処遇のための病室建設などで大きく貢献した。

また、社会事業家との交流を渋沢につなげる役割を果たしている。彼の養育院幹事時代における渋沢との二人三脚振り、また容貌が似ていることから栄一の隠し子ではないかと噂されるほどであったという。渋沢の意を汲んでよく実務に当たったが、一九一九（大正八）年、不当な内部告発での混乱の責任を取り退職した。以後、二宮尊徳の顕彰運動などを行っている。

田中太郎は政府の統計を専門としたが、著書『犯罪救治論』を目に留めた渋沢が、一九〇一（明治三四）年に『東京市養育院月報』の創刊を依頼した。田中は月報の発行を引き受けたが、無髯子の筆名で、多くの論考を書いている。福祉関係の雑誌の殆どない時代、全国の関係者に読まれたという。一九〇九〜一九一〇年に渋沢の援助により欧米の福祉施設の視察している。一九一九年からは安達憲忠の後を受け、養育院幹事を務めるなど、渋沢の手足となって働いた。渋沢の死後、後を託されて養育院長となったが、四か月後に悪性腫瘍のため亡くなった。

安達や田中が活躍した時代は、東京大学内科助教授との兼任で医療の責任者・養育院院医長を勤めた入澤達吉がいた。また東京大学病理学教室の山極勝三郎教授から派遣された光田健輔らも活躍。彼らのとの論議の中で、結核、ハンセン病、感化教育に関する論議が深められ、巣鴨分院、井の頭学校、安房分院、板橋分院、全生園などへの分別処遇が行われ、養育院の大幅な発展の時代が開かれた。大正デモクラシーに興味を持つ何人かの養育院職員は、施設運営の実務の中で、社会活動家との交流もあり、彼らとの論議が渋沢を社会事業家として育てたとも言えよう。

## 銅像建立

養育院は、次第に機能を分化させながら発展していった。癲狂院→巣鴨病院→都立松沢病院、巣鴨分院→石神井学園、井の頭学校→萩山実務学校、養育院回春室→全生病院、安房分院などに分化発展し、関東大震災後の一九二三（大正一二）年には本院を板橋に引っ越した。いずれの施設にも渋沢は生涯深く関わり続け、養育院は渋沢の代表的な社会（慈善）事業となったのである。

板橋への引越しが一段落したとき、長年の養育院に対する渋沢の貢献に対し、市民の寄付による巨大な銅像の建設が計画された。本人は「また雨ざらしか」と嫌がっていたのだが、「この銅像は、終始、渋沢の念頭を離れない養育院の構内に、百年の後も永久にこれを守護せんとする渋沢子爵の魂魄のため、定住所をお作りするのだ……」と説得、「養育院のため……」と言う一言に初めて承諾されたという。一九二五（大正十四）年に行われた除幕式では本人が銅像の前でお礼を言っている。

## 3　渋沢栄一の社会事業と養育院

### 渋沢栄一の全活動と社会事業

渋沢栄一は、金融、会社経営などの経済活動だけで、常人を遥かに超える多くの仕事を行っている。これらと並行して、社会福祉事業、商業教育、女子教育などの教育事業にも深く関わり、多方面での活躍が見られる巨人である。論者の視点によって様々に姿を変え、将に群盲象を撫でる風情であるが、本節では渋沢栄一の社会事業への貢献についてのべてみたい。

彼の行動は、渋沢青淵記念財団竜門社編纂の『渋沢栄一伝記資料』（全五八巻）にまとめられている。電子化もされており、検索が容易になっている。『渋沢栄一伝記資料』には、渋沢が関与した多数の福祉・医療関係、慈善事業についても記載されているが、設立や運営に深く継続的に関わったものから、求めに応じてなされた会合での挨拶や、小額の寄付についてなど、細かなことまで掲載されている。こちらをもとに、渋沢がそれぞれの社会福祉事業に携わりはじめた時期をまとめたのが表4である。養育院は既に述べたように、渋沢栄一が最も早い時期から、生涯にわたって深くかかわったものであり、渋沢にとって最もかかわりの深い施設である。

**表4**　渋沢栄一の社会福祉事業の開始時期

| 社会福祉事業名 | 開始年 |
|---|---|
| 養育院 | 1874（明治７）年 |
| 福田会 | 1879（明治12）年 |
| 日本赤十字社 | 1880（明治13）年 |
| 同愛社 | 1884（明治17）年 |
| 岡山孤児院 | 1899（明治32）年 |
| 東京慈恵会 | 1907（明治40）年 |
| 中央慈善協会 | 1908（明治41）年 |
| 恩賜財団　済生会 | 1911（明治44）年 |
| 救世軍 | 1912（明治45）年 |
| 日本結核予防協会 | 1913（大正２）年 |
| 聖路加国際病院 | 1914（大正３）年 |
| 埼玉育児院，泉橋慈善病院，滝野川学園 | 1917（大正６）年 |
| 社会事業協会 | 1921（大正10）年 |
| らい予防協会 | 1930（昭和５）年 |

出所：筆者作成。

## 明治一〇年代に渋沢の関わった社会事業

渋沢栄一が明治一〇年代に関与した福田会《ふくでん》、日本赤十字社、同愛社などの共通点は、幕末の一八六七（慶応三）年の第二回パリ万博参加のための徳川昭武遣欧使節団に参加した杉浦譲、高松凌雲、Ａ・シーボルト、佐野常民などが関与していることである。

渋沢は、使節団の庶務・会計係として、また高松凌雲は幕府医師、杉浦譲は外交官、Ａ・シーボルト（有名なＰ・シーボルトの長男、楠本イネの異母弟）は通訳としてこの使節団に加わっている。

また佐野常民が佐賀藩からパリ万博に参加している。この万博では、アンリー・デュナンが、万国赤十字運動の初めての展示館を作り、広報に尽力している。佐野常民はこの経験が、一八八〇（明治一三）年の西南戦争の折、大給恒とともにのちに日本赤十字社に発展する博愛社を設立した動機であると述べている。

高松凌雲は帰国後の箱館戦争時に榎本武揚軍に加わったが、箱館病院での診療において、敵味方の別なく戦傷者を扱い、赤十字思想を日本で初めて体現した医師と評価されており、吉村昭の小説『夜明けの雷鳴』にも取り上げられている。高松は明治政府に仕えることを潔とせず、市井の医師として、同愛社（一八八四〈明治一七〉年に開設された無料診療施設）を設立しているが。渋沢は幹事、協議委員、賛成員として長く協力している。

福田会は、杉浦譲が設立に関与した仏教系の乳児院であるが、渋沢は、会計監督を嘱託されている。渋沢と杉浦は畏友で、二人でヨーロッパ滞在中の記録『航西日記』を著している。政府の改正係でも一緒に仕事をしている。また通訳として加わっているA・シーボルトは、のちに青木周蔵外相の下で、ヨーロッパにおける条約改正に日本政府のお雇外国人として貢献しているが、一八八六年、ジュネーブ条約にアジアの国として初めて日本が加盟することに努力している。いずれも第二回パリ万博参加時に渋沢と行を共にした人たちであり、その人間関係と渋沢の財務能力を頼ったのであろう。

### 明治三〇年代に渋沢が関わった社会事業

明治三〇年代以降に渋沢が関与したものに、岡山孤児院（一八九九〈明治三二〉年、石井十次）、感化院関係（一八九九年、留岡幸助）、救世軍（一九〇七年、山室軍平）がある。石井十次、留岡幸助、山室軍平らはいずれも岡山のクリスチャンの社会事業家である。渋沢自身は特定の宗教に肩入れしている気配はない。これらの支援は月に一～二回養育院を訪れた時、また安達や田中が渋沢邸に相談に訪れたとき、社会事業の実践的論議を交わす中で生まれた社会事業家への共感に基づくものであろう。

## 明治四〇年代～大正期に渋沢が関わった社会事業

東京慈恵会医科大学は一八八一年に高木兼寛、松山東庵らが、福沢諭吉の応援を得て、英語系医学教育を目指して設立された成医会講習所に端を発する。同年に廃院になった東京府病院の払い下げを受けて事業を拡大し、有志共立東京病院（有栖川威仁親王総裁）を開設した。当初から渋沢栄一の妻子である兼子や歌子がバザーなどで支援している。一九〇七年に渋沢が東京慈恵会（有栖川慰子親王妃総裁、徳川家達会長）を設立したことで財政基盤が定まり、以後の発展につながった。なお徳川家達は慶喜のあとの徳川宗家で、大久保一翁と縁が深く、後述する聖路加国際病院の支援にも関係している。

「恩賜財団　済生会」は現在四〇都道府県に展開する日本最大の社会福祉法人となっているが、一九一一（明治四四）年の天皇の「済生勅語」に従い、桂太郎総理の主導で作られたもので、日露戦争後の生活困窮者の増加、大逆事件といった社会不安を背景に、全国的に病院や診療所などを展開したものである。政策的な社会事業活動であり、医師代表として中央病院の院長に北里柴三郎、経済人代表として渋沢栄一が名を連ねており、渋沢は全国的で各界にわたる募金運動の中心的役割を果たすことになる。国家の福祉政策の側面援助という役割が指摘されている。

聖路加国際病院は一九一四年に、米人牧師ルドルフ・トイスラーが設立したもので、その発展に渋沢の援助が貢献している。渋沢は一九一四年七月より聖路加国際病院の評議員副会長と会計監督に就任、以来亡くなるまで評議員長と委員長を務め、関東大震災や、火災で病院が被害を受けた際に支援している。一九二八（昭和三）年、病院の事業拡張に際し、米国の支援者から寄付金を募るトイスラーを支援し、徳川家達揮毫の記念碑が建てられている。

また、この頃は米国の排日土地法、移民法制定への動きがあり、渡米実業団、下田のハリス顕彰碑、青い目の人形交流、対米対策としての日本のハンセン病対策整備、太平洋問題調査会（ＩＰＲ）活動など、渋沢が一連の対米民間外交を行っていた時期であることが注目される。

## 富の社会還元と持続的発展

古希の時、渋沢は、大部分の会社運営を後人に託し、喜寿になってからは第一銀行からも手を引き、社会活動のみを行ってゆくことになる。また、中央慈善協会などの組織運営にも関わるなど、単に経済界の代表として名前を連ねるのみなのではなく、実質的にも大きな役割を果たしてゆくことになる。

その中核になるのは、一九〇八（明治四一）年の中央社会事業協会である。全国社会福祉協議会、社会事業協会などと発展しながら名前を変え、雑誌『慈善』を発刊するなど、日本の社会事業活動の中心的役割を担っていくことになる。

また、大正・昭和前期に、財界の重鎮として、東京感化院慈善会（一八七九年）、日本結核予防協会（一九一三年）、東京府社会事業協会（一九一七年）、全国救護事業会議（一九二八年）、らい予防協会（一九三〇年）、仏眼協会（一九三一年といった、各種福祉施設協議団体の要職を務めている。このことは政界、財界にひいては、法律、行政にも強い影響力を持つことになる。

以上、社会事業に関わる渋沢栄一の行動を見てみると、財産家の気休めの寄付行為をはるかに超えていることがわかる。財産家の蓄財、豪華な別荘生活、美術品のコレクションなどには無縁である。社会の繁栄から取り残された人々への思いは、個人的なものにとどまらず、富裕層への富の再配分を求める行為に結びついてゆく。経済人の富の社会還元をとおして、社会全体の持続的発展を願う渋沢の思いが伝わってくる。その背景には、母親譲りの隣人愛、養育院の実務を介しての孤児・窮民対策、松平定信や大久保一翁の思いを引き継ぐ社会に対する責任感を感じることが出来る。

今日、コンピュータの進歩によるインターネットや人工知能の著しい普及が、産業構造、労働・雇用構造を激変させ、富の偏在をもたらしている。また、気候変動にともなう、大災害の多発も予測され、人間社会にさまざまの新たな問題を引き起こすことが予測される。その際、幕末・維新から昭和初めまでの変転極まりない日本社会の全体の利益を考え、相互扶助・協力に重きを置く渋沢栄一の生き様には、考えさせられることが多い。世界的に今日的フィランソロフィーのあり方が問題になっている時考慮すべき課題である。

## 引用・参考文献

安達憲忠『東京市養育院の沿革及実況現況』東京市養育院、一八九六年。

安藤優一郎『江戸の養生所』ＰＨＰ新書、二〇〇五年。

稲松孝思「目付海防掛（蕃書調書総裁）大久保忠寛の「病幼院創立意見」安政四年（一八五七）について」『日本医史学雑誌』五七巻二号、二〇一一年、一九九頁。

――――・松下正明「大久保忠寛の「病幼院創立意見」（安政四年）と東京府病院（明治六～一四年）について」『日本医史学雑誌』五八巻二号、二四頁。

江戸旧事采訪会「大久保右近将監病幼院意見書」『江戸』二巻三号・七号、一九一五年、四七～六二頁。

大久保一翁著、勝安芳編『櫻園集』一八九二年。

大谷まこと『渋沢栄一の福祉思想――英国との対比からその特質を探る』（ＭＩＮＥＲＶＡ人文・社会科学叢書）ミネルヴァ書房、二〇一一年。

金澤貴之「障害児教育――東京養育院を事例として」、渋沢研究会編『新時代の創造　公益の追求者・渋沢栄一』山川出版社、一九九九年、二九四～三〇六頁。

東京市養育院編『養育院六十年史』東京市養育院、一九三三年。

――――編『養育院七十年史』東京市、一九四三年。

――――編『養育院八十年史』東京都養育院、一九五三年。

――――編『養育院百年史』東京都、一九七四年。

――――編『養育院百二十年史』東京都養育院、一九九五年。

『東京市養育院月報　復刻版』（全三一巻）不二出版、二〇〇八～二〇〇九年。

『東京都養育院月報　復刻版』（全一三巻）不二出版、二〇一六～二〇一七年。

東京都総務局「七分積金始末」『東京都史紀要　八』一九五一年。

――――『東京市史稿　救済編　四』臨川書店、一九七五年。

東京都老人医療センター管理課編『東京都老人医療センター三六年の軌跡』東京都老人医療センター管理課、二〇〇九年。

渋沢栄一『回顧五十年』東京市養育院、一九二二年。

――――「米国における排日問題の沿革」、渋沢青淵記念財団竜門社編纂『渋沢栄一伝記資料　三四巻』、一九六〇年、二四一～二四四。

内藤二郎『社会福祉の先駆者　安達憲忠』彩流社、一九九三年。

長沼友兄「異文化体験と近代社会福祉事業の形成」、渋沢研究会編『新時代の創造　公益の追求者・渋沢栄一』山川出版社、一九九九年、二六二～二七七頁。

平井雄一郎「慈善の実践と思想」、渋沢研究会編『新時代の創造　公益の追求者・渋沢栄一』山川出版社、一九九九年、三〇七～三一九頁。

廣川和花『近代日本のハンセン病問題と地域社会』大阪大学出版会、二〇一一年。

古川愛哲『勝海舟を動かした男　大久保一翁』グラフ社、二〇〇八年。

松岡英夫『大久保一翁』中公新書、一九七九年。

光田健輔編『黎明期に於ける東京都社会事業と安達憲忠翁』黎明期に於ける東京都社会事業と安達憲忠翁編纂委員会、一九五六年。

山岡道男「太平洋問題研究会における日米関係委員会の活動」『社会科学研究』三六巻二号、一九九〇年、四四五～四七四頁。

山名敦子『慈善・社会事業と実業の接点』、渋沢研究会編『新時代の創造　公益の追求者・渋沢栄一』山川出版社、一九九九年、二七八〜二九三頁。

養育院の存続と発展を求める全都連絡会編、一番ヶ瀬康子ほか著『日本の福祉を築いて一二七年――養育院の解体は福祉の後退』萌文社、一九九九年。

# 第一一章　世界から考える新たな研究視点

木村昌人

人物研究を深みのあるものにするためには、いつも同じ土俵で議論するのではなく、その人物が生きて活動した時代の舞台装置を変えることが必要である。日本の伝統芸能の能や歌舞伎をパリのオペラ座、ニューヨークのミュージカル劇場や中国の京劇の舞台などで上演することにより、新たな発見や評価が生まれるようなものである。「世界から考える」ということはまさしくこのことを指すといえよう。つまり渋沢栄一研究を、近現代日本史という一国史から、東アジア近現代史、さらには世界史という広い舞台に乗せて、渋沢栄一の事績を改めて分析することである。

二〇一八（平成三〇）年は、明治維新一五〇周年にあたったが、それを契機に明治時代の意義について再考察が行われ、江戸時代との連続性の側面がいっそう強調されたように思える。さらに世界史の中での明治維新の評価も行われるようになった。明治から大正にかけての経済、経営、思想、民間外交、教育、福祉、慈善事業など多方面にわたる渋沢の思想と行動に関しては、膨大な実証研究の蓄積があり、世界から渋沢栄一を考えるとは、最近の研究潮流にのっとり、渋沢の特殊性と普遍性を探る試みともいえよう。

本章では、渋沢栄一についての新しい研究を考えるときに、一国史から脱却した比較研究と今後の世界と日本を考える際に渋沢から学ぶものという二つの要素を含む、新たな研究視点を提示したい。そのうえで、『渋沢栄一伝記資料』には収録されていない資料の発掘と活用について触れたい。

## 1　比較研究としての新たな視点

### 東アジア近現代における渋沢栄一

東アジア儒教圏（中国、朝鮮、ベトナムなど）に渋沢の同時代の各国実業家が互いにどのように影響しあっていたのか、またそれが東アジアの近代化にどのような影響を及ぼしたのかについて、国民国家の枠を超えたグローカル（地域のグローバル化）の視点での学際的な研究である。研究者のグローバル化とそれに伴う渋沢栄一の国際比較研究は、二一世紀になってさらに広がり、華中師範大学の近代史研究者の章開元《ジャンケイユエン》、馬敏《マーミン》が張謇《ジャンジエン》と、韓国経済史研究者・金明洙《キムミョンス》が朝鮮の銀行家・韓相龍《ハンサンヨン》と渋沢の比較を行った。しかし同時代の李鴻章《リーホンジャン》、盛宣懐《シェンシュエンホワイ》、張之洞《ジャンジードン》などそのほかの重要な実業家とのとの比較はまだ行われていない。渋沢のような考えは突然現れたものなのか、それとも近世からすでに日本に存在するものであれば、それは渋沢の思想形成の過程でどのように影響したのか。また同時代の東アジア儒教圏の中国や朝鮮では、渋沢をどのようにとらえていたのか、などの疑問に答える研究

（町編著 二〇一七）が行われ、渋沢の儒教理解は、三島中洲に認められたとはいえ、実務体験に裏付けられた彼独特のものであることが明らかになってきた。

ところで、国境を越えた実業家交流が本格化するのは、交通・情報手段が格段の進歩を遂げた二〇世紀に入ってからである。実業家交流の中での渋沢栄一の位置づけを考える舞台には、次の四つの大きな視点を導入する必要があろう。

まず、イデオロギーが国際関係に及ぼす影響が増大したことである。民主主義、共産主義、社会主義といったイデオロギーが国際関係に大きな影を落とすことになった。外交にイデオロギー色が強く反映される新外交を展開するアメリカのウィルソン外交の登場と社会主義国ソ連の誕生は、全世界の知的社会と社会運動家を興奮させた。国際連盟は、米国が加盟しなかったため、英仏伊日といった外交にイデオロギーを持ち込まない旧外交の主要国が中心になって運営されていくが、米ソが発するイデオロギーを無視することはできなかった。大正デモクラシーということばの通り、日本でも左右のイデオロギーを真正面から議論する自由な雰囲気があった。中国では、辛亥革命以来の混乱が続き、三民主義や共産主義など思想が入り乱れていた。実質的な利益を重視する実業家交流さえもこうしたイデオロギー過多といえる雰囲気の中で進められていた。

次にインターナショナリズムとナショナリズムの絡み合いが民間の実業家交流にも影響した。経済や思想文化の分野では国境を越えた交流はますます進み、実業家は、数多くの国際会議に参加し相互訪問をひんぱんに行なったが、反面彼らは、訪問した先々で強烈なナショナリズムと向き合わなければばならなかった。例えば国際連盟主催の国際経済会議の場では、経済活動の自由化を推進し世界経済の発展を議題にしながらも、自国の利益に関するときには、ほとんどの参加者は保護主義を唱え一歩も譲らない構えをとった。インターナショナリズムとナショナリズムとのギャップはそれほど大きかったわけである。一九一五（大正四）年の対華二一ヵ条要求に反発した五四運動や一九一九（大正八）年日本統治下にあった朝鮮で発生した三・一独立運動は日本の指導者を震撼させた。渋沢も中国や朝鮮のナショナリズムを十分に理解していなかったため、その対応には苦慮した。

三番目に実業家が、第一次世界大戦後、総力戦を前提とした戦略資源の確保の重要性を自覚したことである。総力戦へ向けての資源獲得に向け、日本が本格的に取り組むようになった。その結果、経済界は中国大陸からの鉄鋼・石炭などの獲得に積極的になる。こうした日本の変化は当然実業家交流にも影響を及ぼした。例えば、対中強硬派の森恪《もりわたる》にみられる中国資源の囲い込み的行動がナショナリズムと結びつき、日本社会で説得力を持ってくると、中国では日本企業の中国進出や日中実業協力に対する強い反発が起こった。渋沢栄一や白岩龍平らのように、日中関係を相互利益の増進という観点から捉え、中国の経済社会基盤整備を急務と考えようとする実業家にとっては、頭の痛い問題になった。

最後に米国の存在が日中関係で決定的に重要になったことである。一九世紀後半から米国の西太平洋への関与は大きくなってきたが、一九一四（大正三）年の第一次大戦勃発とパナマ運河開通により、名実ともに大西洋と太平洋にまたがる世界一の海洋国家となった米国は東アジアへの進出を本格化し、東アジアでの実業家交流を考えるときには不可欠な要因になったのである。既得権を持つ英国の存在は大きかったが、資本不足の日本にとっては、米国の主張する門戸開放・機会均等宣言やモルガン商会など国際金融資本の動きにどのように対処するかが中国進出の鍵を握ることになった。新四国借款団をめぐる交渉はその良い例である。また満蒙だけでなく、一九世紀以来英国、仏国、ドイツなど欧州列国の競合する地として最も注目を集めていた揚子江流域にも、米国の関与は強まり、新たな競合と協調の可能性を生み出した。渋沢はいち早く米国の台頭に注目、二〇世紀に四度も訪米し、米国の理念や行動に強い影響を受け、日中米三国協調の重要性を説いた。

### 人物交流史という視点

以上の四つの大きな内外環境の変化は、実業家交流を研究する前提として再確認する必要性を強調しておきたい。また、これらの点を踏まえて、二つの新しい研究テーマを指摘したい。

まず、日中人物交流を通じて渋沢栄一の比較研究を考えることである。その際留意しなければならないのは、分析の範囲を実業家に限定せず政治家、官僚、軍人、知識人を含めることである。同時期の日中関係に活躍した幅広い人物交流を通じて、西洋文明の受容とその成果を日中両国人がどのように評価し、相互にいかなる影響を受けたかが明らかになる。例えば、二〇世紀初頭に、韓相龍が訪日、渋沢の下で第一銀行の銀行業務を学び、韓国へ帰国後、漢城銀行を創設し、数々の企業を設立し、「韓国の渋沢栄一」と呼ばれていたという事実は興味深い。

人物研究や人物交流史研究は時間もかかるし、歴史に対する幅広い知識と統合力を要求されるが、最近の精緻化、細分化された研究蓄積を統合することが可能となる。その意味では実業家の思想や知識人の経済観も研究対象になりうると思われる。さらに宗教家・ジャーナリストなどを研究対象に組み込むと、一味もふた味も異なる渋沢栄一の側面が描き出されると期待される。またこの重層的な関係こそ渋沢が活動した東アジア社会の特徴の一つといえる。

次に渋沢をめぐる人物交流史研究を二国間の枠組みを超えて進めることである。すでに日中関係における米国要因の重要性を強調したが、日中露、アジア、国際社会といったより広い人物交流の舞台を作ることが必要であろう。孫文、張謇、渋沢栄一、内藤湖南などこの時期の東アジアの交流に欠くことのできない人物は、国際社会の動きに実に敏感であり、きめ細かい情報を収集できる独自のネットワークを形成していた。その中で、米国人は思想・宗教面でも、経済面でもヨーロッパ諸国とは一味違うイデオロギーに基づく主張を日中両国に投げかけたわけである。その意味から米国人宣教師や米国人実業家の活動と日中実業家との相互依存関係などは注目されてよいであろう。

日中関係やアジア、太平洋国際関係について、財界人や知識人の見方や意見はさまざまであるが、彼らが渋沢に与えた影響を探ることもできるし、渋沢栄一が東アジア近代に及ぼした影響についても示唆を得ることができる良いテーマになるであろう。

### 海外研究者出身国の実業家や各地域の経済発展モデルとの比較

研究者自身の出身国、研究対象地域における実業家と渋沢栄一との比較研究を進めてほしい。特に米国である。一九世紀後半から二〇世紀初頭にかけて急速な経済成長を遂げた米国をけん引した実業家、アンドリュー・カーネギーやジョン・ロックフェラーなどである。またヨーロッパでもロスチャイルド家やフランスのユダヤ人実業家アルベール・カーンなどとの比較については言及されているだけで本格的な比較研究を進めるべきであろう。

そのほかの国や地域については、渋沢モデル（論語と算盤の思想と合本主義による経済発展の仕組み）（島田　二〇一一）が、新興国に適用できるものであるのかに関しては、トルコのケースとの比較（Colpan/Jones　二〇一九）や、東南アジア（タイ、インドネシアなど）への適用に関する研究が始まったばかりである。

ヨーロッパのキリスト教文明とイスラム文明の狭間に位置するトルコとの比較は興味深い。第一次世界大戦で敗戦国となったオスマン・トルコ帝国が崩壊し、一九二二（大正一一）年ケマル・アタチュルクが主導し、トルコ共和国を建国した。アタチュルクは、日本の明治維新を近代化のモデルとして、国立銀行の設立や法整備などの諸改革を行った。経済発展の過程で、渋沢栄一のような人物が存在したのかどうか。それとも財閥中心であったのかなどはぜひ明らかにしてもらいたい。

タイ以外の東南アジア諸国は、ヨーロッパの植民地の経験を持ち、第二次世界大戦後、宗主国との戦いに勝利して一九五〇～六〇年代にかけて次々と独立した。その後経済発展を遂げ、今日ＡＳＥＡ

N諸国として世界経済をけん引する地域の一つになっている。これらの国々は、政治、経済、文化、宗教、商慣習、官民の関係など日本とは共通点もあるものの相違点の方が多い。

こうした地域や国の近代化、工業化の歩みの中で、渋沢栄一の『論語』の道徳と算盤に基づく合本主義のモデルが存在したか。あるいは渋沢が試みたように自国の歴史や商慣習を活かしながら、西洋モデルを取り込んでいくという方法をとれば、合本主義のモデルは移植できるのであろうかという問題意識である。つまり、合本主義を、「個々の力は小さくとも、志を同じくする出資者を集め、あるいは自らも出資に応じ、みんなが富むという方式であった。合本主義は、財や能力が偏在していた当時の経済において、それらに乏しい人びとが目的を実現する方式であり、それはすぐれた、しかしながら実現可能な、理念だった」（鈴木　二〇一二　五五頁）と考えるならば、渋沢モデルの特殊性と普遍性を明らかにすることができるであろう。

## 個別の研究テーマ

こうした比較研究を通じて、さらに渋沢研究の核心に迫る重要なテーマを三つ指摘したい。まず、なぜ韓国の韓相龍や中国の張謇以外に、他国では「近代化」の段階で、渋沢栄一のような人物が登場しなかったのか。それとも存在したがまだ発掘されていないのか。もし日本、または東アジア儒教圏にだけしか生まれなかったとしたらその理由はなにか、などである。山本七平『近代の創造――渋沢栄一の思想と行動』のなかでのべているように、渋沢が登場したということが、東アジア近代の特徴なのか。渋沢のようなリーダーを輩出させるためにはどのような環境や教育が必要であったのかを明らかにしてほしい。

次に、渋沢栄一が追求した「公益」の中身はなにかである。渋沢の「公益」についての考えは、すでにあきらかなように、「私利は公益に従う」であり、アダム・スミスの各人が自由に自己の利益を追求すれば、「見えざる手」の働きによって、市場は自ら「秩序」を形成し、それは「公益」に貢献するという考えとは異なる。公益が私益に優先するという考えは、松下幸之助や稲盛和夫など日本の経営者に受け入れられた。しかし宮本が指摘するように、渋沢自身は公益の中身については、詳しく論じていない（宮本　二〇一六　三一二～三一七頁）。具体的な疑問点としては、渋沢にとっての公益とは国益のことか。それとも国益以外にも公益は存在するのか、公益は立場の違いにより違ってくるので、一つにまとめることは難しいのではないか、などの疑問である。

張謇も渋沢と同様に官僚を辞し、企業家として清末から辛亥革命を経て江蘇省南通地方における近代化・産業化に貢献した。一方、南北戦争後の再建時代から、いわゆる「金ぴか時代」に登場した米国の企業家たちは、今日のアメリカ経済社会の確立とそのグローバル化に大きな役割を果たした。

彼らは企業利益を拡大させただけでなく、公益も追求した。渋沢と張は儒教から「公共」「慈善」という概念を、またカーネギーやロックフェラーはキリスト教からフィランソロピーという概念を引き出し、慈善（フィランソロピー）活動を実践した。彼らは商工業に従事する者も、政府も地方自治体も、さらには民間企業も非政府組織も、必ず〝公共的〟な側面を念頭に置いて活動すべきであると唱えた。言い換えれば、すべての社会団体は公共の利益と利潤追求の見通しとを関連づけて企業及び企業家の社会的責任を明確にすべきであると考え、自らが行動したわけだ。

しかし公益は一つしかないのか。複数存在してもよいのではないか。渋沢が公益はどのようにして決めたのかについて考える際のヒントは公論である。渋沢は今何をすべきかに関して、改正係の時代から、同じ志を持つ仲間と徹底的に議論を重ねて事業計画を作成した。熟議を重ねて形成された公論をもとに実行された事業により得られた利益こそ公益と呼んだのではなかろうか。

三つ目にフィランソロピー活動に対する渋沢の考え方を明らかにすることである。これは渋沢栄一の全体像の把握にもつながる。渋沢にとってビジネスとフィランソロピーとの区別はどのようなものであったか。日本だけでなく海外の企業家とは共通点もあるが、相違点も数多くある。彼のフィランソロピー活動についての包括的な実証研究は、現在漢学とのかかわり方、帰一協会に期待したもの、中央と地方との関係、社会福祉へのかかわり方、国際交流を通じて実現したかった夢、教育への期待と支援、宗教へのかかわり方、文化の継承と歴史の記述などに焦点を当て、それぞれの研究プロジェクトチームが現在研究を進めている。（見城・飯森・井上責任編集　二〇一七年〜）。

## 今後の世界と日本への示唆

それでは渋沢栄一が、これからの世界と日本に突き付けた研究課題とは何であろうか。まず、将来のグローバル資本主義の在り方である。二一世紀に入り、西洋（アングロサクソン）中心の統治や経営

（ガバナンス）の限界、中国の台頭、地球環境問題などグローバルな課題に対応できる新しいグローバル・ガバナンスのあり方を考える必要に迫られている。

民主主義社会では選挙によって多数決を得ることが正当性を担保するように考えられている。特に最近は世論調査による支持率の上下によって、政権や政策の正当性を判断されがちだが、それだけでは、政治家は選挙に勝ち、多数を取ることにばかり精力を取られ、政治家本来の活動が阻害される。多数決至上主義や「支持率政治」や大衆迎合主義に陥らないようにするため、熟議民主主義が注目を浴びた。しかし、ファシズムの台頭や東西冷戦時代に民主主義をけん引してきた英国と米国が相次いで、大衆迎合主義に押され、現在はとても熟議民主主義が機能しているとは言えない。また自由貿易を唱えていた米国自らが保護貿易主義へと舵を切り、民主主義制度の上に成り立つ資本主義社会は転機を迎えている。

他方中国に代表される国家資本主義は、経済成長という観点からは成功を収めたため、民主主義に基づかない資本主義の効率の良さが評価されることすらある。しかし中国国内の社会を見ると官民の癒着や役人の腐敗、著しい所得格差が生じている。

ロナルド・ドーアが指摘した英米などの「金融資本主義」社会からも中国からも、望ましいグローバル資本主義を形成するために道徳と経済の関係が注目されている。こうした状況の中で、渋沢栄一の道徳経済合一説は何等かの示唆を与えるのではないかと期待される。つまり渋沢栄一が唱えた合本主義の分析を通じて、二一世紀グローバル資本主義の新しい可能性を模索することが研究対象となると思われる。

次に、現在のアフリカや中東の新興国にとって、渋沢モデルが経済発展のモデルとなりうるかという研究である。ハーバードビジネススクール教授ジェフリー・ジョーンズは、企業家の責任はどうあるべきかと視点から、一九世紀以降今日に至るまでの各国の企業や企業家の例を取り上げ、渋沢栄一の合本主義の特色を浮き彫りにした。その結果、マックス・ウェーバーの『プロテスタンティズムの倫理と資本主義の精神』に代表されるような資本主義とキリスト教の倫理との関係を論じる考え方とは違い、合本主義が「論語」というキリスト教やイスラム教と比較して宗教色の薄い、世俗的な倫理に基づいていることに注目し、宗教色が薄くなってきた今日の資本主義世界は、合本主義を受け入れやすいのではないかと指摘している。

もしジョーンズの考えが正しいとすれば、新興国の経済発展モデルに渋沢栄一の「合本主義」をどのように当てはめていけばよいのか。このテーマをぜひ研究してもらいたい。

例えば、韓国では、渋沢栄一を「日本帝国主義の朝鮮経済侵略の主導者」、あるいは「植民地支配の中心人物の一人」として批判していたが、最近では、経済史、経営史の若手研究者のなかには、是々非々の立場から渋沢の韓国の近代化に及ぼした影響を実証的に分析するという新しい動きがみられる。この研究が、「漢江の奇跡」と呼ばれる一九六〇年代後半以降の韓国経済の発展モデルと渋沢モデルとの比較につながることが望まれる。

## 高まる民間外交の重要性

そのほかにも、渋沢のリーダーシップは現代的視点からも示唆深いものがある。まず渋沢の進めた民間外交は、二一世紀の今日ますます必要になっている。例えば、日中韓関係は経済・社会・文化面での交流の深化にもかかわらず、外交的な対立は深まり、日中、日韓関係における国民感情は悪化している。相互認識の悪化は、両国民の交流の停滞を招き、融和的な政策を採ることを困難にする状況を生み出す。日本と中韓両国との関係悪化の直接的な原因は政治外交関係に起因するものだが、膠着した状況にあって民間レベルにおいてこそ打開の糸口を見つけ出すことが望まれる。

もちろん日中韓の間では若い世代を中心として、民間レベルで多面的な交流が行われているが、その交流の多様性や重要性についての理解は十分とはいえない。またそれぞれの国は歴史的、文化的に多様な共通点を持っているが、意外なほどそれに対する認識も不十分である。また日中韓三国は高齢化、環境問題への対応、次世代の育成など共通の課題を抱えており、相互に協力をすることで問題解決に繋がるであろう。財界人は渋沢の民間外交を唱導し、実践したリーダーシップに学ぶべきであろう。

最後に、自然災害に対する財界人の対処の仕方である。一九二三（大正一二）年の関東大震災からの復興に対して、渋沢の素早い対応と東京の未来を見据えたリーダーシップは、二一世紀前半に起こる可能性が非常に高い首都圏直下型地震への対応に大きな示唆を与えるであろう。震災直後から復興の過程を通じて渋沢が「民」の経済界代表として行った対応は、彼が実業界引退後最もリーダーシップを発揮した事例である。渋沢は、国際的かつ長期的な視点から、政府と民間との間に立ち、経済界を取りまとめ、物質の復興のみならず精神の復興を目指して行動した。

一九九五（平成七）年の阪神大震災の時とは異なり、現在の日本政府には財政的な余裕はない。もちろん復興の大方針は政府が示さなければならないが、実質的に復興事業を支えるのは、公益を追求する強い意志と新しい社会を創造しようとする企業家精神を合わせ持った「民」の力となるであろう。その意味では、日本に真のシビル・ソサエティが根付くかどうかが試されている。渋沢に学ぶ点は多いと思われる。

## 2　渋沢栄一研究の地平を広げる

今まで列挙してきた新しい研究テーマを進める際にぜひ心掛けてほしいことは、『渋沢栄一伝記資料』以外の資料を発掘し活用することである。『渋沢栄一伝記資料』が質量ともに高い水準にあるので、これを読破し、活用することは容易ではない。それどころか、いまだに『渋沢栄一伝記資料』の中にはほとんど利用されていない巻が残っている。渋沢研究がこれほどまでに多岐にわたり、多くの研究者を引き付けてきたのは、この資料の存在によるところが大きいが、他方、渋沢敬三や土屋喬雄の網羅的な編集方針ですら偏りがあることは留意しなければならない。

つまり、渋沢栄一に関係するあらゆる資料といっても、『渋沢栄一伝記資料』には渋沢を批判する資料がほとんど収録されていない。例えば、岩崎弥太郎と渋沢の経営に対する考えを比較するときに逸話として用いられる対談でも、渋沢側の資料ばかりで、岩崎や三菱側、あるいは第三者の両者の見解の相違に対する意見などの資料は今までに発掘されていない。

米国の経営学者ピーター・ドラッカーが、いち早く渋沢について、経営者にとって一番重要なことは責任を取ることであるということを最もよく理解していた人物であったと、最も的確な評価を与えている。ドラッカーはさらに、日本の近代化に最も貢献した実業家は、岩崎弥太郎と渋沢栄一と評価している。彼は渋沢と岩崎の違いをどのように認識していたのであろうか。これを調べるためには、ドラッカー文書（米国クレアモントビジネススクール図書館所蔵）に当たらなければならない。この中から、渋沢と岩崎の相違点について、別の角度から考察できるかもしれない。

## 『渋沢栄一伝記資料』を超えて――海外資料へのアクセス

また、中国で渋沢がどのようにみられているかについて、中国語の資料にあたる必要がある。例えば、一九一四年の渋沢の中国訪問をめぐって、中国の各地新聞は大きく報道した。『渋沢栄一伝記資料』にも当然のことながら関係史料は掲載されているが、ほとんど日本語の資料である。中国武漢市の華中師範大学渋沢栄一研究センター（二〇〇六（平成一八）年設立）では、この渋沢の訪問への中国側の反応に関心を持ち、田彤《テントン》編『一九一四　渋沢栄一中国行』を刊行した。その中に収録されている天津『大公報』、開封『河南日報』、上海『申報』、上海『時報』、瀋陽『盛京時報』、上海『時事新報』、北京『順天時報』、上海『神州日報』、上海『新聞報』など中国国内新聞の渋沢に対する報道や見解は、中国や英国の渋沢に対する率直な見方を示していて実に興味深い。こうした資料を用いて、当時の中国側の渋沢や日本財界に対して様々な見解が混在していたことに注目してほしい。

これに関連して、今まであまり利用されなかった渋沢栄一の漢詩も資料として活用する必要があろう。渋沢は折に触れ、漢詩を作った。たとえば、次の漢詩（現代語訳）は、九〇歳になった道徳経済の合一の難しさを率直に語ったもので、渋沢自身が道徳経済の一致の難しさをふと漏らした資料として重要ではなかろうか（一九二九（昭和四）年、九〇歳の渋沢栄一による元旦の所感）。


義と利とは、いつになったら両者をまっとうできるようになるのだろうか。

この良き日が訪れるたびに、思いは遠くを馳せる。

振り返ってみると、自分が成し遂げたことの少なさに恥ずかしくなる。

過ぎ去った時の中で、（義利合一という）花を開かせようとしてきた、わが九〇年の人生。

（守屋訳、フリデンソン／橘川編著　二〇一四　扉裏）。


次にフランス語の文献も重要である。例えばサン・シモン主義との比較である。フランスの社会主義思想家サン・シモンは、日本では今までマルクスの影響により、空想的社会主義を唱えた経済学者という見方が多かった。サン・シモン主義が渋沢に与えた影響の大きさについては、以前よりサン・

シモン主義が、一九世紀のフランス経済や社会の発展に大きな影響を及ぼしたと考える原輝史や鹿島茂により詳細に論じられてきた。しかし栄一自身がサン・シモンに言及することがないため、必ずしも解明されているわけではない。

フランス社会科学高等研究院のパトリック・フリデンソンは、渋沢が民間企業を高く評価しながらも、経済と社会を完全に民営化すべきと唱えなかったことの中に、サン・シモン主義の影響を計る鍵があると考える。最近のフランスでのサン・シモン研究により、サン・シモンは、サン・シモン主義のみならず、社会学、社会主義、無政府主義経営論の祖として再評価された。それによると、サン・シモンの弟子たちの一部は、労働と技能を中心とする富の再分配を新たな道徳とみなす、サン・シモン最後の著作 *"The New Christianity"* に影響を受けた。渋沢がフランスで見聞したものは、仏銀行家フリュリ・エラールの金融や財政についての教えをはじめ、こうした弟子がサン・シモン主義を実践に移すことによって生まれた二次的なサン・シモン主義であったのではないかと分析している。こうした比較はさらにフランス語の文献にあたってこそ新しい解明を行うことができるであろう。

最後は、渋沢が四度の訪米を通じて築いた人的ネットワークに含まれる人物やその団体の資料の中で渋沢がどのようにみられていたかを調べることである。晩年の三〇年間、渋沢が諸外国の中で最も注目した米国とその強さの秘密をどのように理解していたかを知るために不可欠である。渋沢の米国人脈は大きく分けると、実業家と民間諸団体のリーダーに分かれるが、交際の濃淡を把握し、だれが渋沢の米国理解に大きな影響を与えたかを知ることができよう。渋沢や渡米実業団（一九〇九（明治四二〇年）の訪問した諸都市の新聞や商業会議所などの資料から渋沢の動向を追跡すれば、『渋沢栄一伝記資料』には掲載されていない米国側の本音やエピソードを発掘し、渡米実業団の評価にも新しい指摘を行うことができるかもしれない。

こうした内外の資料の地道な発掘から、渋沢栄一の思想と活動をより客観的に分析し、渋沢研究の地平を広げてほしい。

**引用・参考文献**


鹿島茂『渋沢栄一　Ⅰ　算盤篇』文藝春秋、二〇一一年。

――『渋沢栄一　Ⅱ　論語篇』文藝春秋、二〇一一年。

見城悌治・飯森明子・井上潤責任編集「渋沢栄一と「フィランソロピー」」（全八巻）、二〇一七年～。

島田昌和『渋沢栄一――社会企業家の先駆者』岩波新書、二〇一一年。

鈴木良隆「書評」『渋沢研究』三一号、二〇一八年、六三～六九頁。

陶徳民・姜克實・見城悌治・桐原健真編著『近代東アジアの経済倫理とその実践――渋沢栄一と張謇を中心に（公益財団法人渋沢栄一記念財団叢書）』日本経済評論社、二〇〇九年。

橘川武郎・フリデンソン、パトリック編著『グローバル資本主義の中の渋沢栄一――合本キャピタリズムとモラル』東洋経済新報社、二〇一四年。

田彤編『一九一四　渋沢栄一中国行』華中師範大学出版会、二〇一四年。

田彤編、于臣抄訳『渋沢栄一と中国――一九一四年の中国訪問』不二出版、二〇一七年。

町泉寿郎編著『渋沢栄一は漢学とどう関わったか――「論語と算盤」が出会う東アジアの近代』（渋沢栄一と

「フィランソロピー」1）ミネルヴァ書房、二〇一七年。

宮本又郎編著『渋沢栄一――日本近代の扉を開いた財界リーダー』（PHP経営叢書　日本の企業家1）PHP研究所、二〇一六年。

山本七平『近代の創造――渋沢栄一の思想と行動』祥伝社，二〇〇九年。

Colpan, Asli M. and Geoffrey Jones, eds., *Business, Ethics and Institutions: The Evolution of Turkish Capitalism in Global Persepectives*, New York, Routledge, 2019.

Hara Terushi, "Les facteurs psychlogiques et culturels de la modernization japonaise: le cas de Eiichi Shibusawa," in Raymond Boudon and Pierre Chaunu (eds.), *Autour de Alain Peyrefitte*, Paris, Editions Odile Jacob, 1996, p. 120.

# 第一二章　期待が寄せられる学問・研究領域

松本和明

一九八九（平成元）年五月に渋沢研究会が発足した（初代代表・片桐庸夫）。同会は目的として「渋沢栄一および渋沢の周辺諸事情を通して、日本近現代史の研究を推進し、各研究者・団体との相互交流をはかること」（会則第二条）を掲げた。翌年三月に『渋沢研究』が創刊された（同会編集・渋沢史料館発行）。二〇一九（平成三一）年一月発行の三一号までに、合計で論文が八七本（このうち英語論文が一四本）、研究ノートが二五本（英語によるものが八本）、史料紹介が四本、シンポジウム等報告が四本掲載されている（書評・新刊紹介の本数は割愛）。また、ほぼ月一回ペースで開催されている例会は同年七月まで累計二三八回に達している。

他方では、公益財団法人渋沢栄一記念財団がグローバル・ベースでの様々な共同研究を組織し、欧米をはじめ中国やトルコ、およびタイなどの研究者と日本の研究者による渋沢をテーマとした諸研究が成果をあげている。

研究会と会員、および史料館と財団が緊密に連携した結果、渋沢、および渋沢に関連した事績に関する研究の蓄積と多様化は、少なくとも日本近現代史研究のなかでは傑出したものといえる。

この一方で、渋沢研究には進み切ったとみなされ、新規着手にブレーキがかかっている側面も否めない。

筆者は、尻込みする、あるいは悲観に暮れることはないと考えている。結論を先取りすれば、渋沢研究には新たに発掘する、さらに深掘りすべき領域やテーマが多数存在している。本章では、筆者の理解と関心にそくして、今後に向けての視点・論点を示すこととしたい。

## 1　企業の設立と経営および産業育成（ビジネス）領域

### 第一（国立）銀行、および金融ビジネス

渋沢は、多種多様な企業の設立と経営に直接的に関与、あるいは間接的に支援し、その数は約五〇〇社におよぶとよく言われている。その中心が一八七三（明治六）年八月に創立された第一国立銀行（一八九六（明治二九）年九月に第一銀行、現在のみずほ銀行のルーツ）であることは改めて指摘するまでもない。渋沢は創立時から一八七五（明治八）年八月まで総監役、続いて頭取に就任し、喜寿を迎えた一九一六（大正五）年七月まで在任した。同行のトップを実に四三年間務めたこととなる。

渋沢は、開業にあたり、銀行を「流通の枢軸」、「富殖の根底」と位置づけ、「私を去り公に就き」て、「協立の意念を拡充」し、「各相調和」して「浮華虚飾の弊なく」活動することによって、「淬礪

精確の実」をあげ、「全国の人民を裨益し、以て富国理財の一助」（長谷井千代松編　一九二六　二一～二二頁）と存立の意義を強調している。現代にも通ずる銀行のあり方といえよう。

渋沢のもとで、第一（国立）銀行（一八九六年より第一銀行）は、全国の主要都市ばかりでなく地方都市（盛岡・秋田・石巻・福島・新潟・金沢・四日市・下関など）への支店や出張所の開設、民間からの預金の獲得、堅実、かつ将来性が高い企業や事業、あるいは団体への貸出金の増加、他銀行とのコルレスポンデンス（紙幣・為替交換業務の相互代行）網の拡充、物品担保金融（生糸や米穀の荷為替）の拡大、一九一二（大正元）年の北海道を主な地盤とする二十銀行や一九一六年の京都商工銀行の合併、朝鮮半島への進出（京城や釜山などへの支店開設や銀行券の発行）を旺盛に推進した。

第一（国立）銀行の事業基盤の確立と持続的成長、さらには社会での近代的金融システムの定着と円滑な運用に渋沢がいかにリーダーシップを発揮したのか、これまでは『第一銀行史　上巻』の叙述などにより知られてきたが、他の史料の発掘や検討を進めて、より実証的、かつ多面的に解明すべきである。

渋沢は多数の企業へ関わるとともに、数多くの社会・地域貢献活動（フィランソロピー）にも携っていた。それらの会合への出席や現地訪問、関係者との交流・情報交換や諸案件の調整などで日々多忙を極め、第一（国立）銀行の経営に専念することは難しかった。同行の発展においては、渋沢を補佐して実務を担うとともにトップマネジメントに名を連ねる人材の存在が不可欠であった。総支配人を経て渋沢の後任として第二代頭取となる佐々木勇之助をはじめ、西園寺公成、熊谷辰太郎や須藤時一郎、日下義雄、土岐僙、尾高次郎や田中源太郎などの活動と役割を立ち入って考察する必要がある。

佐々木は東京貯蓄銀行や渋沢倉庫の会長、西園寺は東京貯蓄銀行取締役や東京瓦斯（現・東京ガス）監査役、熊谷は大阪紡績（現・東洋紡）取締役、須藤は東京板紙会長、日下は京釜鉄道常務取締役や岩越鉄道（現・JR磐越西線のルーツ）監査役、土岐は七十七銀行頭取、尾高は惇忠の次男で東洋生命保険社長や武州銀行（現・埼玉りそな銀行のルーツ）初代頭取を務めた。

田中は、京都の産業界の有力者で、京都商工銀行・亀岡銀行頭取や京都取引所理事長、京都織物会長や京都鉄道社長、北海道製麻社長や北海道拓殖銀行監査役などを歴任している。

注目すべきは、渋沢が銀行業に関連する事業や団体の創設や運営に力を込めたことである。

銀行（家）の社会的地位の向上を目指し、国立、私立を問わず結集して商議について議論するとともに相互の交流を深めるべく、一八七七（明治一〇）年に「択善会」を立ち上げた。これは論語の一節である「択て善に従ふ」から渋沢が命名した。その後一八八〇（明治一三）年に一旦解散し、改めて渋沢を委員長として東京銀行集会所が創設された（現・東京銀行協会のルーツ）。

手形流通の円滑化と拡大に向けて、三井、三菱、二十、第百、浪速（東京支店）の各銀行と連携し、一八八〇年に東京銀行集会所内に為替取組所を設置した。一八八三（明治一六）年に手形取引所、一八八七（明治二〇）年に東京手形取引所付属交換所、一八九一（明治二四）年に東京交換所となった（現・東京手形交換所）。

一般市民への勤倹貯蓄思想の啓発と小口預金の受け入れ先を確立するために、第一国立銀行と三井家と連携して、一八九二（明治二五）年に東京貯蓄銀行を設立し、渋沢が会長に就任した（現・りそな銀行のルーツ）。

企業や企業家の資産状況の把握と信用情報の提供を目的として、諸銀行と連携し、一八九六（明治二九）年に東京興信所を創設した。東日本一円に支店・出張所を設けて調査網を構築した。

これらは、第一（国立）銀行の経営ばかりでなく、少なくとも東京地区の金融業の発展を支える、いわば「サブシステム」として機能したのであり、その動向は注目に値する。

一方で、大阪では、一八七九（明治一二）年に銀行苦楽部（一八九七年に大阪銀行集会所）と大阪交換所（一八九六年に大阪手形交換所）、一八九〇（明治二三）年に大阪貯蓄銀行、一八九二年に商業興信所が立ち上げられている。これらと東京の各組織とは緊密に連携し、それぞれの全国ネットワークの中枢を担った。大阪の各組織のリーダーは、外山脩造（浪速銀行頭取・大阪貯蓄銀行副頭取・大阪麦酒監査役・阪神電気鉄道初代社長・大阪舎密工業初代社長・商業興信所総長）や松本重太郎（百三十銀行頭取）、田中市兵衛（四十二銀行頭取・大阪商船社長・大阪商業会議所会頭）、野元驍（浪速銀行頭取）、志立鉄次郎（住友銀行支配人）、および小山健三などが務めた。彼らと渋沢とは懇意であり、双方の関係とそれぞれの事業拡大の過程は重要視すべきポイントといえる。

ところで、渋沢は、一九一七（大正六）年一〇月に六十九銀行（新潟県長岡市）の本店竣工式に出席し、次のような演説をおこなっている。

銀行会社の発達は歩々進むと云ふことが肝要であつて、世に言ふ桐の成長より欅の成長を尊むと云ふ覚悟であらねばならぬ（中略）銀行と云ふものは決して自分の力で許り盛大になるものではない、其地方々々の進歩に伴つて発達するものであつて、言はゞ地方の富を写す鏡である、即ち貧乏な地方を写す鏡には醜い影が写る（中略）銀行の隆昌・繁栄は、営業者の手腕に俟つものであつて、鏡の曇を磨くものは重役・行員の配慮に依らねばならぬ（中略）銀行業者は常に鏡の曇を磨き、真の影を写し、一時の幻影に浮かれて自己の本務を忘れないやうに希望致します。

（渋沢青淵記念財団竜門社編纂　一九六三　三六七頁）

渋沢は銀行のあるべき姿として社会・地域の発展への貢献を強調している。これは、今後の「地方創生」の一翼を担うであろう地域の金融機関（銀行ばかりでなく信用金庫・信用組合も含めて）がもつべきスタンスといえ、現代的意義を有するものと評価できる。さらに、将来的視点に立脚して地域金融機関のあり方を展望することにも援用できよう。

### 地域の産業発展への関わり

渋沢は、全国での国立銀行あるいは普通銀行の設立と経営に諸側面から力を尽した。代表的なものとしては、第四国立銀行（新潟、現・第四銀行）、第十国立銀行（甲府、現・山梨中央銀行）、第十六国立銀行（岐阜、現・十六銀行）、第十八国立銀行（長崎、現・十八銀行）、第十九国立銀行

（上田、現・八十二銀行）、第二十三国立銀行（大分、現・大分銀行）、第三十二国立銀行（大阪、現・三井住友銀行のルーツ）、第四十国立銀行（館林）、第五十九国立銀行（弘前、現・青森銀行）、第六十八国立銀行（大和郡山、現・南都銀行）第六十九国立銀行（長岡、現・北越銀行）、第七十七国立銀行（仙台、現・七十七銀行）や秋田銀行、高岡共立銀行（現・北陸銀行のルーツ）があげられる。

渋沢と各地の関係者とが密接に連携して銀行を創設そして存続させるとともに、これをベースとして近代産業の育成や鉄道などのインフラストラクチャーの整備を手がけ、これらによって各地域の近代化がいかに進展したのかは重要かつ深耕すべき課題である。

全国各地には、渋沢を尊敬し、渋沢も信頼をよせた人物が存在した。彼らは、地域の工業化やインフラ整備および商業会議所の設立など経済界の形成を主導した。さらに、社会・地域貢献活動の中核ともなった。しばし「○○（地域名）の渋沢」と称された彼らの言動を立ち入って考究するとともに、新たに掘り起こしてスポットを当てる必要がある。

渋沢と彼らとの交流に関しては、公益財団法人渋沢栄一記念財団の公式ウェブサイトのコンテンツである「渋沢栄一ゆかりの地」の情報が極めて有用であることを付言する。

### 主要企業への関わり方

渋沢が関係した多数の企業のなかで、会長・社長を務めるなどより深くコミットした企業として、東京瓦斯、東京石川島造船所（現・ＩＨＩ）、東京製綱、日本煉瓦製造、東京人造肥料（現・日産化学工業のルーツ）、札幌麦酒（現・サッポロビールのルーツ）および磐城炭鉱、北海道製麻、京都織物、帝国ホテル、東京帽子、東京興信所、広島水力電気、京仁鉄道、京釜鉄道、岩越鉄道、長門無煙炭鉱、帝国劇場、三重紡績、日韓瓦斯などがあげられる。

各社には、専務あるいは常務取締役として渋沢を補佐し実務を統括した有能な経営者が存在した。東京瓦斯の大橋新太郎や福島甲子三、東京石川島造船所や広島水力電気の梅浦精一、日本煉瓦製造の諸井恒平、札幌麦酒の植村澄三郎が代表的である。

いわばＣＥＯ（最高経営責任者）である渋沢とＣＯＯ（最高執行責任者）というべき彼らとの関係、および各社の事業展開の実態は経営史的に考察されるべきである。

なお、渋沢と連携して、福島は孔子祭典会や斯文会、聖堂復興期成会や楽翁公遺徳顕彰会、日本弘道会や修養団、諸井は埼玉学生誘掖会に携わるなど社会・地域貢献活動に力を注いでいる。

ちなみに、福島は、渋沢を評する代表的なフレーズである「論語と算盤」が生み出されるきっかけを作った人物であることを付記しておきたい。

## 2　社会・地域貢献（フィランソロピー）領域

### ビジネスとフィランソロピーとの相互関係

渋沢は、様々な社会・地域貢献活動に主体的かつ旺盛に関わり続けた。教育・研究機関や国際交流、福祉・医療をはじめ、学術・芸術、道徳・宗教、史跡保存、伝記編さん、災害への支援、労資協調や融和事業など、その数は約六〇〇とされる。

渋沢が単なる慈善（チャリティー）や寄付としてのみならず、発展性と持続性を志向する「社会事業」として位置づけてこれらに尽瘁したとの事績は深く認識されなければならない。

渋沢はビジネスとフィランソロピーとを並行して進めていたが、これらを峻別していたとは考えづらい。むしろ、ビジネスで蓄積された「経営資源」、つまり高い能力と優れた人格を兼ね備えた人材や組織運営のスキル・ノウハウ、および資金を各種事業・団体の目的達成と存続のためにいかに結集そして配分・運用したのかは重要な論点である。これまで各事業・団体の研究は進展がみられるものの、これらへの論及は行き届いているとはいいがたい。

かかる視点に関しては、長沼友兄氏による東京会議所や東京養育院の運営に第一国立銀行が資金運用で関わったことを明らかにした研究成果は必読である。また、福田会育児院や楽善会訓盲院、同愛社施療事業、清国北部で発生した飢饉への寄付金募集などの運営にも同行が関係したとの史実も留意すべきである。

渋沢が積極的に関与して構築、および実践された手法は、現代の各種団体やＮＰＯ法人等の創設や運営にも有用といえる。

## 商業教育

渋沢は、ビジネスの普及、および発展とその担い手としてのビジネスマンの育成、さらにビジネス・企業家の社会的地位の向上を目指して、商業教育に長期的かつ精力的に取り組んだ。代表的なものとしては、商法講習所（一八七五年私学として創設、現・一橋大学）、大倉商業学校（一九〇〇（明治三三）年創設、現・東京経済大学）、高千穂高等商業学校（一九一四（大正三）年開学、現・高千穂大学）、京華商業学校（一九〇二（明治三五）年開校、現・京華学園）などがあげられる。

特に、商法講習所には力を注いだ。創設時に経営委員となり、一八八四（明治一七）年に官立の東京商業学校となって以降も商議委員として人事や財務などに関わった。また一八八五（明治一八）年以降卒業式や各種式典で演説・講演するとともに、一九一七年から一九一九（大正八）年には「経済と道徳」と題する「修身特別講義」をおこなっている。

渋沢は、商業道徳の認識や深化とともに、学理・学識とビジネスの実際との融合を重視した。これらがカリキュラムに組み込まれたのは、高等商業学校（一八八七年に東京商業学校から改称）時代の一八九六（明治二九）年であった。校長は小山健三が務めていた。

小山は、一八五八（安政五）年に武蔵国忍城下（現・埼玉県行田市）で士族の宇三郎の長男として生まれた。一八八一（明治一四）年に文部省へ入り、長崎県尋常師範学校校長や文部大臣（井上毅）秘書官・書記官などを経て、一八九五（明治二八）年八月に高等商業学校校長に就任した。

小山は「商工業真正の発達は其徳義の消長に大関係ある事を信ずる」（三十四銀行編纂　一九三〇　二

八四頁）として、従来予科に設置されていた「倫理」に替えて「商業道徳」を新設した。その趣旨を「商業家たるべき者の公徳私徳の何物たるを講明し、生徒をして之が感悟せしむる」と掲げ、講義方法は「近世倫理の大要を説明し、之に基きて商業的道徳の性質を論述し、併せて之に関する習慣を養成する方法を指示」（作道・江藤編　一九七五　二〇六頁）するものであった。一九〇二（明治三五）年には本科にも設置されている。

他方で、社会情勢の変化に対応して専門科目を再編成した。さらに、予科に応用化学・応用物理学、本科に機械工学を新設するとともに東京高等工業学校（現・東京工業大学）に簿記を設置して、双方の教授が担当し相互交流を進めるなど、文理融合も主導した。

小山が渋沢のスタンスをいかに受容して具体化させていったのかをはじめとして、「商業道徳」の具体的な講義内容とその変化、一九〇一（明治三四）年の市立大阪高等商業学校（現・大阪市立大学）や一九〇三（明治三六）年の神戸高等商業学校（初代校長には東京高商教授の水島銕也が就任、現・神戸大学）の開校以降全国に開設された高等商業学校で「商業道徳」が科目としていかに展開されたのかは重要なテーマである。

小山は一八九八（明治三一）年に文部次官に昇格したもののわずか二か月で退任した。ともに文部大臣秘書官を務めた後に日本銀行大阪支店長に転じていた片岡直輝の勧めを受けて、翌年に三十四銀行頭取に就任した（現・三菱ＵＦＪ銀行のルーツ）。小山は堅実経営を貫くとともに事業の拡大を推進し、「東の渋沢、西の小山」と称された。

## 女子教育

渋沢は、女性の知性や品性を養うこととともに職業人としての能力育成を重視し、女子教育に意欲的に関わった。代表的なものとしては、東京女学館（一八八八（明治二一）年開校、会計監督、一九二四（大正一三）年に館長）や日本女子大学校（現・日本女子大学）があげられ、女子（津田）英学塾（現・津田塾大学）や跡見高等女学校（現・跡見学園）、京華高等女学校などにも関係している。

とりわけ、日本女子大学校の創設と運営には長きにわたり力を尽した。渋沢は、「第一に女子を人として第二に婦人として第三に国民として教育する」（中村政雄編　一九四一　三九頁）との理念に基づいて学校創設を目指していた成瀬仁蔵の熱意を汲んで発起人の一人として名を連ね、さらに創立委員・会計監督・建設委員となった。女子教育への理解の拡大をはじめ、寄付金募集（三〇万円）や校地の選定など様々な問題を解決し、一九〇一年四月に開学を果たした。一九〇五（明治三八）年に財団法人化し、渋沢は評議員・財務委員に就いた。

その後も教育学部や付属校の新設、および図書館の開設や校舎の増設が続いた。これらへの資金の確保が不可欠となり、渋沢をはじめ関係者が奔走した。新増設ばかりでなく、通常の学校運営に際しても資金の調達と配分、さらに収支の均衡化は不可避な課題であり、渋沢を中心にいかにしてクリアしたのか、そのプロセスを明らかにすることは意義を有する。

渋沢の諸活動のなかで注目すべきは、寄付金募集、および学生募集のために、同じく評議員・財務委員の森村市左衛門（森村組創設者）や成瀬とともに、一九一〇（明治四三）年八月に新潟県と長野県、翌年五月に大阪府と京都府、兵庫県と岡山県を巡回し、各地で講演をおこなうとともに有力者に直接依頼したことである。

前者では、新潟市と長岡市、柏崎町、三条町、高田町、および長野市と下諏訪町で講演し、内藤久寛（日本石油社長）、岸宇吉（六十九銀行頭取）、松井吉太郎（同行専務取締役）、小畔亀太郎（同行本店支配人）、白勢春三（新潟銀行頭取）、鍵冨三作（同行監査役）、斎藤喜十郎（新潟硫酸取締役）などを訪問した。八月七日の長岡での講演で、渋沢は「女子教育を今日の程度に止め置くは国家未来の為め頗る憂慮に堪ない、何卒女子にも大学程度の教育を修めしめたい」、「成るべく多数に此教育を及ぼしたい」（渋沢青淵記念財団竜門社編纂　一九六二　五七八頁）と女子教育の意義を強調した。聴衆は一〇〇〇人を超えた。

後者では、大阪・京都・神戸三市と岡山市で講演し、小山健三や土居通夫（大阪商業会議所会頭）、片岡直輝（大阪瓦斯社長）、岩下清周（北浜銀行頭取）、村山龍平（大阪朝日新聞社社長）、本山彦一（大阪毎日新聞社社長）、杉山岩三郎（中国鉄道社長）や大原孫三郎（倉敷紡績社長）、高田音次郎（岡山商業会議所会頭）などを訪問した。

渋沢や森村、および成瀬の熱意に満ちた働きかけが、信越地方、および関西・山陽地方をはじめとして全国各地での校勢拡大ばかりでなく、女子教育に対する認識をいかに広げかつ深めたのか、史実にそくして検証されるべきである。

渋沢などの信越地方での活動については、次のように叙述されている。

一本の大根より百万の毛細根、これが女子大学の力を伸ばし、女子高等教育を発展せしめる要素であつた。此の将来の根を養ふ一つの方法としてとられたのが、明治四十三年八月の北越地方講演行脚であつた。（中略）

新潟は成瀬先生ゆかりの地であるが、女子教育の反動的空気は最も強く、学校当局者自身が女学校以上の希望者なきを公然と喜ぶ有様で、地方有力者の女子高等教育に対する理解も深くはなく、むしろ実業家としての渋沢・森村両氏が、かく迄女子高等教育の普及に力をつくされる理由を解しかねるといふ有様であつた。然し此の地方は若干の卒業生は既にあるとは言へ、謂はば処女地で、今回の行脚は啓蒙的意味に於て意義があつた。（中村政雄編　一九四一　一六二〜一六三頁）

この間、各地の（高等）女学校の運営者および創設予定者を大いに鼓舞するところとなったが、彼らへいかなる影響を与えたのかは検討に値する。

## 3　理念と思想——自らの活動の基盤として

### 「国益」と「公益」

渋沢の諸活動のベースと評され、渋沢自身も特に後半生において盛んに主張し続けていたのが「国益」、あるいは「公益」の重視であることは改めて指摘するまでもなかろう。

ここで注目すべきは、渋沢が「国益」、あるいは「公益」をいかに認識し、自らの活動の基盤としたのか、さらに社会に向けて強調したのはなぜかという論点である。

日本経済史家の藤田貞一郎の詳細な研究によると、「国益」との言葉、「国益思想」との概念は、江戸時代中期の宝暦～天明年間に諸大名領国の商品生産・手工業における国産自給自足化、藩経済の自立化志向の強まりのなかから登場したとされる。その要諦は、君主の道徳的行為とは必ずしも合致せず、経済の自立を媒介としたうえで、藩益の最大化を目標としたものであり、儒教からの乖離が見られたとされている。明治時代に入ると工業の自立や外国貿易の発展とともに仏教の否定も言及されるようになるが、一九一〇年代以降は概念としての発展は挫折した一方で、企業家が経営理念として好んで用いるようになったと論じられている。

これらをふまえたうえで、渋沢の「国益」、あるいは「公益」の捉え方や本意、さらに同時代的、および現代的評価に関して、より積極的かつ多角的に立論されることを求めたい。

## その変遷と背景への着目

「国益」、あるいは「公益」の重視にせよ、「論語と算盤」や「道徳経済合一説」にせよ、これらを渋沢が強く主張したのは一九〇九（明治四二）年に古希を迎えた前後からとされている。それ以前は「合本主義」や「官尊民卑の打破」、および「企業・企業家の社会的地位の向上」が中心であった。その移り変わりや思想的背景である論語との関係も併せて論じられるべきである。

紙幅が尽きつつあるので、結びとして全体にわたるポイントを指摘しておきたい。

第一点は、『渋沢栄一伝記資料』の別巻に所収されている「日記」の活用である。これまで述べてきたように、渋沢研究は領域ごとに進められ、それぞれで進展はみられるものの、相互の関係性が見えづらくなっている。「日記」の記述をふまえることによって、当該時期での各活動の濃淡や優先度合いを俯瞰でき、渋沢の足跡のより立体的な析出が可能となるのである。

第二点は、アジアに関わる研究の充実である。渋沢がアジアの近代化を重視したのはよく知られており、渋沢と関わりをもつ人物や企業の研究は進みつつある。代表的なものとしては張謇《ジャンジェン》（中国）について研究があげられる。しかし、精緻化すべきところが多いように思料される。また、韓相龍《ハンサンヨン》（韓国・漢城銀行を創設）や辜展甫《グーヂェンフー》（台湾の企業家）などにも注目すべきである。とりわけ、渋沢の朝鮮半島での諸活動に関しては、これまで以上に客観的かつ実証的に検討を加える必要がある。

第三点は、デジタル化と新たな歴史研究手法への積極的な関わりである。公益財団法人渋沢栄一記念財団の英断と尽力により『渋沢栄一伝記資料』の全五八巻、および別巻一〇巻中、一～五七巻がデジタル化、そして公開されたのは、研究進展に極めて有益かつ有用である。今後は、これをプラットホームとして、その拡充とともに、デジタルヒューマニティーズ（デジタル技術の人文科学への応用）などの新たな方法を果断に取り込むべきである。

いずれにしても、渋沢研究はこれからも「汲めども尽きぬ」ことを強調したい。

## 引用・参考文献

作道好男・江藤武人編『一橋大学百年史』財界評論新社、一九七五年。

三十四銀行編纂・発行『小山健三伝』一九三〇年。

渋沢青淵記念財団竜門社編纂『渋沢栄一伝記資料　四四巻』渋沢栄一伝記資料刊行会、一九六二年。

――――『渋沢栄一伝記資料　五〇巻』一九六三年。

第一銀行八十年史編纂室編纂・発行『第一銀行史　上巻』一九五七年。

長沼友兄「異文化体験と近代社会福祉事業の形成」、渋沢研究会編『新時代の創造　公益の追求者・渋沢栄一』山川出版社、一九九九年。

中村政雄編『日本女子大学校四十年史』日本女子大学校、一九四一年。

日本女子大学校発行『日本女子大学校の過去現在及未来』一九一一年。

長谷井千代松編輯『第一銀行五十年小史』株式会社第一銀行、一九二六年。

藤田貞一郎『国益思想の系譜と展開』清文堂出版、一九九八年。

松本和明「福島甲子三の企業者活動と地域・社会貢献活動」、長岡大学地（知）の拠点整備事業推進本部・長岡大学地域連携研究センター『平成二九年度　長岡大学地域志向教育研究ブックレット』（vol. 3）、長岡大学地域連携研究センター、二〇一八年。

公益財団法人渋沢栄一記念財団「渋沢栄一ゆかりの地」、公益財団法人渋沢栄一記念財団ウェブサイト（http://www.shibusawa.or.jp/eiichi/yukarinochi/index.html）、二〇二〇年三月三日最終閲覧。

# 第Ⅲ部　学校現場での渋沢栄一ガイド

東京市養育院感化部井之頭学校運動会にて（1930年）近代社会が生み出した社会問題の解決にも市民の立場から取り組んだ（出所：渋沢史料館所蔵）。

第Ⅲ部は、日本を豊かで幸せな近代国家にすると同時に国際社会への貢献も視野に入れ、市民の立場から取り組んだ渋沢の姿を、二一世紀の子どもたちに伝えるために構成した。

ここでは小学校教育における渋沢と論語の活用、中学・高校の教育教材、郷土の偉人、渋沢を調べ身近に感じるための方法という四つの視点を紹介し、小中高の学校現場で渋沢を身近な題材として取り上げてもらうためのガイドとした。

埼玉県深谷市では、渋沢栄一のこころざしを論語の章句を取り上げながら考える小学校低学年・高学年用の二つのテキストがある。『論語』や渋沢の著書『論語と算盤』など、子ども向けの出版物と併せて、道徳教育への教材化のヒントを考える。

次に渋沢栄一を教材とした授業案、アクティブラーニングの学習実践、『渋沢栄一伝記資料』を使用したグループ学習など、中学高校での授業で渋沢を取り上げるきっかけとなる、さまざまな事例を提示する。

さらに渋沢の功績の紹介や彼の生き方など、生誕の地である深谷市での学校教育、社会教育における学習を検討し、地域社会の観点から「郷土の偉人」にどう接するのか、その手がかりをさぐる。

最後は、文献紹介とともに、実際に足で歩いて渋沢に出会うことのできる施設、渋沢についてまとめたサイトや公開された資料などを紹介しよう。

渋沢は論語を精神的な基盤として、近代日本の国づくりにまい進し、経済ばかりか社会福祉事業や国際交流など、多くの人々のまとめ役となり活躍した。教科書では第一国立銀行設立者として紹介されることも多いが、その生涯は実に魅力的な教材に満ちている。

渋沢の行動や考え方を通して、彼を生みだした風土や郷土の歴史を学ぶことで、地域社会を支えた名もなき人々の暮らしにも思いをはせると共に、政治や戦争に注目されがちな歴史とは異なる視点から、日本の近代や日本と世界のつながりを子どもも達とともに考えてみたい。子どもたちが抱く素朴な疑問などを通して、大人も新たな視点から渋沢に再会できることを願っている。（是澤博昭）

# 第一三章　小学校における道徳教育のためのヒント

渡辺大雄

渋沢栄一の生誕の地・埼玉県深谷市では、小学校の道徳教育の授業のなかで、渋沢栄一を取り扱っており、また『論語』の教育にも力を入れている。

道徳教育と一言で括ってしまうと、広義に解釈できるが、本章では深谷市独自の、郷土に根づいた道徳教育をはじめ、子ども向けに書かれた『論語』と『論語と算盤』を題材に、これからの道徳教育のヒントを探っていきたい。

## 1　深谷市における特色ある道徳教育

### 学習指導要領改訂と道徳科の設立

二〇一五（平成二七）年三月に学校教育法施行規則を改正する省令、および学習指導要領の一部改正が告示され、これまでの道徳の時間を「特別の教科　道徳」と位置付けることになった。

これにより、小学校は二〇一八（平成三〇）年度、中学校では二〇一九（令和元）年度から道徳科が設立され、検定教科書が使用されることになった。つまり、新学習指導要領のスタートは小学校では二〇二〇（令和二）年からであるが、道徳に限り、二〇一八年度から実施することが可能になったのである。また、道徳が教科となったために評価が行われ、通知表や指導要録にも記載されるようになったが、他の教科とは異なり、評定は出さず、記述による評価となる。具体的には、ワークシートを用いたポートフォリオをしっかりと蓄積し、児童・生徒に自身の成長を自覚させるようにすることが大切である。

これからの道徳の授業は、新学習指導要領のスローガンでもある「主体的・対話的で深い学び」の実現のためにも、考え、議論する内容へと質的転換が求められている。自己を見つめたり、自分が自分を問うという内省的な自己内対話も含まれることになる。その意味でも振り返り活動がこのたびの道徳科の要になると考えられる。

## 郷土に根づいた道徳教育

二〇一二年に埼玉県深谷市教育委員会が編集・発行した『渋沢栄一こころざし読本』（「小学校第一学年～第三学年」と「小学校第四学年～第六学年」の二部構成）の発刊にあたって、当時の深谷市教育委員会の小柳光春教育長は、小学校第一学年～第三学年編の「はしがき」で、「栄一翁が生涯を通じて『こころざし（夢や目標）』と『忠恕の心（まごころと思いやり）』をとても大切にしていた」と述べている。また、小学校第四学年～第六学年編の「はしがき」では、「『心のありかた』、『人や社会とのかかわり』について見つめてほしいと思います」と記している。友人や家族、地域を大切にして、夢や目標に向かって行動できる人になってもらいたいという願いが込められている。

さらに二〇一四年には、『青淵・こころざし歳時記――深谷のこころをつむぐ』（「小学校第一学年～第三学年」と「小学校第四学年～第六学年」の二部構成）が発刊され、小柳教育長は「はしがき」で、「さらに、わたしたちが気持ちよく生活するために必要な『礼節（礼儀と節度）』の内容を加えるとともに、深谷市や学校の行事を入れ、月ごとにテーマを決めて学べるように作成しました」と述べている。

深谷市では、渋沢栄一や深谷市の偉人から日常的な事柄に触れながら考えさせ、そこから教訓を得るという教育を市を挙げて取り組んでおり、その熱心さは、『渋沢栄一こころざし読本』を刊行してからわずか二年で、次の新しい教材資料『青淵・こころざし歳時記』を作成していることからも伝わってくる。

しかも小学校からこのような道徳教育を徹底して実践していることは、情操教育に適した内容と言えよう。深谷市では、小学校だけでなく、中学校でも『渋沢栄一こころざし読本』（中学校第一学年～第三学年）と『青淵・こころざし歳時記――深谷のこころをつむぐ』（中学生用）を発行している。つまりは義務教育の九年間を通して、段階を踏み、郷土の道徳教育に力を入れていることがわかる。

『渋沢栄一こころざし読本』（小学校第一学年〜第三学年）
目次構成は、以下のようになっている。

渋沢栄一の母えいの姿（一輪の花関係）（三三頁）
「ふれる」【人物・論語にふれる】
イラスト渋沢栄一翁ゆかりの地（三五頁）
年表「渋沢栄一」（三七頁）
深谷ゆかりの人物（三九頁）
『論語』（四一頁）

図10　『渋沢栄一こころざし読本』（小学校第一学年～第三学年）
出所：深谷市教育委員会。

「かんがえる」【道徳読み物資料】は六つの話から構成され、渋沢栄一に関するエピソードがまとめられている。小学校低学年向きということで、文字は大きく、ほぼ全体に渡って漢字に読み仮名が振られている。内容もたいへんわかりやすくまとめられており、それぞれの場面に応じて考えさせるような形となっている。

「かんがえる」の内容と関連して、「し

る」【渋沢栄一関連資料】では、さらに詳しく渋沢について確認できるようになっており、「ふれる」【人物・論語にふれる】では、渋沢栄一の年表や深谷市ゆかりの人物（北川千代と生沢クノ）を紹介している。

また、「ふれる」では、『論語』の章句（六話）を取り上げている。「子曰く、巧言令色、鮮いかな仁」（学而）（一九頁）（巧みな話で、見かけだけにこだわっている人には、相手を思いやる心があるとは言えない）、「子曰く、剛毅朴訥は仁に近し」（子路）（三〇一頁）（話が上手でなくても、自分の考えをしっかり持っている人は、学んでいくと、思いやりの心を身につけていくものである）、「子曰く、徳孤ならず、必ず隣有り」（里仁）（一〇二頁）（人として正しい行動をとっている人は、決して一人きりになるようなことはない。自分の考えや気持ちをわかってくれる友だちや仲間が必ず現れる）、「子曰く、過ちて改めざる、是を過ちと謂う」（衛霊公）（三五五頁）（過ちに気がつき、改めることができれば、もう過ちではない。過ちをそのままにしたり、ごまかしたりして改めないことを過ちという）、「子曰く、学びて時に之を習う。亦説ばしからずや。朋、遠方より来たる有り、亦楽しからずや」（学而）（一五頁）（勉強をして、それをふだんから復習をすると、その学んだものは、自分の力になる。何ともうれしいことではないか。同じ勉強をしている友だちが訪ねてきて、一緒に勉強していけば、ますます自分の力がついてくる。これもまた楽しいことではないか）、「孟武伯孝を問う。子曰く、父母は、唯其の疾を之を憂う」（為政）（四五頁）（父母は、ただ子どもが病気にならないことを心配するばかりである。親に心配をさせたりしないようにすることが孝行となるのだ）。

『渋沢栄一こころざし読本』（小学校第四学年〜第六学年）目次構成は、以下のようになっている。

渋沢栄一と関東大震災（いささかなりとも働いてこそ関係）（四一頁）
渋沢栄一のこころざし（こころざし高く、今を熱く生きる関係）（四三頁）
渋沢栄一と煉瓦工場（四五頁）

「ふれる」【人物・論語にふれる】
イラスト渋沢栄一翁ゆかりの地
年表「渋沢栄一」
深谷ゆかりの人物
『論語』

「考える」【道徳読み物資料】は七つの話から構成されている。小学校第一学年～第三学年とは異なり、渋沢栄一に関するエピソードは四話（栄一と藍葉との出会い／煮ぼうとう／いささかなりとも働いてこそ／こころざし高く、今を熱く生きる）となっている。

中学年から高学年が対象であることから、「知る」【渋沢栄一関連資料】では内容の理解がさらに深められるようになっている。「ふれる」【人物・論語にふれる】については、渋沢栄一の年表をはじめ、深谷ゆかりの人物では、第一学年～第三学年の部に、畠山重忠と藤田雄山の二名を加えて、紹介している。

また、「ふれる」では、『論語』の章句（九話）が紹介されており、第一学年～第三学年の部で紹介された六話をはじめ、三話が新たに加えられている。「子曰く、苗にして秀でざる者有るかな。秀でて実らざる者有るかな」（子罕）（二一〇頁）（穀物が芽を出して苗になっても、中には花をつけずにかれてしまうこともある。人の成長もこれと同じで、途中であきらめず努力しつづけることが大切である）、「子曰く、故きを温めて、新しきを知れば、以て師たるべし」（為政）（四九頁）（人の師〔先生〕となることは簡単ではないが、古きよき知識を大切にしながら、新しい学問を学んでいこうとする姿勢が大切である）、「子貢問いて曰く、一言にして以て終身之を行うべき者有りやと。子曰く、それ恕か。己の欲せざる所は、人に施すこと勿かれ」（衛霊公）（三五一頁）（一言だけで一生行っていくべきだと言えるもの、それは恕〔思いやり〕である。自分のしてほしくないことは、人にしてはならないのである）。

『青淵・こころざし歳時記――深谷のこころをつむぐ』（小学校第一学年～第三学年）

目次構成は、以下のようになっている。

図11　『青淵・こころざし歳時記――深谷のこころをつむぐ』（小学校第一学年～第三学年）
出所：深谷市立教育委員会。

一二月　あきらめない心（二二頁）
一月　新しいスタート（二四頁）
二月　じょうぶな体　明るい心（二六頁）
三月　せい長するわたし（二八頁）
立志と忠恕の取組（三〇頁）
ぼくのランドセルへ（三二頁）

『渋沢栄一こころざし読本』とは異なり、四月から三月までの学年歴で記されている。六月の「がまんする強さ」では、あじさいの花の例を挙げて、その話の内容から『論語』（子罕）の「子曰く、苗にして秀でざる者有るかな。秀でて実らざる者有るかな」（子罕）（二一〇頁）（穀物が芽を出して苗になっても、中には花をつけずにかれてしまうこともある。人の成長もこれと同じで、途中であきらめず努力しつづけることが大切である）が取り上げられている。

また、一〇月の「ふくらむゆめ」では、本が好きな話題を取り上げて、その内容から『論語』（為政）の「子曰く、故きを温めて、新しきを知れば、以て師たるべし」（為政）（四九頁）（人の師（先生）となることは簡単ではないが、古きよき知識を大切にしながら、新しい学問を学んでいこうとする姿勢が大切である）を記している。

一一月の「思いやる心」では、渋沢栄一の母親について述べられており、困っている人がいたら手を差し伸べる優しい心を持つことの大切さを訴えている。さらには、一一月一一日の渋沢栄一の命日には、市内すべての学校給食で煮ぼうとうが提供されることを紹介している。

『青淵・こころざし歳時記――深谷のこころをつむぐ』（小学校第四学年〜第六学年）

目次構成は、以下のようになっている。



中学年から高学年にかけては、より具体的に細かく説明されている。四月の「新たな一歩を踏み出す」では、なぜ勉強しなければならないのかという問いを渋沢栄一に尋ねる形で紹介している。その答えとして、「人は死ぬまで勉強しないといけない」と記されている。そして、社会や人の役に立つ大人になるための準備をすることが重要であるとも述べられている。

六月の「梅雨明けの青空を待つ」では、「ヘチマとぼく」という詩から『論語』（衛霊公）の「子曰く、過ちて改めざる、是を過ちと謂う」（衛霊公）（三五五頁）（過ちに気がつき、改めることができれば、もう過ちではない。過ちをそのままにしたり、ごまかしたりして改めないことを過ちという）。

三月の「未来に向かってはばたく」は『論語』を二首紹介している。「孟武伯孝を問う。子曰く、父母は、唯其の疾を之を憂う」（為政）（四五頁）（父母は、ただ子どもが病気にならないことを心配するばかりである。親に心配をさせたりしないようにすることが孝行となるのだ）、「子曰く、学は及ばざるがごとくするも、猶お之を失わんことを恐る」（泰伯）（一九〇頁）（学問は、これで十分というところには至らない。自分はまだまだという思いで、また忘れてしまわないか心配しながらも励み続けなければならない）。

巻末の「渋沢栄一様へ」では、渋沢栄一の生き方や思いを知り、『論語』を読み、多くの教訓得ることができたことについての感謝の意を述べた形でまとめられている。

## 2　小学生のための『論語』教育

**齋藤孝『こども論語――故きを温ねて新しきを知る』**

今日、子ども向けに書かれた『論語』の本は数多く出版されている。その中でも、わかりやすく端的にまとめられたものが二〇一七（平成二九）年に刊行された齋藤孝『こども論語』である。

第一章では「生き方の教え」として、「知」（知恵を持って判断する）、「仁」（思いやり、優しさ）、「勇」（勇気）の三つの徳を身につけ、自分が生きていく道をしっかり歩んでいくことが述べられている。

第二章では「学びの教え」として、知らないことを知るのが学びで、学び続けることは楽しいことだということが述べられている。

第三章では「人間関係の教え」で、励まし合い、高め合う友人を見つけること、自分が君子になれば、自然とみんなから好かれるということが述べられている。孔子が大切にした「徳」について、五つの言葉「仁」（思いやりや優しい気持ちを持つ）、「義」（約束を守る）、「礼」（礼儀を尽くす）、「知」（知恵を持つ）、「信」（行動と言葉を一緒にする）について説明が施されている。

**守屋淳『お金と生き方の大切なことがわかる！　こども論語と算盤』**

次に二〇一八年には、守屋淳『こども論語と算盤』が刊行されている。この著書は、渋沢栄一の

「論語と算盤」（道徳経済合一説）を子ども向けにまとめたものである。

はしがきの中で、「論語」（道徳）では、「どうしたら立派な人間になれるか」、「思いやりや世の中への貢献」という意味で紹介されている。また、「算盤」（経済）の場合は、渋沢栄一は、「商売の意味」で使われている。

『論語と算盤』とは、どのような本であるか、また、コラムでは社会が不安定にならないためにどうしたらよいかなど、お金儲けの欲望を暴走させないために必要なことを『論語』に書かれている道徳に求めたことを述べている。

さらに『論語』については、「世のため人のためになるような『志』をもつことの大切さや、人に信頼されるような行ないをして『徳』をつむことの大切さを説いた」と解説している。

第一章の「お金の話ってしないほうがいいの？」（お金・立身出世編）では、お金の怖いところや成功者とはどのような人のことを指すのかなどがまとめられている。第二章の「生きていくのって大変？」（処世術・道徳編）では、何かを決めるときに大切なことや困ったときに大切なことは何かなどが書かれている。第三章の「勉強はなぜしなくちゃいけないの？」（目標・勉強編）では、物事を成功させるコツとは何か、大人になって活躍するためにはどのような力が求められるかなどが紹介されている。第四章の「つらいときには、どこに気をつけたらいい？」（運・逆境編）では、解決できない問題が生じたときにどのように対処するか、新しいことを始めることが不安なときにはどうしたらよいかなどが述べられている。

齋藤孝『自分で考えて行動しよう！こども論語とそろばん』

さらに、二〇一九年には、齋藤孝『自分で考えて行動しよう！こども論語とそろばん』が刊行されている。

第一章の「お金もうけは、いけないことじゃないよ」では、お金に対する正しい心構えが紹介されている。第二章の「人生で成功するには、どうしたらいい？」では、人生で大成功した渋沢栄一の言葉が紹介されている。第三章の「何をするにも、『やる気』はだいじだね」では、やる気が出るには、どのような方法が最適かが記されている。第四章では、「いちばんだいじなことは『信用』だよ」では、信用される人になるにはどのようにしたらしたらよいのかが書かれている。第五章は「人生に大黒柱をたてよう」で、人生には一本の柱が必要で、それを貫くためにどのようなことをすればよいのかが紹介されている。

同じく『論語』の道徳の内容に触れている箇所として、守屋・齋藤とも「論語と算盤は、甚だ遠くして甚だ近いものである」（処世と信条・一頁）、「その富を成す根源は何かといえば、仁義道徳、正しい道理の富でなければ、その富は完全に永続することができぬ」（処世と信条・二頁）とある。「『智、情、意』の三者が各々権衡を保ち、平等に発達したものが完全の常識だろうと考える」（常識と習慣・五九頁）を取り上げている。

これまで深谷市の道徳教育と、子ども向けの『論語』と『論語と算盤』について述べてきた。渋沢栄一を素材にすると、道徳が学習しやすくなるのは、その生い立ちによるものと考えられる。渋沢は自身の従兄で、師である尾高惇忠に『論語』を習い通った。いつしかその道は「論語の道」と呼ばれ、現在の深谷市にあたるこの地域一帯も「論語の里」と呼ばれるようになった。つまり、深谷市そのものが「論語の里」であり、渋沢によって深谷市は『論語』を自然な形で、身近に受け入れやすい環境が出来上がってきたのではないだろうか。

尾高惇忠の思想の中心をなすものは陽明学の知行合一の教えであった。渋沢には『論語』の「忠恕」に象徴される儒教思想が根本にあったのである。渋沢の『論語と算盤』の中でもこの「忠恕の道」という言葉はしばしば見られ、渋沢が生涯貫いた思想とされる。そして、この土地で育まれた渋沢の「忠恕のこころ」を、深谷市は継承していこうと市を挙げて取り組むようになったのだろう。

小学校から論語教育を広め、それを道徳教育の一つとして取り入れていくことにより、生きていく上で必要とされる人を思いやる気持ちや真心と言った忠恕の精神を修得することができる。さらには、自己啓発、向上心と言った自己を高めるための修養も身に付けることができる。『論語』には、このように自分自身を修めて、人と接していくために必要とされる日常の教えが説かれている。これらの事柄は子どものころから触れていると、幅のあるさまざまな可能性を備えた人間になっていくのであろう。

## 引用・参考文献


『教室ツーウェイNEXT』六号、二〇一八年。

埼玉県深谷市教育委員会編集『渋沢栄一こころざし読本』埼玉県深谷市教育委員会発行、二〇一二年。

――『青淵・こころざし歳時記――深谷のこころをつむぐ』埼玉県深谷市教育委員会発行、二〇一四年。

齋藤孝『こども論語――故きを温ねて新しきを知る』草思社、二〇一七年。

――『自分で考えて行動しよう！こども論語とそろばん』筑摩書房、二〇一九年。

渋沢栄一『論語と算盤』国書刊行会、二〇〇七年。

『小学校学習指導要領（平成二九年告示）解説　特別の教科道徳編』二〇一八年七月号。

『初等教育資料』二〇一八年一一月号。

緑川佑介『孔子の一生と論語』明治書院、二〇〇四年。

守屋淳『お金と生き方の大切なことがわかる！　こども論語と算盤』祥伝社、二〇一八年。

――『現代語訳　論語と算盤』ちくま新書、二〇一〇年。

吉田賢抗『論語』（新釈漢文大系1　論語）明治書院、二〇一四年。

# 第一四章　中学校・高校における社会科・国際教育のためのヒント

山内晴子

現在、高等学校の日本史の教科書の中で渋沢栄一は、第一国立銀行設立者として登場するのみであるが、それでは、余りに、もったいない。その理由は、次の四点にある。

第一に、渋沢栄一はアヘン戦争が勃発した一八四〇（天保一一）年に生まれ、満州事変が起こった一九三一（昭和六）年に亡くなったことから、その波乱万丈の生涯を知ることは、明治維新を乗り越え、近代国家へ移行する幕末から昭和の激動の日本近代史そのものを学ぶことになる。

第二に、今、世界では自分第一主義や自国第一主義が蔓延し、企業も私益追及第一主義で、人間を幸せにする良い社会への発展という公益がないがしろにされているという、危機的状況にある。渋沢は、時代的制約の中で日本を国民にとって幸せな近代国家にし、同時に平和な国際社会にするために、今必要なことは何か、自分は今何ができるかを考え、行動した人物である。

第三に、渋沢は、今も多くが残る約五〇〇社の民間会社を創設したのみならず、公益のために、六〇〇団体もの教育機関や福祉事業を育成した教育者であり、社会福祉家である。高等教育についても、商法講習所（現・一橋大学）、早稲田大学、同志社大学、日本女子大学、二松学舎大学などの設立・運営に力を貸した。

第四に、渋沢は、国際社会の動向に常に目を向け、広い視野に立って、ＩＮＧＯ（国際非政府組織）を支援して、日本が世界から孤立しないよう国民外交を展開し、国際交流に貢献した。

教育や福祉、国際交流の分野だけでなく、経済や金融の分野でも「公益」を追求した渋沢の生涯を知ることは、生徒一人ひとりが、自分は社会のために何ができるかを考えるヒントになる。まず、渋沢栄一が、なぜ魅力的な教材であるかを纏めてみよう。

## 1　魅力ある教材としての渋沢栄一

### 高等学校「歴史総合」の授業目標

渋沢栄一は、世界史と日本史のみならず、社会科と情報科、国語科、英語科などとの教科横断的な総合教育に恰好の教材であり、文部科学省学習指導要領の目標にもピッタリ当てはまる。『高等学校学習指導要領（平成三〇年公示）解説　地理歴史編』によると、教育改革により、高等学校地理歴史科では世界史必履修を見直し、「歴史総合」と、選択科目として「日本史探求」、「世界史探求」、「地理探求」を設定した。

「歴史総合」の目標は、「社会的現象の歴史的な見方・考え方を働かせ、課題を追及したり解決したりする活動を通して、広い視野に立ち、グローバル化する国際社会に主体的に生きる平和で民主的な国家及び社会の形成者に必要な公民としての資質・能力を次の通り育成することを目指す」である。

（一）近現代の歴史の変化に関わる諸事情について、世界とその中の日本を広く相互的な視野から捉え、現代的な課題の形成にかかわる近現代の歴史を理解するとともに諸資料から歴史に関する様々な情報を適切かつ効果的に調べまとめる技能を身に付けるようにする。

（二）近現代の歴史の変化に関わる事象の意味や意義、特色などを、時期や年代、推移、比較、相互の関連や現在とのつながりなどに着目して、概念などを活用して多面的・多角的に考察したり、歴史に見られる課題を把握し解決を視野に入れて想像したりする力や、考察、構想したことを効果的に説明したり、それらを基に議論したりする力を養う。

（三）近現代の歴史の変化に関わる諸事象について、よりよい社会の実現を視野に課題を主体的に追及、解決しようとする態度を養うとともに、多面的・多角的に考察や深い理解を通して涵養される日本国民としての自覚、我が国の歴史に対する愛情、他国や他国の文化を尊重することの大切さについての自覚などを深める、である。

## 教材として高い有用性を持つ理由

資料が豊富でアクセスが容易なことは、教材として最も重要である。渋沢に関しては、（一）飛鳥山に膨大な資料をもつ渋沢史料館を利用でき、(二) 多くの優れた研究書や、(三)『渋沢栄一を知る辞典』もあり、(四) 公益財団法人渋沢栄一記念財団の充実したウエブサイトもある。その上、(五) 二〇一六（平成二八）年から公益財団法人渋沢栄一記念財団作成のデジタル版『渋沢栄一伝記資料』(http://eiichi.shibusawa.or.jp/denkishiryo/digital/main/) に誰でも自由にアクセスできる。

これだけの条件が揃っている渋沢栄一は、グループ学習であるアクティブ・ラーニングのテーマとして非常に有効である。グループ内の討論とその研究発表により、理解が深まり知識が定着すると同時に、他人の意見に耳を傾け、自分の考えを皆に伝え、説得するという民主主義の良き訓練になる。渋沢を扱ったグループ学習によって、歴史総合の目標が習得できることが分かるであろう。次節では、具体的に、渋沢栄一を教材としたアクティヴ・ラーニングのグループ学習の授業展開案を提示しよう。

## 2　授業展開案（一）――渋沢栄一の全体像の把握

表5をご覧いただきたい。大きなテーマを「渋沢栄一の全体像の把握」とし、生徒を四つのグループに分け、表5の内容を渋沢史料館、または右記の資料で調べさせる。どのグループも、生徒が持っている歴史年表を使って、渋沢の生涯と併記するかたちで略年表を作成させる。略年表作成により、渋沢が生きた激動の時代を、身をもって理解できる。

**表5**　渋沢栄一を教材としたアクティヴ・ラーニングのグループ学習の授業展開案

<table>
<tr><th></th><th>テーマ</th><th>授業展開と内容</th></tr>
<tr><td>解説</td><td>渋沢栄一の全体像の把握</td><td>渋沢栄一の全体像とグループ学習の解説。渋沢史料館見学、又は渋沢史料館が貸し出しをしている渋沢のDVD鑑賞後に、グループ分け、テーマ決定、資料確認。渋沢『雨夜譚』(あまよがたり)〔→国語科と総合教育〕</td></tr>
<tr><td rowspan="4">グループ学習</td><td>グループ(一)渋沢の生誕から明治維政府の一員まで</td><td>歴史年表を使って渋沢の生涯と日本史と世界史の併記略年表の作成。<br>①郷里血洗島にて。家業藍の製造販売に精を出す、母はハンセン病患者支援、江戸にて尊王攘夷運動参加。②一橋家家臣となる。歩兵募集、領内産業振興。徳川慶喜の弟・昭武に随行しパリ、欧州各地。パリ万博で先進社会を知る。慶喜蟄居の静岡で金融商社「商法会所」創設。③維新政府の一員に。改正掛。</td></tr>
<tr><td>グループ(二)民間での起業家渋沢栄一</td><td>歴史年表を使って渋沢の生涯と日本史と世界史の併記略年表の作成。1873(明治6)年に大蔵省を退官。④実業界を築く(第一国立銀行創設、近代的企業設立、経済団体組織化)。「銀行条例」制定。『論語と算盤』の経営思想。道徳経済合一説。官尊民卑の打破、合本主義、財閥との関係、大韓帝国への第一国立銀行進出と「第一銀行券」発行など、時代的制約にも気づかせる。</td></tr>
<tr><td>グループ(三)渋沢の教育福祉活動</td><td>歴史年表を使って渋沢の生涯と日本史と世界史の併記略年表の作成。⑥社会公共事業を推進(福祉医療活動、教育重視、東京街づくり、労使協調)。東京養育院、実業教育や女子教育支援、東京会議所協調会、帰一協会、徳川慶喜公伝編纂、ハンセン病支援。</td></tr>
<tr><td>グループ(四)国際交流・民間外交</td><td>歴史年表を使って渋沢の生涯と日本史と世界史の併記略年表の作成。⑤民間外交を担う。「国民外交」の先駆者、日露戦争後の日米関係修復活動。日米関係委員会、渡米実業団団長、日米協会、太平洋問題調査会(IPR)、日米人形交換事業、東京帝国大学ヘボン講座、⑦栄一と家族たち。後継者・孫の渋沢敬三の経済界と学界での活躍。⑧手紙に見る幅広い交流。各界著名人との交流。</td></tr>
<tr><td rowspan="2">発表</td><td>グループ研究発表</td><td>模造紙かパワーポイント使用の発表と質疑応答。<br>クラスでドラマにして、文化祭で発表しても面白い。</td></tr>
<tr><td>研究発表冊子の制作</td><td></td></tr>
</table>

注：表中の①～⑧の番号とそれに付随する見出しは、渋沢史料館の展示を参考に作成。

出所：筆者作成。

渋沢は一八六七（慶応三）年にパリを中心に欧州を巡り、一九〇二（明治三五）年に夫妻で欧米を視察、一九〇九（明治四二）年には渡米実業団団長を務め、対華二一ヵ条要求が提出された一九一五（大正四）年にも訪米し、一九二一（大正一〇）年にはワシントン会議視察のため渡米している。授業の間だけ生徒たちに、産業と社会公共文化事業の父として、世界の中の日本を考え続けた渋沢になってもらうのである。

次節では、表5で取り上げられている（下線部分）、渋沢栄一の全体像把握のための渋沢史料館見学と、東京帝国大学ヘボン講座：デジタル版『渋沢栄一伝記資料』を使用したグループ学習を例にとり、解説しよう。

## 3　授業展開案（一）——渋沢史料館見学

### 探訪・渋沢史料館

渋沢の全体像を生徒が理解するため、そしてなによりも教師が渋沢を理解するために、飛鳥山の渋沢史料館見学が最善である。筆者は本章執筆のため、二〇一九（平成三一）年三月六日に再訪した。なお、二〇二〇年四月より展示リニューアルが行われるため、記述と異なる可能性がある。

渋沢史料館の一階では、渋沢の生涯とその業績を二五分にまとめた映画を一〇〇インチの画面で常時上映している。二階展示室入口には、第一国立銀行の錦絵をバックに、二七歳でパリに渡った渋沢の等身大（身長一五〇センチ）の写真がある。錦絵の右手奥には二九インチのモニターがあり、栄一の業績を五分間に要約した映像を常時上映している。また、その先には渋沢の生涯や業績を項目ごとにまとめたブースが設置されており、「国際的に国をなして行くには他国を慮る道義が不可欠だ」と国際連盟の精神を説く満八八歳の渋沢の肉声を聞くこともできる。

この渋沢史料館は、現在、中高生にどのように利用されているだろうか。その答えを求めて、同日午後、筆者は渋沢史料館で井上潤館長にインタヴューした。

問一：渋沢史料館への団体見学校はどのぐらいあり、どのように行われていますか。

答　小学生でもしっかりポイントを押さえて、夏休みの課題として渋沢をテーマとした生徒もいた。渋沢の出身地・深谷の中学校の社会科の土井先生が教員向けの発表授業をされたが、渋沢は教材研究の授業に最適と思う。団体見学の中で、開成中学の生田先生が、答えを書き込むフォームを作成して見学させておられたことが印象に残っている。中高からの団体見学は少ないが、修学旅行で、予習させ、交渉まで生徒にさせた事例もある。展示品の中に「エジソンの手紙はなぜあるか？」との疑問を持てば、当時の日米関係から、渋沢が日米協会を設立するきっかけとなったことを知ることができる。人形交流も、生徒にとってとっつきやすいテーマである。

問二：見学ができない遠方の学校へのＤＶＤの貸し出しや販売がおこなわれていますか。

答　DVDは、ドラマ制作などに貸し出されているほか、ドラマや歴史番組でも場面場面が使われている。

たしかに小学生でもエジソンは知っている。そのため、「エジソンの手紙はなぜあるか？」という疑問から、渋沢の国民外交、国際交流に目を向けさせることができる。日露戦争後、日米戦争が危惧され、日米関係修復が急務であった一九〇九年、当時六九歳の渋沢は、「渡米実業団」団長として、三か月にわたってアメリカを訪問し、タフト大統領やエジソンに会っている。

## 開成中学校・生田清人先生の取組み

答えを書き込むフォームを作成して見学させておられたという開成中学校の生田清人先生は、どのような授業を展開されたのだろうか。それが知りたくて、生田先生にお目にかかることにした。生田先生は、駒澤大学で社会科教育法Ⅲ・Ⅳ（地理歴史）（教職）を金曜日に教えておられることが分かったので、同年四月二五日、講義後の生田先生へインタヴューをすべく講師控室に伺った。

生田先生は、開成中学校付近の三つの博物館（渋沢史料館、紙の博物館、飛鳥山博物館）を見学する授業を展開された。この三つの博物館は、飛鳥山公園内にある。飛鳥山博物館は、最終氷河期の「王子貝層」からはじまって、昭和の北区の歴史・民俗・自然を紹介する博物館である。紙の博物館は、王子製紙王子工場跡に建つ製紙記念館が、首都高建設のために、一九九八（平成一〇）年に飛鳥山公園

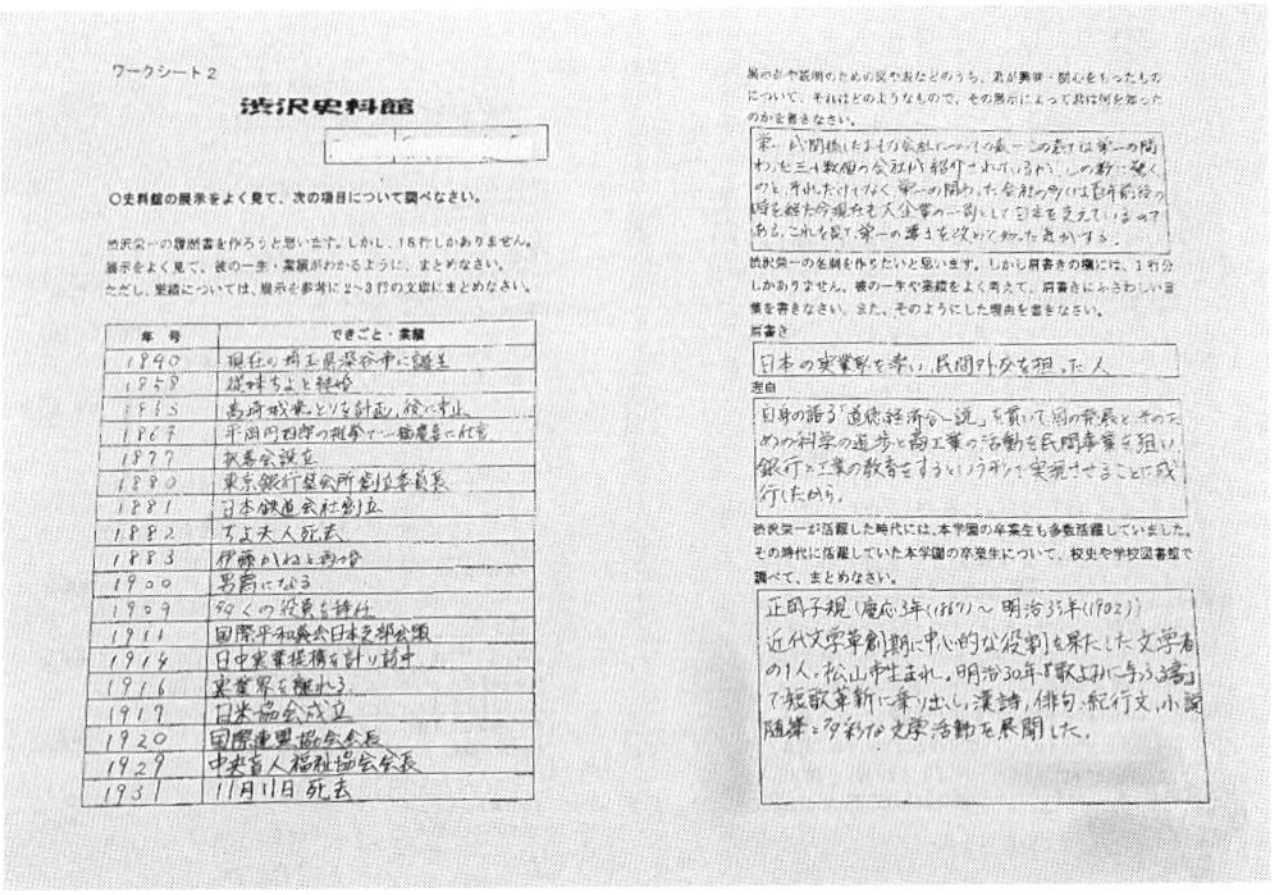
ワークシート２

渋沢史料館

○史料館の展示をよく見て、次の項目について調べなさい。

渋沢栄一の履歴書を作ろうと思います。しかし、18行しかありません。
展示をよく見て、彼の一生・業績がわかるように、まとめなさい。
ただし、業績については、展示を参考に2〜3行の文章にまとめなさい。

| 年号 | できごと・業績 |
|---|---|
| 1840 | 現在の埼玉県深谷市に誕生 |
| 1858 | 従妹ちよと結婚 |
| 1863 | 高崎城乗っとりを計画、後に中止 |
| 1867 | 平岡円四郎の推挙で一橋慶喜に仕官 |
| 1877 | 択善会設立 |
| 1880 | 東京銀行集会所創立委員長 |
| 1881 | 日本鉄道会社創立 |
| 1882 | ちよ夫人死去 |
| 1883 | 伊藤かねと再婚 |
| 1900 | 男爵になる |
| 1909 | 多くの役員を辞任 |
| 1911 | 国際平和義会日本支部会頭 |
| 1914 | 日中実業提携を計り訪中 |
| 1916 | 実業界を離れる |
| 1917 | 日米協会成立 |
| 1920 | 国際連盟協会会長 |
| 1929 | 中央盲人福祉協会会長 |
| 1931 | 11月11日 死去 |

展示物や説明のための図や表などのうち、君が興味・関心をもったものについて、それはどのようなもので、その展示によって君は何を知ったのかを書きなさい。

栄一が関係したおもな会社についての表…この表では栄一の関わった三十数個の会社が紹介されているが、この数に驚くのと、それだけでなく、栄一の関わった会社の多くは百年前後の時を経た今現在も大企業の一部として日本を支えているのである。これを見て、栄一の凄さを改めて知った気がする。

渋沢栄一の名刺を作りたいと思います。しかし肩書きの欄には、１行分しかありません。彼の一生や業績をよく考えて、肩書きにふさわしい言葉を書きなさい。また、そのようにした理由を書きなさい。

肩書き

日本の実業界を率い、民間外交を担った人

理由

自身の語る「道徳経済合一説」を貫いて国の発展とそのための科学の進歩と商工業の活動を民間事業で担い、銀行や工業の教育をするというカタチで実現させることに成功したから。

渋沢栄一が活躍した時代には、本学園の卒業生も多数活躍していました。その時代に活躍していた本学園の卒業生について、校史や学校図書館で調べて、まとめなさい。

正岡子規（慶応3年（1867）〜明治35年（1902））
近代文学草創期に中心的な役割を果たした文学者の1人。松山市生まれ。明治30年『歌よみに与ふる書』で短歌革新に乗り出し、漢詩、俳句、紀行文、小説随筆と多彩な文学活動を展開した。

**図 12**　実際に生徒が書き込んだ渋沢史料館用のワークシート
出所：生田清人氏。

に移転・新装した博物館である。ここは、渋沢と大いに関係がある。渋沢は、一八七三（明治六）年に王子村（北区）に、日本初の洋紙工場「抄紙会社」を創業。翌年、大蔵省紙幣寮抄紙局（現・財務省印刷局王子工場）が隣接地に造られ、一八七五（明治八）年に王子製紙工場が稼働した。洋紙生産の中心地になったのは、原料の供給と製品の消費地に近く、幕府の大砲設置所（維新で建設されなかった）建設用の用水路の王子分水があり、石神井川や墨田川での運搬に適していたからである。渋沢の飛鳥山土地購入は一八七七（明治一〇）年で、別荘の飛鳥山邸に世界の客人を招いた。

　では、生田清人先生のアクティヴ・ラーニングのグループ学習実践の紹介に入ろう。生田先生は、七クラスを三班にわけて、順に博物館を見学させた。渋沢史料館では、生徒にB４の

**表6　ワークシート渋沢史料館**

クラス　　　　　氏名

○史料館の展示をよく見て，次の項目について調べなさい。

渋沢栄一の履歴書を作ろうと思います。しかし18行しかありません。展示をよく見て，彼の生涯・業績がわかるように，まとめなさい。ただし，業績については，展示を参考に2～3行の文章にまとめなさい。

| 年　号 | 出来事・業績 |
|---|---|
| 1814 | 現在の埼玉県深谷市に誕生 |
| 1858 | 従妹ちよと結婚 |
| 1863 | 高崎城乗っ取りを計画，後に中止 |
| 1864 | 平岡円四郎の推挙で一橋慶喜に仕官 |
| 1877 | 択善会設立 |
| 1880 | 東京銀行集会所創立委員長 |
| 1881 | 日本鉄道会社創立 |
| 1882 | ちよ夫人死去 |
| 1883 | 伊藤かねと再婚 |
| 1900 | 男爵になる |
| 1909 | 多くの役員を辞任 |
| 1911 | 国際平和義会日本支部会頭 |
| 1914 | 日中実業提携を計り訪中 |
| 1916 | 実業界を離れる |
| 1917 | 日米協会成立 |
| 1920 | 国際連盟協会会長 |
| 1929 | 中央盲人福祉協会会長 |
| 1931 | 11月11日死去 |

ワークシートと自分たちなりの渋沢栄一の名刺を作るために、B6判の画用紙を配布したという。渋沢の肩書を考えなければならない名刺作成とは、なんとユニークなアイディアであろう！

ワークシートには、生徒それぞれの興味を引き出すための工夫が無駄なく纏められていた。これなら、生徒は、楽しく自分との関係も考えながら見学し、自分の渋沢栄一像をしっかり作ることができる。生田先生は、三つの博物館それぞれについて、生徒が記入した（生徒氏名は消してある）B4のワークシート三枚のコピーを下さった。掲載のご許可いただいたので、ここでは渋沢史料館のワークシート（図12）をご紹介する。ワークシートの左面は表6、右面は左記の通りで、枠内は、生徒が書き込んだ内容である。

○展示品や説明のための図や表などのうち、君が興味・関心をもったものについて、それはどのようなもので、その展示によって君は何を知ったのかを書きなさい。

> 栄一が関係した主な会社についての表：この表では栄一の関わった三十数個の会社が紹介されているが、この数に驚くのと、それだけでなく、栄一の関わった会社の多くは一〇〇年後の時を経た今現在も大企業の一角として日本を支えているのである。これを見て栄一の凄さを改めて知った気がした。

○渋沢栄一の名刺を作りたいと思います。しかし肩書の欄には、一行分しかありません。彼の一生や業績をよく考えて、肩書にふさわしい言葉を書きなさい。また、そのようにした理由を書きなさい。

> 肩書き　日本の実業界を率い、民間外交を担った人。
> 理由　自分の語る「道徳経済合一説」を貫いて、国の発展と、そのための科学の進歩と商工業の活動を、民間事業を狙い、銀行と工業の教育をするという形で実現させることに成功したから。

○渋沢栄一が活躍した時代には、本学園の卒業生も多数活躍していました。その時代に活躍していた本学園の卒業生について、校史や学校図書館で調べて、まとめなさい。

> 正岡子規（慶応三年（一八六七）～明治三五年（一九〇二）　近代文学草創期に中心的な役割を果たした文学者の一人。松山市生まれ。明治三〇年『歌よみに与ふる書』で短歌革新に乗り出し、漢詩、俳句、紀行文、小説、随筆と多彩な文学活動を展開した。

この生徒のワークシートは非常に良く纏まっている。例えば履歴書（表6）は、一九〇九年に多くの役員を辞任してから、渋沢が国際親善に力をいれたことが一目瞭然である。

## 教職課程・生田清人先生のワークシート

生田先生は、駒沢大学教職課程でも三つの博物館を活用して、「総合的な学習のカリキュラムデザイン」の演習を展開されている。掲載許可を頂いたので、渋沢史料館の演習ワークシートについて、先生の質問の一部と、四人の学生の回答の一部（枠内）を紹介する。

Q　教師の目で……

今日の野外学習で使用するワークシートを作成したい。生徒に気付かせたい課題をあげ、それを引き出すための問いかけとそのねらいを、簡潔に書きなさい。

＊生徒が館内でどのように動くかを考えること。

課題　渋沢が日本にもたらした影響と海外との交流。日本経済、教育の発展における渋沢の役割。渋沢が出会った人、影響を与えられた人を見つける。
問いかけとねらい　日本の経済発展に力を入れ、若者の教育から養育院までに影響を及ぼし、人形の交換など日米の関係にもかかわっていた。渋沢の履歴をみて、時代が明治へと移り、日本が国際化を図り、近代産業へ力を入れていく歴史を学ぶ。渋沢の活動の中で、現在自分たちの知っている事柄はあったか考える。↓渋沢の活動の重要性を理解する。渋沢が出会った人々について、調べ、その人物に関わる事柄から、渋沢にどのような変化を起こしたのか。渋沢はどのように感じたのか考えまとめる。

Q　野外学習の数日後、教員室で、今回の野外実習の反省と来年度に向けた検討会があると仮定します。そのとき、あなたが発言しようと考える問題点と課題を三点書きなさい。

渋沢の業績を基礎程度理解しておく必要がある。博物館を見学する際、どんな点に着目すればよいか指示する。事前に課題を明確にして、見方を大筋で指導する。ビデオの上映の時間に合わせて回るのが難しい。一般のお客さんが多い日は避けた方が良い。

＊実習中のメモや感想・雑感などを自由に書きなさい。

若者の教育にも力を入れる。青い目の人形と日本の振袖人形で海外との交流→日米の人形は日米の関係を和らげる為。養育院、医療運営→支援。ヨーロッパ諸国を見学し、日本にも株式会社組織が必要と痛感した。見学は、一番見たいところに時間をかける。

以上は、実際に教師が渋沢でグループ学習授業をする時、大いに役立つと思う。生田清人先生のご協力に心から感謝申し上げる。

## 4　授業展開案（二）
### ――東京帝国大学ヘボン講座（デジタル版『渋沢栄一伝記資料』を使用したグループ学習）

### ヘボン講座の誕生

次に、表5で取り上げられている、「東京帝国大学ヘボン講座」をどのようにデジタル版『渋沢栄一伝記資料』を使用して授業を展開するかを検討したい（以下は、山内（二〇一八　三～一三頁）に基づいている）。

渋沢が、日米間の理解のため、大学生向けには「ヘボン講座」、子供向けには宣教師ギューリックの「人形の交換」を支援したとしばしば語っており、彼にとって日米開戦論を憂慮しての「ヘボン講座」は信頼醸成のための大事な事業であった。

斎藤眞は、『アメリカ精神を求めて――高木八尺の生涯』に、ヘボン講座の誕生を次のように書いている。

一九一七年（大正六年）、ヘボン式ローマ字で著名な医師・宣教師ヘボン博士の遠戚にあたるアメリカの銀行家ヘボン（A. Barton Hepburn）が、日露戦争後巷間をにぎわした日米戦争論を憂慮し日米間の友誼を厚からしめるために、東京帝国大学に国際法並びに国際友誼の講座を設置するための寄付をすることを、渋沢栄一を通して申し出てきた。東大当局は、この申し出を喜んで受けると共に（中略）むしろ、米国憲法及び外交史、あるいは広い意味での米国史の講座を置くことを希望したのである。アメリカ研究の講座であることを希望したのは、日本側であることに注意したい。そして、当時直ちにその講座を担当すべき適任者のないところから、有望な若い学徒を選んで、三年位アメリカで研究して準備させてはと返答した。（斎藤　一九八五　一二三〜一二四頁）

ヘボンも東京帝国大学の要望に賛同し、有望な若い学徒として選ばれたのが新渡戸稲造の弟子・高木八尺《やさか》である。正式にヘボン講座が開設したのは、高木が留学から帰国した一九二四（大正一三）年である。『米国憲法、歴史及び外交』講座、通称ヘボン講座は東京帝国大学の学生にはベイケンと呼ばれた。第二次世界大戦中も高木八尺のアメリカ民主主義の歴史を伝える講義は続けられ、戦地に赴く学生を見送り、戦後は「アメリカ政治外交史」に引き継がれ現在に至っている。

高木は「ヘボン講座と対米関係での学術上の接近とに色々の貢献がなされ…一九三五、三六年の頃にファーズとかボートンとかが大学院の学生として在学しましたことも、やはり講座関係の収穫の一つであったと言えると思います」（斎藤　一九八五　七一頁）と語っている。二・二六事件当時、『戦後日本の設計者』となるヒュー・ボートンや駐日大使になるエドウィン・O・ライシャワーが留学していたのである。

ここでは情報科や英語科との指導案として、東京帝国大学ヘボン講座をテーマに、デジタル版『渋沢栄一伝記資料』を使用したグループ学習を提示する。

まず、各自のパソコン画面に、「ヘボン講座」の渋沢栄一との関係についての八行の略年表を、全員が左記の手順で作成する（例を表7として提示する）。①ウェブ上で「デジタル版『渋沢栄一伝記資料』」を検索。②単語（フリーワード）検索をクリックし、「ヘボン講座」と入力しクリック。二三項目がでてくる。③「本文　第四五巻」の最初の項目をクリック。「東京帝国大学関係　一、ヘボン氏寄付講座」の画面。④「綱文」は全体の要約であるから、八行の表の最初の行の左に頁と「ページ画像」を、真中に年月日を、右に「綱文」を貼り付ける。⑤上段の右の「次へ」をクリックすると、次の「綱文」が出てくるので、二行目に同じように貼り付ける。⑥次へのクリックを続け、八個の「綱文」を表にすると、「ヘボン講座」の渋沢栄一との関係の略年表が完成する。⑦最初の「綱文」の画面に戻る。各「綱文」の下には資料リストが続いている。各資料のグリーンの「ページ画像」をクリックすると、『渋沢栄一伝記資料』の該当頁が表示されることを、指導する。②の単語検索に、渡米実業団や日米関係委員会も入力してみることも併せて、指示する。

次に、生徒を五つのグループに分け、左記の（一）～（五）までの重要資料を纏めて発表し、質疑応答の時間を持つ。その際に、拙稿の「デジタル版『渋沢栄一伝記資料』を使用して「渋沢栄一のヘボン講座支援――朝河貫一と高木八尺」が先生方の参考になれば幸甚である。

（一）「ヘボン講座」発端の一九一七年六月一一日付渋沢宛ヘボン書簡の最後の段落 A namesake

**表7**　デジタル版『渋沢栄一伝記資料』を使用して作成した、「東京帝国大学ヘボン講座」と渋沢栄一との関係の略年表

| 『渋沢栄一伝記資料』の頁 | 年・月・日 | 綱　文 |
|---|---|---|
| 432～452頁 ページ画像 | 大正6年8月6日(1917年) | 是ヨリ先、アメリカ合衆国ニュー・ヨーク、チェース・ナショナル・バンク頭取エー・バートン・ヘボン、一宮鈴太郎ニ托シテ書翰ヲ栄一ニ送リ、国際関係ノ改善ニ資スルタメ、東京帝国大学ニ、国際法及ビ国際親善ニ関スル講座新設ノ資金寄付ノ申出ヲナシ、且ソノ斡旋ヲ依頼ス。是日栄一、返書ヲ発シテ好意ヲ謝シ、爾後同大学総長山川健次郎ト協議ヲ重ヌ。ヘボン、栄一ニ、山川総長ノ提案ニ賛成ノ旨十一月四日付書翰ヲ以テ回答シ、当講座設置ノ件決定ス。 |
| 453～455頁 ページ画像 | 大正7年2月9日(1918年) | 是ヨリ先栄一、エー・バートン・ヘボンノ指定ニヨリテ、東京帝国大学総長ヨリ、当講座委員ヲ依嘱セラル。是日、東京帝国大学法科大学第三十二番教室ニ於テ、当講座開始式挙行セラレ、栄一出席シテ演説ヲナス。 |
| 455～458頁 ページ画像 | 大正7年2月16日(1918年) | 是日、東京帝国大学ニ於テ、当講座トシテ、新渡戸稲造ノ米国史及ビ美濃部達吉ノ米国憲法ノ講義開始セラル。<br><br>三月二十一日、栄一、東京銀行倶楽部ニ当講座関係者ヲ招待シテ晩餐会ヲ催ス。 |
| 461～464頁 ページ画像 | 大正10年3月15日(1921年) | 是月、当講座寄付者エー・バートン・ヘボン、息女コーデリアヲ同伴来日シ、是日渋沢事務所ニ栄一ヲ訪問ス。三月十七日、東京銀行倶楽部ニ於テ、日本銀行総裁井上準之助主催ノヘボン招待晩餐会催サル。栄一出席シテ演説ヲナス。四月二十六日、栄一飛鳥山邸ニ於テ、招待午餐会ヲ催ス。 |
| 464～469頁 ページ画像 | 大正11年4月29日(1922年) | 是年一月二十五日、当講座寄付者エー・バートン・ヘボン、ニュー・ヨークニ於テ、交通事故ニヨリ急逝ス。是日栄一、東京帝国大学ニ於ケル、当講座講演会ニ臨ミ、追悼ノ辞ヲ述ブ。栄一、引続キ当講座ニツキ尽力ス。 |
| 469～473頁 ページ画像 | 昭和4年7月3日(1929年) | 是日、東京帝国大学大講堂ニ於テ、当講座委員会開カル。栄一出席ス。八月六日、栄一、エー・バートン・ヘボン夫人ニ書翰ヲ発シ、当講座ノ実情ヲ報告ス。 |
| 473～475頁 ページ画像 | 昭和5年4月9日(1930年) | 是月、エー・バートン・ヘボン夫人来日ス。是日栄一、同夫人宛ニ書翰ト共ニ記念品ヲ贈ル。 |
| 475～480頁 ページ画像 | 昭和5年6月17日(1930年) | 是日栄一、飛鳥山邸ニ東京帝国大学教授高木八尺ノ来訪ヲ受ケ、当講座ニツキテ懇談ス。 |

出所：筆者作成。

の一文を書写し（ヘボン講座　四五巻　四三六頁。訳文は四三六～四三八頁）、寄付したアメリカの銀行家ヘボンの略歴（四五二頁）を作成し、一九〇九年渡米実業団招聘準備の段階でのヘボンと渋沢の接点を探り（渡米実業団　三二巻、二二頁）、遠戚のヘボン博士はどんな人か調べる。（二）講座担当者として適当な青年を三年間米国留学させることを提案した渋沢宛山川健次郎東京帝国大学総長書簡の内容を箇条書きにする（四三九～四〇頁）。（三）一九一七（大正六）年一一月一四日渋沢宛ヘボン書簡から、すぐに特別講座を開講してほしい事、基金管理人は誰かを纏める。ヘボン書簡は、英語科との総合学習に使用できる（四四一～五頁）。（四）一九一八年三月二三日ヘボン宛渋沢書簡から、当面の特別講座の講師を書き出す（四五八頁）。一九一九（大正八）年五月ヘボン宛渋沢書簡から、講座担当者に高木が推薦された理由を纏める（四五九頁）。（五）東京銀行倶楽部晩餐会のヘボンの演説を纏める（四六二～四六三頁）。ヘボン初来日がなぜ一九二一（大正一〇）年になったかも読み解く。（六）一九二四年ヘボン講座講演者のイェール大学ジョンソン教授接待会の渋沢の挨拶を纏める（日米関係委員会三四巻　三九六頁）。教授の講演の内容を調べる（ジョンソン博士口述、高木・松本訳　一九二八）。

一九四八（昭和二三）年、戦後の餓えと寒さの中にも国造りを模索していた東京帝国大学受験前の坂本義和東京大学教授は、高木の『米国政治史序説』を読み、「独立宣言に明記されているように、もし政府が人民の自然権を抑圧すれば、政府を打倒する権利と義務が人民にあるのだと宣明しながら政府や国家をつくる、という発想」（坂本　一九七〇　月報三）に衝撃を受けた。高木は、渋沢が「オーガナイザーもしくは顧問」として重責を担った太平洋問題調査会（ＩＰＲ）の日本理事会常任理事でもあった。渋沢が一九一八（大正七）年に完成させた、恩人の徳川慶喜を描いた『徳川慶喜公傳』は、資料として現代も使われている。

本章では、（一）渋沢栄一の全体像の把握、（二）渋沢史料館、（三）東京帝国大学ヘボン講座の三例の授業案を提示したが、本章を参考に、先生方が授業で渋沢を取り上げてくださり、生徒一人ひとりが「自分は社会のために何ができるか」を考えるきっかけになればこれほどの喜びはない。

**引用・参考文献**

大西晴樹『ヘボンさんと日本の開花』NHK出版、二〇一四年。

片桐庸夫『民間交流のパイオニア・渋沢栄一の国民外交』藤原書店、二〇一三年。

公益財団法人渋沢栄一記念財団編『渋沢栄一を知る辞典』東京堂出版、二〇一二年。

公益財団法人渋沢栄一記念財団、デジタル版『渋沢栄一伝記資料』二〇一六年。

斎藤眞「戦前日本の亜米利加研究——素描」『日本学士院紀要』五五巻二号、二〇〇〇年、八一～一〇〇頁。

斎藤眞・本間長世・岩永健吉郎・本橋正・五十嵐武士・加藤幹雄編『アメリカ精神を求めて——高木八尺の生涯』東京大学出版会、一九八五年。

坂本義和「仙花紙の『序説』」、『高木八尺著作集　三巻』東京大学出版会、一九七〇年、月報三。

渋沢栄一『徳川慶喜公傳　一～八巻』竜門社、一九一八年（国立国会図書館デジタルコレクション）。

ジョンソン博士講述、高木八尺・松本重治訳『米国三偉人の生涯と其の史的背景』（米国講座叢書　三編）有斐閣、一九二八年初版、一九六八年三版。

高木八尺「米国政治史序説」、東京大学アメリカ研究センター編『高木八尺著作集　一巻』東京大学出版会、一九七〇年、三～三五六頁。

守屋淳「渋沢栄一小伝」、渋沢栄一著、守屋淳訳『現代語訳「論語と算盤」』ちくま新書、二〇一〇年、二一三～二四〇頁。

文部科学省『高等学校学習指導要領（平成三十年公示）解説　地理歴史編』平成三一年三月二八日初版発行。

山内晴子『朝河貫一論――その学問形成と実践』（早稲田大学学術叢書七）早稲田大学出版部、二〇一〇年。

――「渋沢栄一のヘボン講座支援：朝河貫一と高木八尺――デジタル版『渋沢栄一伝記資料』を使用して」『渋沢研究』三〇号、二〇一八年、三～二三頁。

――「朝河貫一と高木八尺――民主主義の定着を目指して」、早稲田大学アジア太平洋研究センター太平洋問題調査会（ＩＰＲ）研究部会：代表山岡道男『太平洋問題調査会（ＩＰＲ）とその群像』早稲田大学アジア太平洋研究センター、二〇一六年、八八～一二〇頁。

――「朝河貫一――天皇制民主主義の学問的起源」『朝河貫一博士没後七〇年記念シンポジューム　講演録』朝河貫一博士没後七〇年記念プロジェクト実行委員会、国際文化会館、二〇一九年、四二～六二頁。国際文化会館ウェブサイトから無料ダウンロード（https://www.i-house.or.jp/programs/publications/reports/）、二〇二〇年三月三日最終閲覧。

# 第一五章　郷土の偉人を知る——生誕地・深谷と郷土の学び

高田知和

渋沢栄一の生誕地は、現在の埼玉県深谷市である。同市は埼玉県の北端に近く、利根川をはさんで群馬県に接する県境に位置しており、渋沢はそのなかでも最も群馬県寄りの農村に生まれている。

この意味で、渋沢は深谷市にとってまさしく「郷土の偉人」といえるだろう。特に、二〇一四（平成二六）年に群馬県の富岡製糸場が世界遺産に指定された後、富岡製糸場のために尽力した三人の人物がいずれも深谷市出身だったということで、同市では彼らを「深谷の三偉人」として顕彰するようになった。三人とは渋沢の他、工場長だった尾高惇忠（渋沢の従兄で義兄）、それと尾高の下で活躍した韮塚直次郎のことであるが、なかでも渋沢についてはその前から深谷市では「郷土の偉人」として顕彰していた。また、単に顕彰するにとどまらず、渋沢の生き方を学校教育や社会教育の場で学んできた。そこで本章では、深谷市における顕彰と学びを検討し、それを通じて「郷土の偉人」にどのように関わっていくことができるのかを考えてみたい。

以下、次節では渋沢にとっての「生誕地・深谷」とは厳密にはどこのことか、そして渋沢は生誕地である郷土についてどのような考えを持っていたかをみたうえで、第2節で渋沢に関連した深谷市での学校教育を紹介し、第3節では地域社会の観点から「郷土の偉人」にどう接するのか、その手がかりをさぐっていくことにしよう。

## 1　渋沢栄一にとっての郷土

### 渋沢の郷土・八基村血洗島

渋沢の生誕地は前記のように埼玉県深谷市であるが、より正確にいうと深谷市血洗島《ちあらいじま》である。血洗島とは初めて聞く人にとってはいささか衝撃的な地名であるが、その由来は判然しない。ただ一つはっきりしているのは、渋沢家がこの血洗島に代々住んできた農民だったことである。伝承によれば、血洗島は一六世紀の天文、ないし天正年間に吉岡和泉なる者が開発したといわれ、渋沢家は吉岡家についで幾つかある草分けの一つだった。

ところで、今でこそ深谷市は渋沢の生誕地となっているが、渋沢本人が深谷を自らの生誕地と考えたことはなかった筈である。というのは、郊外化が進む以前、深谷の中心は近世以来一貫して中山道であり、血洗島からはかなり離れていた。それがその後の市町村合併の結果として、現代では血洗島が深谷市に入ったからである。

深谷は、中世には関東管領上杉氏の一族である深谷上杉氏が、深谷城に拠って戦国末期まで治めていたところである。しかし同氏は、後北条氏の幕下にあったため、豊臣秀吉による小田原攻めの際に滅ぼされた。その後深谷は、近世に入ると中山道の宿場町である深谷宿を中心に栄えていった。

他方、渋沢が生まれた当時、血洗島は武蔵国榛澤《はんざわ》郡血洗島村といい、岡部藩二万石の領分であった。これがやがて一八九〇（明治二三）年に周辺の七ヶ村と合併して八基《やつもと》村となった。そしてこの八基村は、戦後の「昭和の大合併」で新会《しんがい》村・中瀬《なかぜ》村と一緒になって豊里村となる。この豊里村が一九七三（昭和四八）年に深谷市に吸収合併されて、ここで初めて深谷市が渋沢の生誕地となったのである。したがって深谷市は同年まで渋沢とは何の関係もなく、渋沢本人も、自分の郷土は血洗島、あるいは明治期に成立した八基村だと語っていた。

本章では、細かいことだが、まずこの点をおさえておくことにしよう。

## 渋沢は郷土についてどのように考えていたのか

渋沢は、明治でいうと三〇年代後半にあたる一九〇〇年代半ば頃から、郷土である当時の八基村血洗島に頻繁に帰っていた。これは、渋沢が血洗島にある諏訪神社の獅子舞が好きでその祭礼に毎年出席したからであったが、やがて一九二〇年頃には、甥である渋沢治太郎八基村長に協力して八基村政に間接的に関わるようになったことも大きな理由であった（高田　二〇一四　七五～一〇五頁）。

それでは渋沢は、一般論として、郷土についてどのように考えていたのだろうか。渋沢は、埼玉県出身学生のために東京府牛込区市谷で寄宿舎と奨学金を提供する埼玉学生誘掖《ゆうえき》会で、一九〇二（明治三五）年の発足時から死去する三一年まで会頭を務めていたが、一九二〇（大正九）年一〇月に同会寄宿舎で開かれた茶話会で、学生たちに向かって次のように説いている。やや長いが、引用しよう（ちなみに、この時の茶話会では、渋沢の子爵への陞爵が祝われていた）。

油揚・鰑等が口に残る様に、目にも感情にも多少の情趣の残るものでございます。これは唯単に人情の行き走りに過ぎませぬが、感情的に面白いのみならず道理的にも考へなくてはなりませぬ。即ち詳しく申しますれば、自分の田舎を進歩させるのは自己の責任なりと云ふ感を持つ事でございます。例へば諸君が工場なり、銀行会社又は官吏・学者等になられて、立派に成功せられ、名誉・位階を意の儘に得て一身上より何ら不足のない人物となられましても、自分の故郷を棄て省る所がなかつたならば、自己の知識が進歩し増加した其の程度に於て、自分の故郷は退化減少したものと言はねばなりませぬ。前に申上げた様な感情と責任とを以て之を進めて行くと同時に、故郷を去ること遠き場合には故郷の進歩改善と合せて自分の居住地の啓発にも資すべきことと存じます。これ誠に自己の責任とするのみならず、尚進んで本分とすべきでございます。諸君は只今申す如く郷里の事を念頭に置かれて、自己の発展と共に之が改善に心を止められんことを希望いたすのでございます。かく致しますれば故郷を棄てて省みずと云ふ譏りは免るゝものと思惟するのでございます。（渋沢　一九六八　二八七頁）

ここで渋沢が、「自分の田舎を進歩させるのは自己の責任なりと云ふ感を持つ事」、「自己の責任とするのみならず、尚進んで本分とすべき」と述べているのは印象的である。事実、渋沢は血洗島や八基村に対して多くの貢献をなした。それは、何かあるたびに多額の寄附をしたこと、伝統芸能である獅子舞の保存に尽力したことの他、特に八基村政には「農政談話会」の顧問に就任するなど、前記のように間接的ながら深く関わっていた。血洗島や八基村から合併を経た現在の深谷市が渋沢を顕彰したり、渋沢から学んでいく姿勢をとるのは、このように渋沢自身が郷土のために貢献するべきだと考え、かつそれを実践したからだといってよいだろう。

## 2　深谷市の学校教育と渋沢栄一

### 渋沢の顕彰事業

一九七三年に初めて渋沢と関係を持った深谷市が、行政として渋沢の顕彰事業に乗り出したのは、一九八〇年頃からである。同年、八基地区に渋沢の雅号から名付けられた青淵記念館がつくられ、渋沢の好物であったとされる煮ぼうとを渋沢の命日に皆で食べる「煮ぼうと会」が復活した。煮ぼうとは幅広の麺のことで、これを野菜と一緒にぐつぐつ煮て食べるのである。一般にこの地域は畑作地帯で水田は極めて少なかったため、従来からうどんがよく食べられていた。「煮ぼうと会」は、渋沢死後の一九三二（昭和七）年に八基村青年団が主になって始められたものであったが、長いこと中断していたのである。

その後、一九八八（昭和六三）年に近隣の熊谷市で埼玉博覧会が開催された折り、主催者パビリオンとして渋沢栄一館が設置された。これに対応して深谷市では、渋沢を紹介するパンフレットを作成するなど、渋沢を顕彰する機運が高まった。そしてこれらの動きを受け、一九九三（平成五）から翌年にかけて、渋沢の顕彰が市の事業として予算化されていった（以上の経過については「深谷市議会会議録　平成一一年一二月定例会」の深谷市企画部長（当時）答弁を参照。以下、同会議録は深谷市議会ウェブサイト会議録検索にて閲覧）。これと並行して、JR深谷駅前には渋沢栄一像がつくられ、像が立地しているスペースが青淵広場と名付けられた（一九八八年）。また二〇〇五（平成一七）年、血洗島の隣の下《しも》手計《てばか》地区に新たに渋沢栄一記念館が建設され（前記の青淵記念館とは別）、ついでその北側が青淵公園として整備された。

このような銅像や記念館、公園などはいわゆる箱モノ行政として批判もされるが、深谷市民に対して目に見える存在として渋沢を示すことができたという点では、意義深いものだった。なぜなら、一九七三年まで渋沢とは形式上何の関係もなかった深谷市民にとって、これらを通じて渋沢が深谷市出身であることを改めて認識することができたからである。

## 深谷市教育委員会のグランドデザイン

ところで、今日の深谷市においては、渋沢は学校教育（特に道徳）の中心に据えられている。もちろん以前においても道徳や社会科の学習で渋沢について触れられていたが、どちらかといえばそれらの間に相互の脈絡は見られず、それぞれ独自の学習だったようである。とはいえ、道徳科における渋沢については第一三章で既に取り扱っているので、ここでは深谷市学校教育におけるグランドデザインを見たうえで、現場の取組みを紹介することにしよう。

二〇一八（平成三〇）年につくられた第二期深谷市教育振興基本計画「立志と忠恕の深谷教育プラン」によると、「本市の教育の基本理念は、郷土の偉人・渋沢栄一の生涯を貫いた精神を基にした、『立志と忠恕の深谷教育』です」とされている（深谷市教育委員会事務局教育部教育総務課編　二〇一八　一八頁）。これを、深谷市教育委員会「深谷市学校教育グランドデザイン」というポスターから見ていくと、次のように説明されている。

渋沢栄一翁の足跡から、今、求められる教育の姿にたどり着くことができます。

Ⅰ　近代日本の国づくりを推進した生涯～『立志の精神』

Ⅱ　論語を精神的基盤として、実業界にたずさわった姿～『忠恕の心』

Ⅲ　人々をまとめ、会社をおこし、慈善活動・国際親善に取り組む姿～『支え合う心』。

そして、「夢とこころざしをもち、まごころと思いやりのある深谷の子」として、「私は夢に向かって努力します」など「六つの誓い」が示されている。

　このように、現在の深谷市では渋沢を「立志の精神」「忠恕の心」「支え合う心」の体現者として捉えており、このことを指針として地域社会の将来を支える子どもを育てるため「ふるさと教育」を推進している。具体的には、「こころざし深谷国際塾」や「こころざし深谷科学塾」が設けられたこと、道徳の副読本として『渋沢栄一こころざし読本』が編纂され、同書を活用して「ふるさと先生」（地域の有識者に委嘱）を通して渋沢の生き方等を授業で話してもらうこと。また、社会科見学として渋沢の生家である「なかんち（「中の家」）」や渋沢栄一記念館、富岡製糸場などを見学し、小学校では教科書や『こころざし読本』に掲載されている論語を中心に暗唱ができるようになること。また、中学二年次には「立志式」を催して、二年生全員が全校生徒の前で将来の夢や生き方を発表すること――これらが行われているのである（以上の「ふるさと教育」についての記述は、深谷市の小柳光春教育長からの聞き取り（二〇一九年七月二二日）をもとにした）。

　では、このように深谷市において教育の基本理念とされている「立志」と「忠恕」という言葉は、どんなものであろうか、これについて、若干補足をしておこう。

## 「立志」と「忠恕」

　まず、順番は逆になるが、「忠恕」から見ていきたい。これは、現代社会ではなかなか難しい単語である。ただ、渋沢が生涯を通じて自らの行動の指針に据えていたという『論語』でも「夫子のみちは忠恕のみ」と語られていることから推して、深谷市が「忠恕」に着目するのは理解できる。また同市では、前述の深谷上杉氏についての顕彰会が古くからあり、同会では渋沢についても地道に研究を続けて成果も数多く出してきた。このこともまた、「忠恕」を取り上げて、それが受け容れられる下地となっていたと考えられよう。

したがって深谷市では、既に一九八七（昭和六二）年三月に策定された「深谷市総合振興計画新基本構想・基本計画」のなかで「忠恕」という言葉が使われていた。そこでは、「先人の業績の継承」として「郷土の先人渋沢栄一の業績と忠恕の精神を広く市民に伝える」とされており、この時点で渋沢の業績が「忠恕の精神」から来ていたと理解されていたのである（深谷市総務部企画課企画・編集一九八七　一五二頁）。

ついで二〇〇一（平成一三）年、「深谷市まちづくり新生計画第四次基本構想」のなかで「忠恕」が取り上げられた。だが、どうやらこの時点では「忠恕」という言葉はまだあまり浸透していなかったとみえ、深谷市議会で言葉の意味について議論となっている。そこでは、これは難しい言葉であるが本市では『広辞苑』にあるように「まごころと思いやり」という意味で解釈していきたいと説明されており、このようにして深谷市では「忠恕」を「まごころと思いやり」として理解するようになった（「深谷市議会会議録　平成一三年三月定例会」の深谷市企画財政部長（当時）答弁）。その後、教育に関して二〇一二（平成二四）年に策定された「深谷市教育振興基本計画　立志と忠恕の深谷教育プラン」のなかで、「夢とこころざしをもち、まごころと思いやりのある深谷の子」の育成を目指すとして整備されたのであった。

また、「夢とこころざし」をもつ「立志」として、深谷市で最も象徴的なものは「夢七訓」であろう。これは、「夢なき者は理想なし／理想なき者は信念なし／信念なき者は計画なし／計画なき者は実行なし／実行なき者は成果なし／成果なき者は幸福なし／ゆえに幸福を求める者は夢なかるべからず」というもので渋沢の言葉とされている。もっとも、公益財団法人渋沢栄一記念財団のウェブサイト「渋沢栄一Q＆A」によれば、この言葉を渋沢が本当に語ったかどうかは不明で、「今一度、確認する必要がある」と懐疑的に書かれているのだが、深谷市内の小学校のなかにはこれを暗唱できるように指導しているところもある。事実、現在深谷市内で新進の建築士として活躍している三〇代の女性は、筆者の前ですらすらっと「夢七訓」を暗唱してみせてくれた。彼女によれば、分かり易く、覚え易いのですぐに覚えたということで、また市の広報誌の中の「夢なかるべからず」というコーナーで自分が紹介されたこともあり、非常に励みになったと語っていた（二〇一九年六月二九日、深谷市での聞き取り）。

それではこのような「立志と忠恕」の教育が、現場ではどのように行われているのだろうか。これを、八基小学校を事例にして見ていこう。

## 八基小学校と渋沢

深谷市立八基小学校は、前にも述べたように、本来の渋沢の生誕地であるだけに、深谷市内の小中学校のなかでも飛び抜けて渋沢とは縁が深い。同校では一一月七日が開校記念日とされているが、これは一八九六（明治二九）年に八基小学校として現在地に新築校舎が竣工して移転した日であり、その折り、建築費用を寄附したのも渋沢であった。

また、渋沢は帰省した時にしばしば講演をしているが、そうした時に会場になるのは八基小学校であったし、渋沢死去後の一九三一（昭和六）年一一月二八日に追悼会が催されたのも同校であった。加えて、一九一五（大正四）年につくられた校歌は渋沢の長女で、法学者穂積陳重夫人であった穂積歌子の作詞で、現在もなお歌い継がれている。その二番には「先進我を導けり／いざもろともにはげみてん」とあり、歌子にとって父である渋沢や、母方の伯父である尾高惇忠などの「先進」がここで想起されていたことは言うまでもなかろう。

このように渋沢とはとびきり縁の深い学校であるだけに、渋沢に関する同校の教育は大変に濃いものである。ただその意味で、深谷市全域の小中学校を同様に考えることが必ずしもできないことは、お断わりしておきたい。

## 八基小学校の取組み

八基小学校の校舎のなかに入っていくと、まず目に飛び込んでくるのは廊下の壁に渋沢を紹介する写真や絵図が所狭しと展示されていることである。また、図13に見られるように、玄関附近には渋沢の大きな写真が掲げられていて、その脇には校歌を作詞した穂積歌子の写真もある。校舎は四階建てなので児童たちは毎日階段で上り下りして過ごすことになるが、階段の壁にも渋沢本人を始め、渋沢

図13　深谷市立八基小学校

出所：筆者撮影。

ゆかりの施設や寺社、あるいは会社などの写真が紹介されていて、すべての児童たちが日常のなかで渋沢に親しむかたちになっている（以下、本項の記述は、同校の笠原直史校長からの聞き取り（二〇一九年七月一二日）をもとにしている）。

同校では、特に四年生が「総合」の時間を使って渋沢について学んでいる。なぜ四年生かというと、社会科では三年生で主に深谷市のことを学ぶ。四年生で埼玉県、五年生で日本全域、六年生では世界のことを学んでいるので、三年生で深谷市について学習したことを土台にして四年生で渋沢を学ぶのである。

そこで学ぶのは「渋沢栄一ワールド」で、単に机上でなく、近隣の渋沢栄一記念館に行って調べたり郷土史家たちにヒアリングするなどして、渋沢についてのガイドができるようになることが、一つの目標とされている。もちろんガイドといっても、渋沢の生涯はあまりにも長く多岐に渡っているのでそのすべてではなく、会社とか福祉、教育、国際親善といったように各自でパートに分かれ、それぞれでガイドができるよう目指すのである。

そして毎年秋には「くすのき祭り」といういわば学園祭が開催され、児童たちはそこで学んできた成果を発表する。また渋沢の誕生日である二月一三日には、八基地区で「生誕祭」が開かれており、そこでも児童たちが成果を発表している。この他、渋沢栄一記念館の北側にある青淵公園の清掃作業に、地域の人たちと一緒に取り組んでいる。

このようにさまざまな活動があるなかで、本章では「藍染め体験」に着目してみたい。

先にも少し触れたように、八基地区はもともと水田が少ない畑作地帯であった。しかしそのなかにあって、栄一生家を含めた渋沢一族が領主の求めに応じて五〇〇両や一〇〇〇両の献金に容易に応じていたことは広く知られている。ではなぜそうした大金が融通できたかといえば、一九世紀以降のこの地域での藍玉づくりの故であった。明治期に衰退するまで、藍葉を栽培したり買うなどして自ら藍玉をつくってそれを売るこの商売のおかげで、渋沢一族、ひいてはこの地域がどれだけ潤ったかは計り知れないものがあった。

この藍玉について、八基小学校では校内に藍園を設けて実際に栽培し、そこでとれた生葉を使って、一年生が「たたき染め」体験をしている。やがて六年生になると、今度は栄一生家の「なかんち（「中の家」）」で布を染めて工作する「藍染め体験」をするということであるが、これは自分たちが暮らす地域社会の歴史を理解するうえでは、非常に意義ある学習といえるだろう。というのは、栄一生家の「なかんち（「中の家」）」でかつての地区内の主産業だった藍玉に触れるわけだから、渋沢栄一という個人を顕彰するにとどまらず、地域社会の歴史へと児童たちの視線が広げられることになるからである。

実は八基小学校は、このような「ふるさと教育」が埼玉県から評価されて、二〇一七（平成二九）年度に「埼玉・教育ふれあい賞」を受賞した。同賞は日々の教育活動に熱心に取り組んでいる学校や団体を表彰するもので、八基小学校の受賞理由として「年間を通して、地域の偉人の生き方を学んだり、地域の方々と一緒に公園を清掃したり、渋沢栄一翁生誕祭など地域行事に参加したりしている。全ての児童が、地域の行事に参加するなど、地域に根ざした児童の育成に繋がっている」と県は評価したのである（埼玉県「彩の国教育の日実施報告書」より）。

渋沢を起点として、地域社会の歴史へと結んでいく教育が、このように高く評価されたということであろう。

## 3　地域社会への視線

### さまざまな「偉い人」を知る

ところで、本章の表題である「郷土の偉人を知る」という点について、地域社会の観点からも考えてみたい。

改めて考えてみると、「偉人」とは定義しにくい言葉であるが、これに似た語として私たちは日常生活のなかで「偉い人」という言葉もよく使っている。例えば、誰か年配の人が亡くなった後で、「あの人は偉い人だった」と話したり、何十年も一つのことをやり続けている人を、「偉い人だ、あの人は」などと会話することもある。つまり私たちは、渋沢のような突出した「偉人」とは別に、日常生活のなかで多くの「偉い人」がいることを知っているのである。

その例として、ここでは渋沢の甥で一九二二（大正一一）年から三〇年にかけて八基村長だった渋沢治太郎を挙げて考えてみよう。治太郎がどんな人物だったかというと、一言でいえば生涯を地元に残って、地域社会のために地味に（地道に）尽した人である。

治太郎の村長時代の功績は、まことに多岐に渡っている。「農政談話会」を設置して八基村政の方向性をさぐり、それに基づいて村勢調査、耕地整理、公教育の充実を図ったことや、農繁託児所の設置、蔬菜栽培の奨励、消防組の統一などの諸事業を挙げることができる。また県会議員時代には利根川や小山川の治水事業に尽力し、他方で生涯を通じてこの地域の基幹産業であった養蚕業にも尽くし、全国養蚕業組合の評議員なども歴任した（渋沢元治　一九五二　一二八〜一八八頁）。これらの点から見れば、前述のように栄一が明治末期から血洗島や八基村に多大に貢献できたのは、治太郎が同村の中核にいたからだったことは明らかだろう。

だがこれほど郷土のために尽したのに、今日の深谷市では治太郎は「郷土の偉人」とは呼ばれていない。しかし実際は、地域社会のなかでさまざまな事業に広く取り組んで多くの成果を挙げていたのだから、治太郎は地域社会に尽くした「偉い人」だったといって差し支えないであろう。

いや、実は、単に「偉い人」という形容であれば、裾野はもっと遥かに広がっていく筈である。というのは、栄一が郷土を飛び出して日本はおろか世界へ羽ばたくなどして日本の資本主義を育てていた間、地元に残って日々の単調な生活に堪え、孜々として働き、子どもを産んで育てて地域社会をつくって次代につないできた多くの村民たちも、その意味では「偉い人」と言えるのではないだろうか。栄一のように夢をもって「立志」して皆が地元から出て行ってしまったら、地域社会の生活は消滅する。たとえ彼らが栄一のように「偉人」になれたとしても、地域社会の生活がなくなってしまっては、「一将校成って万骨枯る」という事態に陥ってしまう。それを防いで地域社会を持続させてきたのであったから、多くの村民もまた、「偉い人」たちであったといえるのではないだろうか。

その意味で、渋沢治太郎を始め、地元の地域社会で孜々として生きてきた多くの村民たちにも目を向けることが、地域社会を考えるうえで改めて必要なことなのである。

## 地域史誌編纂のすすめ

それでは、そうした人たちに目を向けるためにはどうしたらよいのか。そのための一つの方法として、地域史誌を編纂していくのはどうだろうかと思う。

あまり知られていないが、日本ではいたるところで町内会・自治会や公民館単位で郷土の歴史が多数書かれてきた。これは一般的な名称がないので本章では便宜上地域史誌と呼んでおくが、例えば沖縄県の「字誌」、北海道で開基の周年記念でつくられる郷土史が代表的なものである。埼玉県の近くでは長野県や新潟県で盛んにつくられている。

これらは町内会・自治会や公民館単位で編集委員会が置かれて、歴史の専門家でない、地域の普通の人たちが相談し合い、議論しながらつくる、その地域のいわば「百科事典的な存在」（末本　二〇一三　一九七頁）である。古文書があっても読めなければ、古文書読解だけは専門家に委託すればよいのであり、このように小さな範域の歴史が、自分たちの力で多く編まれてきたのである（高田　二〇一五　六五～八二頁）。

これについて、渋沢の郷土の八基地区では『八基村誌』が一九六二（昭和三七）年に刊行されている。しかしこれは八基村という明治の行政村単位であり、ここでいう地域史誌とは、多くの場合その下の単位（近世村レベル）でつくられるものである。そこでこれを、地域社会のなかで渋沢顕彰の一環でつくってはどうだろうか。

例えば血洗島は、前述のように幕末期には藍玉作りや綿作が盛んであった。ところが明治期にこれらが衰退すると、養蚕が最重要な収益を担うようになった。やがて昭和期に入って繭価が暴落して農家経済が危機に見舞われると、今度は蔬菜栽培を盛んにして、蔬菜の販売ルートが多く模索されるようになる。栄一が顧問を務めていた「農政談話会」の成果として着手された耕地整理事業は、蔬菜栽培とその流通を見越して基幹道路を造ることも、目的の一つだったのである（渋沢元治　一九五二　一六九頁）。

地域史誌とは、このような変遷や、その他日常の地域生活の細かいことを調べてつくられるものである。ちなみに渋沢は、ここで挙げた藍玉作りや綿作、養蚕、そして蔬菜栽培を促す耕地整理事業のいずれにも関わって出てくるので、渋沢を考えながら地域社会の百科事典もつくり得る。そして、渋沢を「郷土の偉人」として取り上げるだけでは渋沢個人のことしか学べないが、こうして地域史誌を編纂していけば、より広く地域社会を認識できるようになる。そうすれば、このような学修を通じて地域社会を改めて創造していくことも可能なのではないだろうか。

このように、「郷土の偉人を知る」とは、単に功成り名を遂げて突出した「偉人」について知るだけではない。むしろ、そうした「偉人」を生みだした風土や郷土の小さな歴史、そして地域社会のなかで埋もれた多くの「偉い人」たち——これらを知ることによって、地域社会についての理解を点から面に広げていくことができるのではないか。この意味で、八基小学校が取り組んでいる「藍染め体験」はその第一歩といえるだろうし、そしてこうした営みこそが、かつて渋沢が埼玉学生誘掖会の学生たちに向かって説いた、「自分の田舎を進歩させるのは自己の責任」、「責任とするのみならず、尚進んで本分とすべき」ということにつながっていく筈である。地域社会のあり様が問われている今日だからこそ、渋沢のこの発言が持つ意味を、私たちは今、改めて考えていく必要があるといえるだろう。

## 引用・参考文献

公益財団法人渋沢栄一記念財団「渋沢栄一Q＆A」、公益財団法人渋沢栄一記念財団ウェブサイト（https://www.shibusawa.or.jp/eiichi/question.html）、二〇二〇年三月三日最終閲覧。

埼玉県「彩の国教育の日実施報告書」、埼玉県ウェブサイト（https://www.pref.saitama.lg.jp/f2215/kyouikunohi/kyouikunohihoukokusyo.html）、二〇二〇年三月三日最終閲覧。

渋沢栄一「謝辞」、渋沢青淵記念財団竜門社編纂『渋沢栄一伝記資料　別巻五』渋沢青淵記念財団竜門社、一九六八年、二八六～二八八頁。

渋沢元治『弟渋沢治太郎君を語る』故渋沢治太郎君伝記刊行会、一九五二年。

末本誠『沖縄のシマ社会への社会教育的アプローチ――暮らしと学び空間のナラティヴ――』福村出版、二〇一三年。

高田知和「郷里からみた渋沢栄一――歴史と地域社会の一側面」、平井雄一郎・高田知和共編著『記憶と記録のなかの渋沢栄一』法政大学出版局、二〇一四年、七五～一〇五頁。

――「地域で地域の歴史を書く――大字誌論の試み」、野上元・小林多寿子編著『歴史と向きあう社会学――資料・表象・経験』ミネルヴァ書房、二〇一五年、六五～八二頁。

深谷市「深谷市議会会議録検索」、深谷市ウェブサイト（https://ssp.kaigiroku.net/tenant/fukaya/pg/index.html）、二〇二〇年三月三日最終閲覧。

深谷市教育委員会事務局教育部教育総務課編『立志と忠恕の深谷教育プラン　第二期深谷市　教育振興基本計画』深谷市・深谷市教育委員会、二〇一八年。

深谷市総務部企画課企画・編集『深谷市総合振興計画新基本構想・基本計画』深谷市、一九八七年。

**附記**　本章執筆後、深谷市教育委員会では、渋沢についての学修を全市の小中学校においてさらに大きく展開させている。そのため、本章の記述内容以上のことが、現時点では同市で学ばれている点を記しておきたい。

# 付録　もっと知りたい人のためのガイド

谷田雄一

## 1　書籍

渋沢栄一に関連した書籍はほぼ毎年出版されており、二〇〇〇（平成一二）年から、渋沢栄一が新一万円札の肖像画として使用されると発表された二〇一九（平成三一）年四月までの期間に限定しても、二〇〇点を超える書籍が出版されている。ここで紹介できるのは限られたものではあるが、二〇一九年現在も入手可能、または図書館に配架されやすい書籍を選んだ。

### （一）渋沢栄一の著作

渋沢栄一の著作には、自伝や本人の演説をまとめて書籍としたものがある。自伝では本人の語った半生を書籍にまとめた渋沢栄一述、長幸男校注『雨夜譚――渋沢栄一自伝』（岩波書店、一九八四年）

があり現在も入手可能である。また平凡社から一九三〇（昭和五）年に『渋沢栄一全集』（全六巻）が出版されており、渋沢の著述などがまとめられている。『渋沢栄一全集』は、後述する国立国会図書館デジタルコレクションで閲覧することができる。

（二）渋沢栄一の生涯を知るために

**全体像の把握**

渋沢栄一の功績は長期間かつ多岐にわたり、渋沢の生涯やその功績のすべてを網羅しようとすると膨大な読書量が必要になる。そのためにここではまず渋沢栄一の全体像を把握することが可能な書籍を二点紹介する。

**＊渋沢研究会編『新時代の創造　公益の追求者・渋沢栄一』山川出版社、一九九九年。**

渋沢研究会の発足一〇周年記念に出版された同書は渋沢栄一の多岐にわたる事績や思想について総合的にまとめられた書籍であり、研究書としての色合いが強い。また同書は発刊してから二〇年が経過しており、是非ともこれを読むだけに留まらずに、より新しい資料も活用していただきたい。

**＊公益財団法人渋沢栄一記念財団編『渋沢栄一を知る事典』東京堂出版、二〇一二年。**

より分かりやすい内容で、渋沢栄一について「もっと知りたい人のため」に有益な資料としてこの書籍があげられる。渋沢栄一の生涯と事績が公私にわたる両面から事典形式で構成されており、知りたい内容をすぐに確認することができる一冊である。

二部構成の形式となっており、第一部が「渋沢栄一を知るための一〇〇項目」という事典形式の内容、第二部が「資料から見た渋沢栄一」となり、各種資料や年表が収録されている。加えて文献案内もあり、渋沢栄一自身の著作、そして自伝・評伝、研究書、資料集が取り上げられている。

個々の活動や功績について知ろうとする際には、図表が掲載されており解説も付いている渋沢史料館の展示図録がわかりやすい資料であり推奨したい。過去の図録なども渋沢史料館のオンラインショップから購入可能である。また、渋沢栄一の社会事業、「フィランソロピー」活動についての研究、考察をまとめる「渋沢栄一と「フィランソロピー」」というシリーズ全八巻が刊行中であり、二〇二〇（令和二）年二月現在一巻、二巻、五巻がミネルヴァ書房から刊行されている。

### 伝記・評伝

渋沢栄一の伝記・評伝は数多く出版されているが、ここではなるべく入手しやすいものを紹介する。

**＊見城悌治『渋沢栄一――「道徳」と経済のあいだ』（評伝・日本の経済思想）日本経済評論社、二〇〇八年。**

渋沢栄一は生涯において農民から武士、明治政府官僚、実業家と身分を変えていくが、その時々にどのような考えを抱いていたかに焦点を当てて書かれているのがこの書籍である。本文中に渋沢栄一の発言を多く引用してあり、また同時代の人間が渋沢栄一没後に彼をどのように評価したのかについてもとりあげている。

＊島田昌和『渋沢栄一――社会企業家の先駆者』岩波書店、二〇一一年。
社会企業家の先駆者という副題の通り、渋沢が近代日本の礎となる産業を育成し、様々な社会事業に携わったことに焦点を当てた構成である。また、渋沢栄一の活動を支えた経営者や地縁者、血縁者についても取り上げられており、加えて渋沢栄一の社会観や政治に対する関わりについても言及されている。

＊井上潤『渋沢栄一――近代日本社会の創造者』山川出版社、二〇一二年。
小冊子の形態で読みやすい分量にまとめられた内容となっている。少ない紙幅で説明がされる際にはしばしば省かれがちな渋沢栄一の社会事業家としての側面についても、国際親善、社会福祉、教育文化事業などへの貢献について述べられている。

＊宮本又郎編『渋沢栄一――日本近代の扉を開いた財界リーダー』（ＰＨＰ研究叢書　日本の企業家1）ＰＨＰ研究所、二〇一六年。
ＰＨＰ経営叢書「日本の企業家」シリーズの一冊である。渋沢栄一の詳伝、彼に関する論考、曾孫である渋沢雅英への渋沢栄一についてのインタビュー、孫の渋沢敬三を含む同時代人の渋沢栄一に対する評価という内容になっている。

＊渋沢雅英『太平洋にかける橋――渋沢栄一の生涯』不二出版、二〇一七年。
渋沢雅英により一九七〇（昭和四五）年に出版された同名の著書を復刻したものである。渋沢栄一の全生涯ではなく、主に渋沢栄一が行った民間外交、国際親善活動について書かれている。一八七九

（明治一二）年のアメリカ前大統領ユリシーズ・グラント来日時に際して、渋沢栄一らが民間の立場から歓迎会を行ったことから始まり、渋沢の中国やアメリカとの関わりについてまとめられている。当時の日中・日米関係について、渋沢がどのように問題解決を行おうとしていたのかが、彼の人となりと併せて書かれている。

（三） 一般書

渋沢栄一について取り上げた一般書は数多くある。例えば渋沢栄一の玄孫として知られる渋澤健の著作で近年出版されたものだけでも『渋沢栄一 一〇〇の訓言――「日本資本主義の父」が教える黄金の知恵』（日本経済新聞出版社、二〇一〇年）、『渋沢栄一 愛と勇気と資本主義』（日本経済新聞出版社、二〇一四年）、『渋沢栄一 一〇〇の金言』（日本経済新聞出版社、二〇一六年）、『渋沢栄一 人生を創る言葉五〇』（致知出版社、二〇一七年）などが存在する。これらの一般書は、渋沢栄一の著作である『青淵百話』、『論語と算盤』その他の渋沢栄一の逸話や講演に著者の注釈を付け加えて現代社会においても渋沢栄一の言葉を活かそうと試みた内容が多い。渋澤健監修『あらすじ論語と算盤』（宝島社、二〇一九年）も同様に『論語と算盤』の抄訳に著者による解説を加えた本である。

また北海道日本ハムファイターズの監督である栗山英樹による『育てる力――栗山英樹『論語と算盤』の教え』（宝島社、二〇一八年）には著者による『論語と算盤』の解釈や活用法が書かれ、渋澤健との対談も収録されている。

『論語と算盤』の原典を読みたい場合は、現代表記に直した角川ソフィア文庫版の『論語と算盤』（角川学芸出版、二〇〇八年）がある。文庫版の底本となった一九二七（昭和二）年に忠誠堂から出版された『論語と算盤』は、国立国会図書館デジタルコレクションで閲覧が可能である。

渋沢栄一にゆかりのある史跡などに関する書籍としては、田澤拓也『公益を実践した実業界の巨人渋沢栄一を歩く』（小学館、二〇〇六年）や、塩原哲司『渋沢栄一とウォーキング――渋沢栄一入門の書』（塩ブックス、二〇一〇年）があり、探訪する際の参考になる。

（四）もっと知りたい人のために

**研究書**

渋沢栄一の分野別の功績や思想に焦点を当てた書籍も紹介したい。渋沢栄一が行った日米人形交流を主題とした是澤博昭『青い目の人形と近代日本――渋沢栄一とL・ギューリックの夢の行方』（世織書房、二〇一〇年）、渋沢栄一の民間の立場からの外交活動全般をまとめた片桐庸夫『民間交流のパイオニア・渋沢栄一の国民外交』（藤原書店、二〇一三年）、渋沢栄一が唱えた合本主義は現在の資本主義社会へどのように適合できるかを研究した論考をまとめた橘川武郎／パトリック・フリデンソン編著『グローバル資本主義の中の渋沢栄一――合本キャピタリズムとモラル』（東洋経済新報社、二〇一四年）、渋沢栄一の講演を取り上げ、講演を通して彼がどんなメッセージを伝えたかったのかを紹介した、島田昌和『原典でよむ渋沢栄一のメッセージ』（岩波書店、二〇一四年）、渋沢栄一が現在までにどのようなイメージの存在として成立し、語られているのか様々な視点から分析した論考をまとめた平井雄一郎・高田知和編『記憶と記録の中の渋沢栄一』（法政大学出版局、二〇一四年）などがある。これらは渋沢栄一に関する最先端の研究水準を示すものであり、特定の事柄について深く知る際に有益である。

**外国語で出版されたもの**

日本語以外で出版された渋沢栄一の伝記、研究書などを紹介する。例えば Евгения《エフゲニア》・Кручины《クルチナ》 の露訳による『雨夜譚』、『航西日記』の抄訳が収録された *БЕСЕДЫ ДОЖДЛИВЫМИ ВЕЧЕРАМИ* は二〇〇二（平成一四）年に Научная книга から出版された。また、前述した島田昌和『渋沢栄一――社会企業家の先駆者』の英訳版が、二〇一七（平成二九）年に *The Entrepreneur Who Built Modern Japan: Shibusawa Eiichi* の書名で出版文化産業振興財団から出版されている。さらにまたベトナム語版も *NHÀ TƯ BẢN LỖI LẠC THỜI MINH TRỊ SHIBUSAWA EIICHI* の書名で二〇一八（平成三〇）年に Công ty TNHH MTV Sách Phương Nam から出版された。渋沢雅英『太平洋にかける橋――渋沢栄一の生涯』も *The Private Diplomacy of Shibusawa Eiichi: Visionary Entrepreneur and Transnationalist of Modern Japan* の書名で英訳版が二〇一八（平成三〇）年に Renaissance books から出版されている。『グローバル資本主義の中の渋沢栄一――合本キャピタリズムとモラル』も *Ethical Capitalism: Shibusawa Eiichi and Business Leadership in Global Perspective* の書名で英訳版が二〇一八（平成三〇）年にUniversity of Toronto Pressから出版されている。中国では、渋沢が一九一四（大正三）年に中国へ向かった際に中国各地のメディアがそれをどのように報じたのかをまとめた書籍である『一九一四　渋沢栄一中国行』が田彤《テントン》編により華中師範大学出版社から二〇一三（平成二五）年に出版された。この本は日本でも于臣《ユーチェン》訳で『渋沢栄一と中国——一九一四年の中国訪問』という書名で二〇一六（平成二八）年に不二出版より出版されている。

## 2　施設

渋沢栄一に関連する展示がある施設は複数あるが、ここでは渋沢栄一を主とした展示が行われている施設を紹介する。渋沢史料館と渋沢栄一記念館は渋沢栄一の全体像が把握できる史資料が展示されている施設である。東京商工会議所本部と東京都健康長寿医療センターでは、それぞれの組織の創設者としての渋沢栄一に焦点をあてた展示が行われている。

### （一）渋沢史料館

渋沢史料館は、渋沢栄一に関連する様々な史資料を収蔵し展示している博物館である。渋沢栄一記念館と比べて、より広い範囲で渋沢栄一に関連する史料が展示されており、現在も史資料の収集が行われ、様々な企画展示やシンポジウムなどの催しも行われている。また、博物館に隣接して、渋沢栄一が来客を接待する際に使用していた洋風茶室である晩香廬《ばんこうろ》と、青淵文庫と呼ばれる建物も現存しており見学が可能である。ミュージアムショップでは渋沢栄一に関連する資料やグッズが販売されており、オンラインショップを利用して購入可能である。青淵文庫は、論語に関係する書籍を収蔵する図書館として建設される予定であったが、収集されていた史資料が関東大震災の際に失われてしまい、完成後は来客の接待に使用されることになった建物である。再度収集された書籍は、現在東京都立中央図書館に収められ「青淵論語文庫」として目録がインターネット上で公開されている。

渋沢史料館はリニューアル工事のため二〇二〇（令和二）年三月二七日まで休館予定であり、晩香廬と青淵文庫の内部公開も休止となる。同年三月二八日からリニューアルオープンする予定である（二〇二〇年三月一〇日現在）。

（二）渋沢栄一記念館

第一五章で説明されているように、深谷市は渋沢栄一生誕の地として市をあげて渋沢栄一を取り上げている。市では関連する施設などをまとめて、「論語の里」と名付け、まちづくりに活用している。

埼玉県深谷市下手計《しもてばか》にある渋沢栄一記念館は、深谷市立八基《やつもと》公民館としての設備と資料の展示室を併設した形の記念館である。資料室の展示内容は渋沢史料館とはやや趣が異なり、渋沢栄一の故郷での暮らしぶりがわかる資料の展示や、近隣の諏訪神社の獅子舞の獅子が展示されている。加えて、一階エントランス及び二階の視聴覚ブースでは映像資料の視聴閲覧が可能である。また「論語の里」の観光案内のアプリケーションが公開されており、Appstore と GooglePlay ストアからダウンロードでき、日本語、英語、中国語（簡体字、繁字体）、韓国語で利用可能である。

（三）東京商工会議所

東京商工会議所本部がある東京都千代田区の丸の内二重橋ビルの五階では、チェンバーズギャラリーと名付けられた部屋に渋沢栄一に関する資料が展示してある。一階には等身大の渋沢栄一像が設置されている。こちらの施設では、東京商工会議所の前身である東京商法会議所での渋沢栄一の活動に関する展示と関連する史資料、書籍が展示されている。

（四）東京都健康長寿医療センター

東京都板橋区栄町にある東京都健康長寿医療センターは、渋沢栄一が初代院長を務めていた養育院を前身とする組織である。二階に「養育院・渋沢記念コーナー」と名付けられた展示ブースがあり、渋沢栄一や東京養育院の設立と運営に携わった人々についての展示がなされている。併設されている読書コーナーにも渋沢栄一に関する書籍が配架されており、映像資料の視聴スペースでは渋沢栄一や養育院に関する講演の資料がみられる。

## 3　ウェブサイトとデジタル化資料

ここでは、渋沢栄一に関連する史資料や渋沢の功績についてまとめられているサイトや、デジタル化され公開が行われている資料を紹介する。

公益財団法人渋沢栄一記念財団のウェブサイトでは、ここを起点として公開されている各種資料へのアクセスが可能となっており、また同財団自体でも「デジタル版『渋沢栄一伝記資料』」などの各種史資料を公開している。

国立国会図書館のウェブサイトでは渋沢栄一に関する様々な史資料が公開されている。それらが掲載されているページへは、公益財団法人渋沢栄一記念財団のウェブサイトの「資料リンク国立国会図書館」のページからも直接移動できる。国立国会図書館デジタルコレクションでは渋沢栄一に関連する文献も公開されている。『青淵百話』と『論語と算盤』の二点も、インターネットに接続できる環境があればどこからでも閲覧が可能である。この他の渋沢栄一に関する史資料も閲覧可能だが、著作権法上の制限により、国立国会図書館、または図書館送信参加館内のみに閲覧環境が制限されているものもあるので注意が必要である。

深谷市のウェブサイトには「渋沢栄一デジタルミュージアム」と名付けられたページがあり、ここでは郷土の偉人としての側面から見た渋沢栄一に関連する諸資料が掲載されている。また、深谷市内における渋沢栄一に関連する史跡、施設のパンプレットなどもダウンロード可能である。

ＮＨＫにおいても渋沢栄一に関連する番組が何度か放送されており、インターネット、またはＮＨＫの施設で視聴可能な番組もある。児童・生徒向けには「NHK for School」のウェブサイトから、「歴史にドキリ」という教育番組の渋沢栄一についての放送回が視聴可能であり、学校での授業用の資料も付属している。全国のＮＨＫの番組公開ライブラリー施設に行けば、一九八二（昭和五七）年に放送された城山三郎の同名小説を原作とするドラマ『ドラマスペシャル「雄気堂々」――若き日の渋沢栄一』を視聴できる。さらに二〇二一（令和三）年二月には渋沢栄一を主人公とする大河ドラマ『青天を衝け』が放送予定である。

これらを活用することで、より深く渋沢栄一について知っていただくことができれば幸いである。

# おわりに

本書は渋沢栄一とその関連領域を研究する人々の集まりである「渋沢研究会」発足の三〇周年を記念し、企画出版された。

それぞれ専門の立場から、渋沢栄一を知るうえで、大切なことや勉強のしかた、そして彼を通して見えてくるさまざまな未来像などを考えるためのヒントが、各章にはあふれている。これからの日本の将来や方向性を考える上で、渋沢から学ぶことは多い。渋沢を多面的に理解し、新しい渋沢像を探求するとともに、二一世紀への渋沢の伝言を多くの人々に知ってもらうために、本書が何らかの指針となれば幸いである。

日本の近代経済社会の礎を築いた渋沢栄一は、最後の最後まで日本の行く末を案じ活動した。本書で詳しく紹介されたように、攘夷の志士から幕臣、そして明治政府の役人になるなど、幕末から明治の激動の時代を数奇な運命をたどりながら生き抜いた人物である。そして大蔵省を退官すると、日本に欧米風の財界をつくるために力を尽くし、近代日本のあらゆる産業をおこしたといっていいほどの活躍をした。生涯にわたり設立・援助した企業は五〇〇社ともいわれ、単なる実業家、資本家ではなく、「近代日本の民間経済界」を作り上げる。

また利益と道徳が両立する経営精神を説き、文化を支援し、障害者や貧しい子どもの施設を助け、女子教育を支援し、国際交流にも尽力した。彼の偉大さは、社会福祉・教育・国際親善や民間交流の三つの分野を中心に社会貢献をしたことにも表れている。渋沢は社会に貢献する経営者としての視点を保ち続けたのである。

一九八九（平成元）年五月に発足した「渋沢研究会」は、渋沢栄一が幅広い分野で活躍した人物でありながら、

（一）個々の実証的研究が不足している。
（二）渋沢の足跡が十分に社会で活用されていない。

という二つの共通認識から出発した。

従って「渋沢研究会」は、渋沢が取り組み、支援・援助した各分野の実証研究の深化と、その今日的意義を再評価することを目標としている。さらに「近代化」をキーワードに渋沢の生きた時代の関連分野を含めた幅広い研究を行ってきた。

研究成果を発表する会誌『渋沢研究』（渋沢研究会編集、渋沢史料館発行）の刊行冊子数は三三号を数え、掲載された論文の多くは、学術書へと発展している。

「渋沢研究会」発足一〇周年の記念出版の「あとがき」（『新時代の創造　公益の追求者・渋沢栄一』山川出版社、一九九九年）には、「わが国が二一世紀を目前として大きな転換期を迎えている今」「いささか忘れ去られた感のある渋沢栄一を今日的視点から再考察」する、と書かれている。

二〇年前には忘れ去られた感があった渋沢だが、二〇二一（令和三）年には、渋沢の生涯を描くNHK大河ドラマが放送されることが決定し、二〇二四（令和六）年上半期をめどに発行される予定の新一万円札の肖像にも選ばれるなど、今まさに「渋沢ブーム」ともいえる現象がおきている。人々の考え方や行動様式などが大きく変化し始めている今日、近代社会の形成に貢献した渋沢栄一の役割が、改めて注目されている理由とは何だろう。そしてなぜ三〇周年という節目に、渋沢研究を専門とする本研究会が「手引書」を発行するのだろう。

東京養育院をはじめ、近代化のなかで取り残された公（政府や地方公共団体など）の手がおよばない生活の基盤を形成する施設の構築などに、渋沢栄一は民間人の立場から物心両面で支援する。企業家でありながら、いや真の企業家だからこそ、（企業の宣伝活動ではなく）企業が社会に果たすべき責任という考えのもとに、渋沢は社会貢献に指導的役割を果たした。そしてその視点の先には、常に公益の追求があった。健全な民間主導の活動が公のそれと一体となり、車の両輪のように発展する国家の建設を目指したのである。また国際社会に貢献する国家となるためには、日本はどうあるべきか、渋沢は常に考え続けた。

公益を念頭に国を挙げてさまざまな事業を先導する人脈と活力、決断力をもった渋沢栄一は、二一世紀に入った今こそ、ふりかえるべき人物である。今日国際社会はグローバル化がすすむ一方で、皮肉にも内向きの傾向が強まり、移民問題、核の脅威、気候変動など地球規模で対応するべき課題に一体となって取り組めない状況にある。

しかし渋沢の業績を初心者向けに紹介し、勉強をすすめて、より深く学ぶことのできる入門書は意外と少ない。さらに近年、一般書・雑誌など、多くの関連書籍が公にされるが、いわゆる渋沢ブームに便乗した、ややもすると安易な紹介も散見される。

研究会内部で議論を重ねた結果、三〇周年を迎えた今、私たちの研究成果を広く一般の人々に伝えることも使命の一つではないか、ということで意見が一致した。そこで一般読者をはじめ、大学生、外国人学生、小・中学校の教員ごとに、渋沢の生涯や取り組んだ課題などをとおして、自分なりに考えるきっかけとなる、分かりやすく、親しみやすく、より深く研究するための「手引書」を作成することを、「渋沢研究会」発足三〇周年の記念事業としたのである。

編集は、研究会代表の島田昌和と事務局を担当する筆者が行った。発足から三〇年間、研究会の活動に理解を示し、『渋沢研究』の発行、会場の提供など数々の応援をいただいている渋沢史料館、渋沢雅英理事長をはじめとする渋沢栄一記念財団、創設期から研究会活動を支えてくださった片桐庸夫前代表（現顧問）、ならび「渋沢研究会」会員各位、例会報告やシンポジウム等で研究会にご協力いただいた諸先生方に、衷心より御礼を申し上げたい。

最後に出版事情の極めて厳しい折り、本書の刊行を快く引き受けてくださったミネルヴァ書房、特に編集の労をとってくださった水野安奈さんに感謝したい。本書の企画段階から出版まで、水野さんの的確な助言と誘導には本当に助けられた。

それぞれ研究を発展・深化させた学術書は多いが、いまだ渋沢研究の課題は山積している。本書がきかっけとなり、渋沢研究のすそ野が広がることを期待したい。

令和二年三月

是澤博昭

# 人名索引

（「渋沢栄一」は頻出するため省略した）

## あ　行



## か　行

## さ　行



## た　行

な　行



は　行



ま　行



や・ら　行

# 事項索引

## 欧文



## あ行



## か行

## さ　行



## た　行

## な　行



## は　行



## ま・や　行

## ら・わ　行

山内晴子（やまうち・はるこ）**第一四章**

1944年，東京都生まれ。2008年，早稲田大学アジア太平洋研究科博士後期課程修了。博士（学術）。現在，朝河貫一研究会理事。石橋湛山研究学会リサーチ会員。『朝河貫一論――その学問的起源と実践』（早稲田大学学術叢書７，2010年），『朝河貫一資料――早稲田大学・福島県立図書館・イェール大学他所蔵』（共著，早稲田大学アジア太平洋研究センター，2015年），「朝河貫一――天皇制民主主義の学問的起源」『朝河貫一博士没後70年記念シンポジューム講演録』（朝河貫一博士没後70年記念プロジェクト実行委員会，国際文化会館，2019年，国際文化会館ウェブサイトから無料ダウンロード可（https://www.i-house.or.jp/programs/publications/reports/）（2020年３月３日最終閲覧））ほか。

高田知和（たかだ・ともかず）**第一五章**

1962，埼玉県生まれ。1995年，早稲田大学大学院文学研究科博士後期課程単位取得満期退学。現在，東京国際大学人間社会学部教授。「大正〜昭和初期の誘掖会――「砂土原健児」らの青春」（ほか）（埼玉学生誘掖会100年史編集委員会編『財団法人埼玉学生誘掖会百年史――ある学生寮と寮生の青春譜』（埼玉学生誘掖会，2004年），『記憶と記録のなかの渋沢栄一』（共編著，法政大学出版局，2014年），「地域で地域の歴史を書く――大学誌論の試み」（野上元・小林多寿子編著『歴史と向きあう社会学――資料・表象・経験』ミネルヴァ書房，2015年）ほか。

谷田雄一（やた・ゆういち）**付録**

1986年，埼玉県生まれ。2019年，早稲田大学社会科学研究科博士後期課程満期退学。現在，早稲田大学大学院社会科学研究科研究生。「渋沢栄一の女子教育観の変化」（『日本史攷究会』38号，2014年），「山室軍平の渋沢栄一に対する聖書講義――山室軍平日記の記述から」（『社学研論集』29号，2017年）。

木村昌人（きむら・まさと）**第一一章**

1952年，神奈川県生まれ。1989年，慶應義塾大学大学院法学研究科（政治学専攻）博士課程修了。法学博士。2019年，関西大学論文博士（文化交渉学）。現在，関西大学客員教授，神田外語大学非常勤講師。『財界ネットワークと日米外交』（山川出版社，1997年），「グローバル社会における渋沢栄一の商業道徳観」（橘川武郎・フリデンソン，パトリック編著『グローバル資本主義の中の渋沢栄一――合本キャピタリズムとモラル』東洋経済新報社，2014年），『渋沢栄一――日本のインフラを創った民間経済の巨人』（ちくま新書，2020年）ほか。

松本和明（まつもと・かずあき）**第一二章**

1970年，東京都生まれ。1999年，明治大学大学院経営学研究科博士後期課程中途退学。現在，京都産業大学経営学部マネジメント学科教授。「渋沢栄一と外山脩造」（『渋沢研究』24号，2012年），「渋沢栄一と地域経済界の形成――新潟県長岡地域の事例」（『渋沢研究』27号，2015年），「岩塚製菓と旺旺集団――地域企業のグローバル化の一考察」（安部悦生編著『グローバル企業――国際化・グローバル化の歴史的展望』文眞堂，2017年）ほか。

＊是澤博昭（これさわ・ひろあき）**第Ⅲ部解説文，おわりに**

1959年，愛媛県生まれ。東洋大学大学院文学研究科教育学専攻修士課程修了。博士（学術）。現在，大妻女子大学博物館教授。『青い目の人形と近代日本――渋沢栄一とL. ギューリックの夢の行方』（世織書房，2010年），『軍国少年少女の誕生とメディア――子ども達の日満親善交流』（世織書房，2018年），『子どもたちの文化史――玩具にみる日本の近代』（共編著，臨川書店，2019年）ほか。

渡辺大雄（わたなべ・ひろお）**第一三章**

1974年，東京都生まれ。2010年，二松學舍大学大学院文学研究科国文学専攻博士後期課程修了。現在，二松學舍大学教職課程センター専門委員。『高等学校古典Ｂ漢文編』（指導資料・実力問題集）（三省堂，2014年），「赤坂の歴史」（二松學舍大学文学部国文学科編『東京文学散歩』新典社，2014年），『スーパーライブビュー家庭科』（高等学校家庭科教授資料・小論文解答例集）（東京書籍，2017年），ほか。

高橋周（たかはし・ちかし）**第七章**

1971年，神奈川県生まれ。2004年，早稲田大学大学院経済学研究科単位取得退学。博士（経済学）。現在，東京海洋大学海洋政策文化部門准教授。「東京人造肥料株式会社の成功と叺生産」（『渋沢研究』25号，2013年），「東京人造肥料会社創立当初の高峰譲吉」（『渋沢研究』29号，2017年），「明治後半における不正肥料問題――新規参入の信頼獲得と農事試験場」（『社会経済史学』76巻3号，2010年）ほか。

杉山里枝（すぎやま・りえ）**第八章**

1977年，群馬県生まれ。2009年，東京大学大学院経済学研究科博士課程修了。博士（経済学）。現在，國學院大學経済学部教授。『戦前期日本の地方企業――地域における産業化と近代経営』（日本経済評論社，2013年），『戦前期三菱財閥の経営組織に関する研究』（愛知大学経営総合科学研究所叢書44，2014年），『日本経済史』（共編著，ミネルヴァ書房，2017年）ほか。

飯森明子（いいもり・あきこ）**第九章**

1957年，大阪府生まれ。2000年，常磐大学大学院人間科学研究科博士後期課程修了。博士（人間科学）。現在，亜細亜大学非常勤講師，早稲田大学アジア太平洋研究センター特別センター員，渋沢研究会運営委員，日本国際文化学会常任理事。「第1回第3回 IPR 参加者，小松隆の国際交流活動――戦前を中心に」（山岡道男編著『太平洋問題調査会（1925-1961）とその時代』春風社，2010年），『戦争を乗り越えた日米交流――日米協会の役割と日米関係　1917-1960』（彩流社，2017年），『国際交流に託した渋沢栄一の望み――「民」による平和と共存の模索』（編著，ミネルヴァ書房，2019年）ほか。

稲松孝思（いなまつ・たかし）**第一〇章**

1947年，石川県生まれ。1972年，国立金沢大学医学部卒業。現在，東京都健康長寿医療センター顧問，総務省恩給顧問医。「無芽胞嫌気性菌感染症・Clostridium difficile 腸炎・破傷風・ガス壊疽」（杉本恒明編『内科書』朝倉書店，2003年），「目付海防掛（蕃書調書総裁）大久保忠寛の「病幼院創立意見」安政4年（1857）について（抄）」（『日本医史学会誌』57巻2号，2011年），稲松孝思・松下正明「大久保忠寛の「病幼院創立意見」（安政4年）と東京府病院（明治6～14年）について（抄）」（『日本医史学会誌』58巻2号，2012年）ほか。

大島久幸（おおしま・ひさゆき）**第四章**

1968年，神奈川県生まれ。専修大学大学院博士後期課程修了。博士（経営学）。現在，高千穂大学経営学部教授。「老舗に見るファミリービジネス」（『アジア研究』(18)，2019年)，「戦前期三菱商事の外国為替業務」（『三菱史料館論集』（20号，2019年)，「戦後日本企業の変遷と団塊の世代」（清水克洋・谷口明大・関口定一編『団塊の世代の仕事とキャリア』中央大学出版部，2019年）ほか。

平井雄一郎（ひらい・ゆういちろう）**第五章**

1963年，東京都生まれ。2000年，東京外国語大学大学院地域文化研究科博士後期課程単位取得満期退学。渋沢研究会会員。「『帝都物語』と二つの「都市史」――劇映画による歴史叙述の転義法」（『歴史評論』753号，2013年)，『記憶と記録のなかの渋沢栄一』（共編著，法政大学出版局，2014年)，「伝記叙述の「型」と未遂の「他者」」（岡本充弘・鹿島徹・長谷川貴彦・渡辺賢一郎編『歴史を射つ――言語論的転回・文化史・パブリックヒストリー・ナショナルヒストリー』御茶の水書房，2015年）ほか。

川越仁恵（かわごえ・あきえ）**第六章**

1967年，新潟県生まれ。神奈川大学大学院歴史民俗資料学研究科博士後期課程単位取得満期退学。現在，文京学院大学経営学部准教授。「東京における伝統工芸産業」（東京商工会議所編『伝統工芸産業の「不易流行」』東京商工会議所中小企業相談センター，2016年)，「渋沢敬三の社会経済思想――実業史博物館構想に見る経営史アプローチと資料42・1512の調査」（『文京学院大学総合研究所紀要』18号，2017年)，「後藤織物所蔵の下絵と桐生織物の図案業界」（『文京学院大学総合研究所紀要』19号，2018年）ほか。

恩田睦（おんだ・むつみ）**第Ⅱ部解説文**

1980年，神奈川県生まれ。2011年，立教大学大学院経済学研究科博士後期課程修了。博士（経済学)。現在，明治大学商学部専任准教授。『近代日本の地域発展と鉄道――秩父鉄道の経営史的研究』（日本経済評論社，2018年)，「遊覧地・長瀞の形成と秩父鉄道」（篠崎尚夫編著『鉄道と地域の社会経済史』日本経済評論社，2013年)，「渋沢栄一の鉄道構想」（『渋沢研究』24号（2012年)，25号（2013年)）ほか。

## 執筆者紹介（執筆順，＊は編集委員）

＊島田昌和（しまだ・まさかず）**序章，第Ⅰ部解説文**
1961年，東京都生まれ。1993年，明治大学大学院経営学研究科博士課程単位取得満期退学。博士（経営学）。現在，文京学院大学教授，学校法人文京学園理事長。渋沢研究会代表。『渋沢栄一の企業者活動の研究――戦前期企業システムの創出と出資者経営者の役割』（日本経済評論社，2007年），『渋沢栄一――社会企業家の先駆者』（岩波新書，2011年），『原典で読む　渋沢栄一のメッセージ』（岩波書店，2014年）ほか。

中村宗悦（なかむら・むねよし）**第一章**
1961年，大阪府生まれ。1994年，早稲田大学大学院経済学研究科博士後期課程単位取得満期退学。現在，大東文化大学経済学部教授，副学長。「イメージの収斂と拡散――多様化するメディアと渋沢像」（平井雄一郎・高田知和編『記憶と記録のなかの渋沢栄一』法政大学出版局，2014年），「ダイヤモンド社創業者・石山賢吉――経済ジャーナリストの雑誌経営」（井奥成彦編著『時代を超えた経営者たち』日本経済評論社，2017年），『テキスト現代日本経済史』（学文社，2018年）ほか。

鮫島員義（さめじま・かずよし）**第二章**
1946年，東京都生まれ。1972年，慶應義塾大学法学部卒業。現在，新ハイキング社社長，新ハイキングクラブ会長。渋沢栄一氏の曾孫，正雄の孫。

松浦利隆（まつうら・としたか）**第三章**
1957年，群馬県生まれ。2006年，総合研究大学院大学文化科学研究科後期博士課程修了。博士（文学）。現在，群馬県立女子大学群馬学センター教授。清水慶一編，村田敬一・松浦利隆著『颯爽たる上州――群馬の近代化遺産』（煥乎堂，1995年），『在来技術改良の支えた近代化――富岡製糸場のパラドックスを超えて』（岩田書院，2006年），『近代化遺産から世界遺産へ――群馬県平成期のある文化運動の一断面』（上毛新聞社，2019年）ほか。

《編者紹介》


渋沢研究会（しぶさわけんきゅうかい）

1989年，渋沢史料館を訪れた研究者と史料館の研究員・学芸員が中心となって発足。渋沢栄一が，91年に亘るその生涯において行った幅広い活動と渋沢が取り組んだ関連分野の実証的研究や現状分析などを，多方面から研究することを目的としている。また，研究会紀要『渋沢研究』を編集し，定期的に研究会・例会やシンポジウムを開催している。



はじめての渋沢栄一
――探究の道しるべ――

2020年5月30日　初版第1刷発行　〈検印省略〉
2021年2月1日　初版第2刷発行

定価はカバーに
表示しています

編　者　渋沢研究会
発行者　杉田啓三
印刷者　坂本喜杏

発行所　株式会社　ミネルヴァ書房
607-8494　京都市山科区日ノ岡堤谷町1
電話（075）581-5191（代表）
振替口座　01020-0-8076番





冨山房インターナショナル・藤沢製本

ISBN 978-4-623-08841-6
Printed in Japan

## 渋沢栄一と「フィランソロピー」(全8巻)

責任編集：見城悌治・飯森明子・井上潤

A５判・上製

＊1 渋沢栄一は漢学とどう関わったか　町　泉寿郎 編著

＊2 帰一協会の挑戦と渋沢栄一　見城　悌治 編著

3 渋沢栄一が目指した地方振興　松本　和明 編著

4 日米欧の福祉社会づくりと渋沢栄一　兼田　麗子 編著

＊5 国際交流に託した渋沢栄一の望み　飯森　明子 編著

6 社会を支える「民」の育成と渋沢栄一　見城　悌治 編著

7 渋沢栄一はなぜ「宗教」を支援したのか　山口　輝臣 編著

8 渋沢栄一による文化の継承と創造　井上　潤 編著

（＊は既刊）